高等职业教育铁道工程专业校企合作系列教材

铁路工务维修现场实战技巧

主　编◎郭丽丹　涂志诚
副主编◎张同文　马占生　甄相国
参　编◎曾　锟　李　波　何成波　李建平
刘　鹏　符雪峰　陶光辉　蒋　超
赵长波　金能龙　望　超　李　军
许立荣　杨　璞　樊志华　刘焕明

西南交通大学出版社
·成　都·

图书在版编目（CIP）数据

铁路工务维修现场实战技巧 / 郭丽丹，涂志诚主编.
成都 ：西南交通大学出版社，2024. 8. -- ISBN 978-7
-5774-0010-5（2026.1 重印）

Ⅰ. U216.42

中国国家版本馆 CIP 数据核字第 2024PY2211 号

Tielu Gongwu Weixiu Xianchang Shizhan Jiqiao

铁路工务维修现场实战技巧

主　编　郭丽丹　涂志诚

策划编辑　臧玉兰
责任编辑　梁志敏
封面设计　何东琳设计工作室

出版发行　西南交通大学出版社
（四川省成都市金牛区二环路北一段 111 号
西南交通大学创新大厦 21 楼）
邮政编码　610031
发行部电话　028-87600564　028-87600533
网址　http://www.xnjdcbs.com
印刷　成都蜀雅印务有限公司

成品尺寸　185 mm × 260 mm
印张　18.75
字数　398 千
版次　2024 年 8 月第 1 版
印次　2026 年 1 月第 2 次
书号　ISBN 978-7-5774-0010-5
定价　59.00 元

课件咨询电话　028-81435775

前言

PREFACE

随着我国铁路事业的快速发展，铁路工务从业人员的技能水平和实操能力成为确保铁路安全、高效运行的重要因素。为了满足铁路工务从业人员的学习需求，提高其专业素养和实践操作能力，编写了这本《铁路工务维修现场实战技巧》教材。

本教材希望为铁路工务从业人员提供一套全面、实用的实操技巧指南，帮助他们在实际工作中更好地应对各种复杂情况，提高工作效率和安全性。教材结合铁路工务从业人员的实际工作需求，内容涵盖铁路建设、维护、运营等多方面的知识和技能，具有很强的针对性和实用性。

本教材分为基础篇和提高篇两大板块。基础篇共包含 4 个项目，下分 12 个实战任务，旨在让读者对铁路工务工作的基本概念和操作有初步的了解和掌握；提高篇同样有 4 个项目，下分 33 个实战任务，以深化和拓宽读者的专业知识和实操能力。在编写本教材的过程中，我们始终坚持理论与实践相结合的原则，力求让读者通过系统的学习，全面掌握铁路工务工作的核心技能和知识。此外，我们还特别注重实操技能的训练，通过丰富的实例和直观的图片，帮助读者更好地理解和把握操作要领，从而真正将理论知识转化为实际操作能力。

铁路工务工作的重要性不容忽视，每一个细节都可能影响到铁路的安全和效率。希望本教材，能够为铁路工务从业人员的技能提升提供有力支持，为我国铁路事业的持续发展贡献一份力量。

最后，感谢所有参与本教材编写和审校的专家、学者和一线作业人员，是你们的辛勤付出使得本教材得以顺利出版。同时，希望读者能够通过本教材的学习，不断提高自己的技能水平，为铁路事业的发展贡献自己的力量。

编　者

2024 年 1 月

目 录

CONTENTS

第一部分 基础篇

项目 1 铁路线路平纵断面 ……003

任务 1.1 认识铁路平纵断面图 ……004

任务 1.2 铁路线路平面 ……005

任务 1.3 铁路线路纵断面 ……016

项目 2 铁路轨道结构 ……027

任务 2.1 有砟轨道 ……028

任务 2.2 无砟轨道 ……055

项目 3 铁路路基构造 ……071

任务 3.1 铁路路基断面形式及组成认知 ……072

项目 4 铁路桥隧构造 ……079

任务 4.1 铁路桥梁构造 ……080

任务 4.2 铁路隧道构造 ……091

第二部分 提高篇

项目 5 铁路工务安全 ……103

任务 5.1 常用防护信号备品的使用 ……104

任务 5.2 线路作业安全防护 ……109

任务 5.3 人身安全 ……116

项目 6　铁路线路修理 ……………………………………………………125
任务 6.1　铁路维修组织管理 …………………………………………… 126
任务 6.2　铁路线路检测 ………………………………………………… 137
任务 6.3　无缝线路养护维修 …………………………………………… 152
任务 6.4　道岔及钢轨伸缩调节器养护维修 …………………………… 162
任务 6.5　电气化铁路、轨道电路维护及限界要求 …………………… 186
项目 7　铁路路基修理 ……………………………………………………205
任务 7.1　铁路路基设备检查 …………………………………………… 206
任务 7.2　铁路路基防洪与防灾 ………………………………………… 213
任务 7.3　铁路路基维修作业 …………………………………………… 231
项目 8　铁路桥隧修理 ……………………………………………………250
任务 8.1　铁路桥隧修理组织管理 ……………………………………… 251
任务 8.2　桥隧养修管理系统 …………………………………………… 255
任务 8.3　桥梁（涵洞）常见病害及整治 ……………………………… 259
任务 8.4　隧道常见病害及整治 ………………………………………… 273
附录：铁路线路工岗位标准 ………………………………………………290
参考文献 ……………………………………………………………………293

第一部分

基础篇

项目 1 铁路线路平纵断面

项目描述

铁路线路是三维的带状实体，是机车车辆和动车组运行的基础，是由路基、桥隧建筑物和轨道组成的整体工程结构。线路平纵断面设计的实质就是综合考虑工程和运营的要求，通过方案比较，选定安全、舒适、环保、节约的线路空间位置。本项目主要介绍如何根据规范标准选择和确定平纵断面相关指标。

教学目标

1. 知识目标

（1）掌握铁路线路平面曲线要素、夹直线长度、线路里程推算、线间距的计算方法。

（2）掌握坡度、坡段长度、竖曲线要素的确定方法。

（3）掌握铁路线路平、纵断面图纸的一般识读方法。

2. 能力目标

（1）能根据技术规范选定铁路线路平面、纵断面和横断面技术指标。

（2）能绘制简单的铁路线路平、纵、横断面图纸。

（3）能识读铁路线路平、纵断面设计资料，并能获取相关工程信息。

3. 素质目标

（1）具有严谨求实、精益求精的工作作风和精神。

（2）具备团结协作精神。

（3）具备安全、环保、节约和质量意识。

任务 1.1　认识铁路平纵断面图

1.1.1　线路中线

线路中心线是距外轨半个轨距的铅垂线 CD 与路肩水平线 AB 交点 O 的纵向连线，如图 1.1 所示。线路的空间位置就是由它的平面和纵断面决定的。我们平时提到的曲线半径、曲线长其实都是线路中线平面投影的半径和长度。

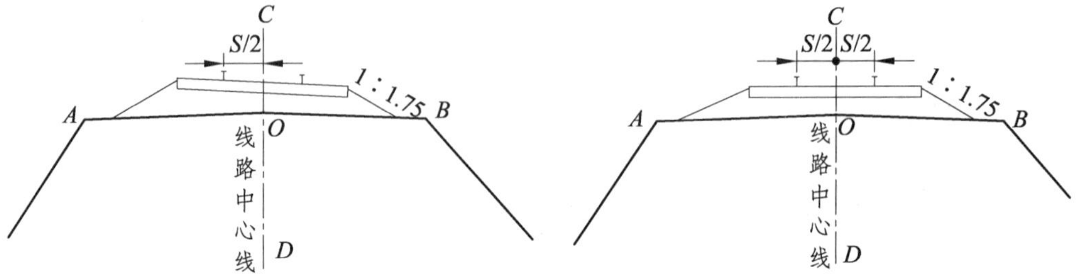

（a）曲线地段　　（b）直线地段

图 1.1　线路中心线位置示意图

1.1.2　线路平纵断面图

线路平面图是线路中心线在水平面上的投影，表示线路平面位置，如图 1.2（a）所示。线路纵断面是沿线路中心线所作的铅垂剖面在纵向展直后的立面投影，如图 1.2（b）所示，表示线路中心线经过区域的地面起伏变化情况。

各设计阶段的定线要求不同，编制的线路平面图和纵断面图详细程度也各有区别。图 1.2 为新建铁路概略定线时的平面图和纵断面图。

在概略定线的平面图中，等高线表示地形特征，村镇、道路、河流等表示地貌特征。图中粗线表示线路平面，应标出里程、曲线要素（转角 α、曲线半径 R）、车站、桥隧特征等信息。

概略纵断面图的上半部为线路纵断面示意图；下半部为线路基础数据，自下而上应标出线路平面、里程、设计坡度、设计高程、工程地质概况等信息。

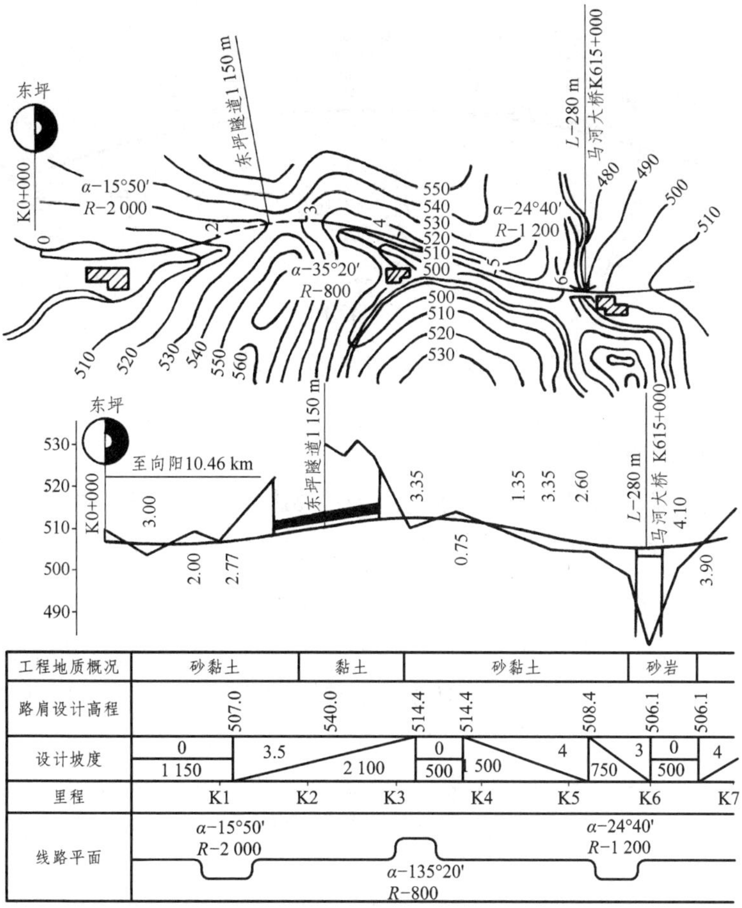

图 1.2　概略定线时的铁路线路平面图和纵断面图

【思考题】识读概略定线时的线路平纵断面图

你能从图 1.2 中获取哪些信息？

任务 1.2　铁路线路平面

1.2.1　曲线及其要素

在铁路线路平面图中，曲线要素主要包括偏角 α 、半径 R、缓和曲线 l_0、切线长 T 和曲线长 L。在施工图中有时还会标出交点的 X，Y 坐标，如图 1.3 所示。其中，偏角 α 是由线路走向确定的，在平面图上可以量得；圆曲线半径 R 和缓和曲线长 l_0 由选配得出；切线长和曲线长等要素按公式计算。

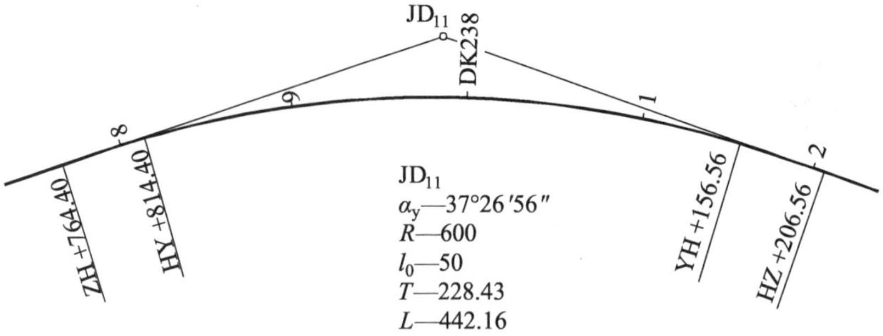

图 1.3　线路平面图中的曲线及曲线要素

1.2.1.1　半径 R 的确定

曲线半径大小是限制列车运行速度的一个重要影响因素，正线曲线半径应结合工程条件、设计速度以及减少维修等因素，因地制宜，由大到小合理选用。

1. 最小曲线半径

最小曲线半径是一条铁路干线或某区段允许采用的曲线半径最小值。它是铁路的主要技术标准之一，应根据铁路等级、速度目标值、铁路运输模式、旅客乘坐舒适性和运行平稳度等因素比选确定。

最小曲线半径主要受外轨超高设置及未被平衡的欠超高和过超高及允许的欠超高与过超高之和等因素的影响，按旅客列车最高行车速度要求和高、低速列车共线运行条件来计算确定。

根据计算结果并结合我国铁路工程和运营实践及科研成果，得到各级铁路不同路段设计速度的最小曲线半径值。如表 1.1 ~ 表 1.5 所示。

注意：

（1）困难情况下，最小值应进行技术经济比选。

（2）车站两端减、加速地段的最小曲线半径应结合行车速度合理选用。

（3）动车组走行线设计速度不大于 120 km/h，最小曲线半径一般不宜小于 800 m，困难条件下不应小于 300 m。

（4）铁路最小曲线半径不应小于 800 m，困难条件下不应小于 600 m，特别困难情况下经技术经济比选确定。

表 1.1　高速铁路平面最小曲线半径　　　　单位：m

设计速度 /（$km\cdot h^{-1}$）	工程条件			
	有砟轨道		无砟轨道	
	一般	困难	一般	困难
350	7000	6000	7000	5500
300	5000	4500	5000	4000
250	3500	3000	3200	2800

表 1.2　高速铁路限速地段平面最小曲线半径　　单位：m

设计速度/（km·h⁻¹）	工程条件	
	一般	困难
200	2200	2000
160	1600	1400
120	1000	800
80	600	400

表 1.3　城际铁路平面最小曲线半径　　单位：m

设计速度/（km·h⁻¹）	工程条件	
	一般	困难
200	2200	2000
160	1500	1300
120	900	800

表 1.4　城际铁路限速地段平面最小曲线半径　　单位：m

设计速度/（km·h⁻¹）	工程条件	
	一般	（特殊）困难
100	600	500
80	500	400
60	400	300

表 1.5　客货共线铁路最小曲线半径　　单位：m

设计速度/（km·h⁻¹）	工程条件	
	一般	困难
200	3500	2800
160	2000	1600
140	1600	1200
120	1200	800
100	800	600
80	600	500

2. 最大曲线半径

最大曲线半径关系到线路的铺设、养护、维修能否达到要求的精度，进而影响轨道的平顺状态，间接成为限制列车运行速度，甚至是影响行车安全的因素。

当曲线半径大到一定程度后，正矢值将很小，测设和检测精度均难以保证。根据目前轨检车的发展情况，对 12000 m 左右的曲线，其方向和曲率是可以准确检测的；但更大半径的曲线，由于曲率太小，外界干扰信号可能大于测试信号，将无法准确测量，同样采用 20 m 弦人工测量时，也因为精度太低无法准确测量。综合考虑线路测设精度和轨道检测精度，《铁路线路设计规范》（TB 10098—2017）（以下简称《线规》）规定铁路平面圆曲线半径最大值取 12000 m。

3. 曲线半径的选用

曲线半径不仅影响行车安全、旅客乘坐舒适等行车质量指标，而且影响行车速度、运行时间等技术指标和工程费、运营费等经济指标。故各级铁路曲线半径的选用应结合铁路运输模式、速度目标值、旅客乘坐舒适度等有关因素，因地制宜、合理选用。以使曲线半径既能适应地形、地质等条件，减小工程量，又能利于养护维修，满足行车速度要求。

1）符合选用习惯

为了测设、施工和养护的方便，根据铁路工程实践和设计选用的习惯，曲线半径宜采用以下序列值：12000 m、10000 m、8000 m、7000 m、6000 m、5000 m、4500 m、4000 m、3500 m、3000 m、2800 m、2500 m、2000 m、1800 m、1600 m、1400 m.1200 m、1000 m、800 m、700 m、600 m、550 m、500 m、450 m、400 m。特殊困难条件下，可采用上列半径间 10 m 整倍数的曲线半径。

有条件时宜优先选用表 1.6 所示的推荐曲线半径值。

表 1.6 推荐曲线半径值

铁路类型	高速客运专线			客货共线铁路				
设计速度/（$km \cdot h^{-1}$）	350	300	250	200	160	120	100	80
推荐曲线半径/m	8000～10000	6000～8000	4500～7000	4500～8000	2500～5000	1600～3000	1200～2500	800～2000

2）因地制宜由大到小合理选用

小半径曲线的缺点较多，故选配曲线半径时，应遵循由大到小、宁大勿小的原则进行。各个曲线选用的曲线半径值不得小于设计线选定的最小曲线半径。

3）结合线路纵断面特点合理选用

曲线半径的选用应与线路纵断面设计配合。如曲线位于平缓坡段、双方向行车速度较高，应采用较大的半径；如曲线位于停车站的站外引线上，由于行车速度较低，为减小工程量，可选用与实际速度相适应的较小半径。

4）慎用最小曲线半径

地形特殊困难，不得不选用限制行车速度的小半径曲线时，这些小半径曲线宜集中设置。因分散设置要多次限速，使列车频繁减速、加速、增加能量消耗，不便于司机操纵机车，且为运营中提速、改建增加困难。

1.2.1.2　缓和曲线长度确定

为了使线路平顺，保证列车能安全地由直线过渡到圆曲线或由圆曲线过渡到直线，以避免离心力的突然产生和消失，需要在直线与圆曲线之间设置一个曲率半径变化的曲线，这个曲线称为缓和曲线。我国铁路通常采用三次抛物线形缓和曲线。

缓和曲线长度影响行车安全和旅客舒适，拟定标准时，一要保证超高顺坡不致使车轮脱轨；二要保证超高时变率不致使旅客不适；三要保证未被平衡的离心加速度时变率不致影响旅客舒适。

线路设计时，应根据铁路类型、曲线半径、旅客列车的路段设计速度和地形条件选择缓和曲线长度。《线规》中规定了高速铁路、城际铁路和客货共线铁路及重载铁路缓和曲线的最小值，表 1.7 所示为客货共线与重载铁路选择缓和曲线长度的最小值。

表 1.7　缓和曲线长度最小值

路段旅客列车设计行车速度/（$km \cdot h^{-1}$）		200		160		120		100		80	
工程条件		一般	困难	一般	困难	一般	困难	一般	困难	一般	困难
曲线半径/m	12000	40	40	40	40	20	20	20	20	20	20
	10000	50	50	50	40	20	20	20	20	20	20
	8000	70	60	60	50	30	20	20	20	20	20
	7000	80	70	70	50	30	20	20	20	20	20
	6000	90	80	70	50	30	20	20	20	20	20
	5000	90	80	70	60	40	30	20	20	20	20
	4500	100	90	70	60	40	30	30	20	20	20
	4000	120	110	80	70	50	30	30	20	20	20
	3500	140	130	90	70	50	40	40	20	20	20
	3000	170	150	90	80	50	40	40	20	20	20
	2800	180	170	100	90	50	40	40	30	20	20
	2500	—	—	110	100	60	40	40	30	30	20
	2000	—	—	140	120	60	50	50	40	30	20
	1800	—	—	160	140	70	60	50	40	30	20
	1600	—	—	170	160	70	60	50	40	40	20
	1400	—	—	—	—	80	70	60	40	40	20
	1200	—	—	—	—	90	80	60	50	40	30
	1000	—	—	—	—	120	100	70	60	40	30
	800	—	—	—	—	150	130	80	70	50	40
	700	—	—	—	—	—	—	100	90	50	40
	600	—	—	—	—	—	—	120	100	60	50
	550	—	—	—	—	—	—	130	110	60	50
	500	—	—	—	—	—	—	—	—	60	60

注：当采用表列数值间的曲线半径时，其相应的缓和曲线长度可采用线性内插值，并进整至 10 m。

1.2.1.3 曲线转角（交点）

曲线转角大小由线路走向、绕避障碍物的需求等因素确定。在设计时，应力求减小交点转角的度数。因为，转角度数越大，则线路转弯越急，线路总长增大；同时列车行经曲线时所要克服的阻力增大，运营支出也相应加大。

在设计时，设置每个交点都要有充分的理由，交点的位置要合理。当线路不受地形地质条件控制、只受地物条件控制时（如平原地区），线路走向要绕开障碍物，交点设在障碍物附近，可以减少曲线数量，线路顺直长度也短。不要对着障碍物定线，不要走到障碍物附近走不通时才加曲线绕避。如图 1.4 所示，方案二是在离障碍物很近的地方才开始绕避，导致线路转弯急、线形差。

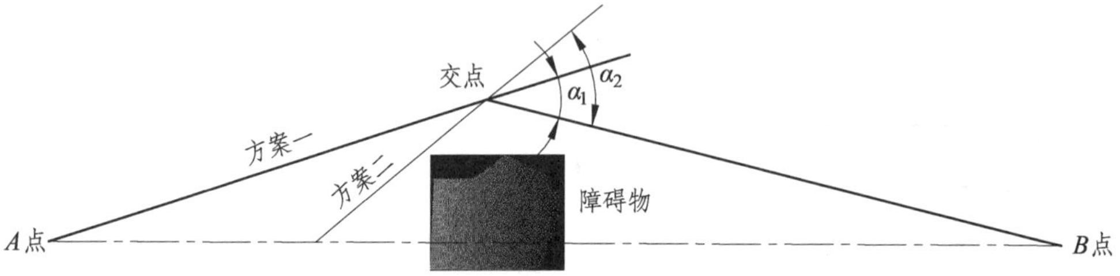

图 1.4　曲线转角及交点示意图

1.2.1.4 其他要素计算

铁路曲线要素如图 1.5 所示。

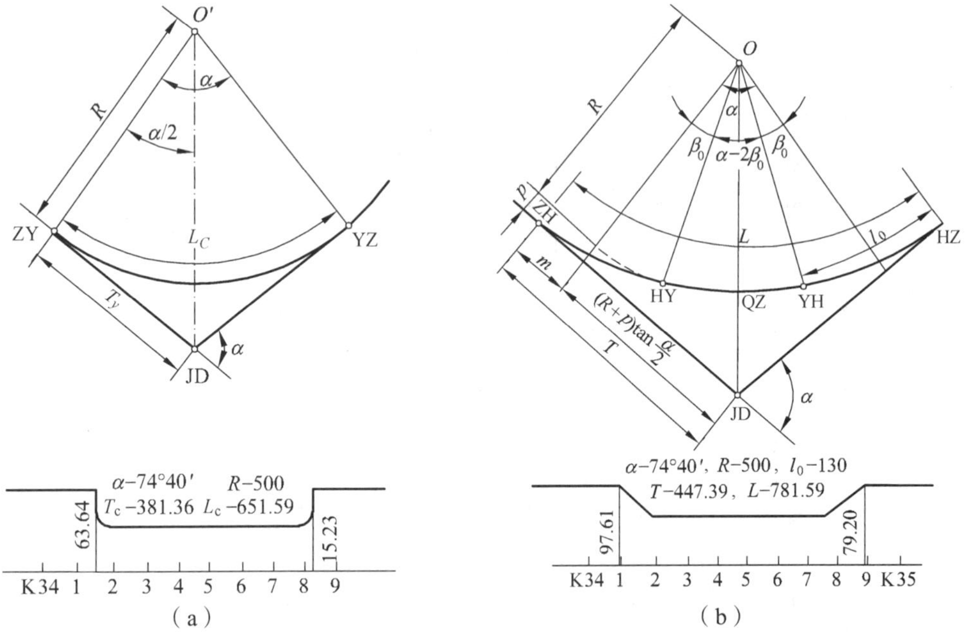

p—内移距；m—切垂距；β_0—缓和曲线角；l_0—缓和曲线长度；α—偏角；
R—铁路曲线半径；T—切线长度；L—曲线长度。

图 1.5　铁路曲线要素

1. 无缓和曲线时［见图 1.5（a）］

$$T_y = R\times\tan\frac{\alpha}{2}\ \text{(m)} \tag{1.1}$$

$$L_y = \frac{\pi\times\alpha\times R}{180}\ \text{(m)} \tag{1.2}$$

$$E_y = R\times\left(\sec\frac{\alpha}{2}-1\right)\ \text{(m)} \tag{1.3}$$

2. 有缓和曲线时［见图 1.5（b）］

$$T = (R+p)\times\tan\frac{\alpha}{2}+m\ \text{(m)} \tag{1.4}$$

$$L = \frac{\pi(\alpha-2\beta_0)}{180}+2l_0 = \frac{\pi\times\alpha\times R}{180}+l_0\ \text{(m)} \tag{1.5}$$

$$E = (R+p)\times\sec\frac{\alpha}{2}-R\ \text{(m)} \tag{1.6}$$

式中 p——内移距，$p=\dfrac{l_0^2}{24R}-\dfrac{l_0^4}{2688R^3}$（m）;

m——切垂距，$m=\dfrac{l_0}{2}-\dfrac{l_0^3}{240R^2}$（m）;

β_0——缓和曲线角，$\beta_0=\dfrac{90l_0}{\pi R}$（°）。

1.2.2 直线（夹直线）

直线作为平面线形的组成要素之一，具有短捷、直达、列车行驶受力简单和测设方便等特点，在设计时，应力争设置较长的直线，但过长的直线难以与地形相协调，也不利于城镇地区既有设施的绕避。因此，在选线设计中，应综合考虑工程和运营两方面的因素，合理选用直线线形。

在地形困难、曲线毗连地段，两相邻曲线间的直线段，即前一曲线终点（HZ_1）与后一曲线起点（ZH_2）间的直线，称为夹直线，如图 1.6 所示。两相邻曲线，转向相同者称为同向曲线，转向相反者称为反向曲线。

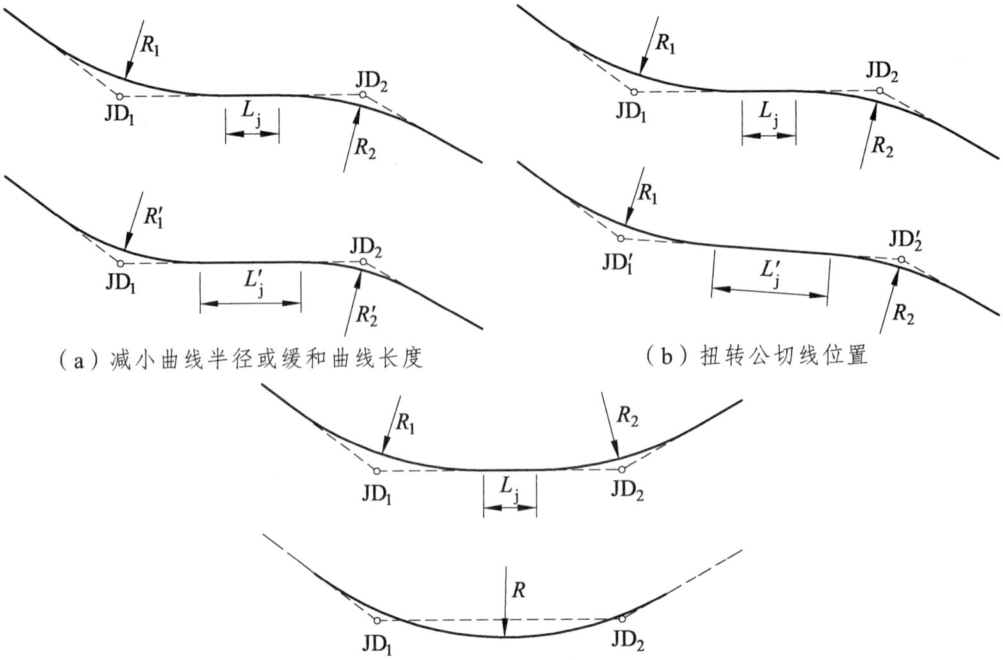

（a）减小曲线半径或缓和曲线长度
（b）扭转公切线位置
（c）同向曲线二合一

图 1.6　夹直线长度不够的修正设计

条件允许时，夹直线长度应力争长一些，因为对行车和运营维修有利。但为了适应地形，节省工程，需要设置较短的夹直线时，其最小长度不应小于表 1.8 所规定的数值。

表 1.8　夹直线及圆曲线最小长度　　单位：m

设计速度 /（$km\cdot h^{-1}$）		工程条件	
		一般	困难
高速铁路	350	280	210
	300	240	180
	250	200	150
城际铁路	200	120	80
	160	100	70
	120	80	50
客货共线及重载铁路	200	160	120
	160	130	80
	120	80	50
	100	60	40
	80	50	30

注：动车组走行线不宜小于 50 m，困难情况下不宜小于 25 m。

夹直线长度不够时，应修改线路平面。如减小曲线半径或选用较短的缓和曲线长度，如图 1.6（a）所示；或改移夹直线的位置，以延长两端点间的直线长度和减小曲线偏角，如 1.6（b）所示。当同向曲线间夹直线长度不够时，可采用一个较长的单曲线代替两个同向曲线，如图 1.6（c）所示。

1.2.3 里程推算

如图 1.7 所示，首先由起点和交点坐标计算出两点间的距离 D，然后再计算各个曲线要素，再由切线长 T 确定出曲线起点（ZH 或 ZY）点的位置，最后根据起点里程推算 ZH 或 ZY 点里程。既：ZH（ZY）点里程 = QD 点里程 + D（起点和交点间距离）－ T（曲线切线长）。

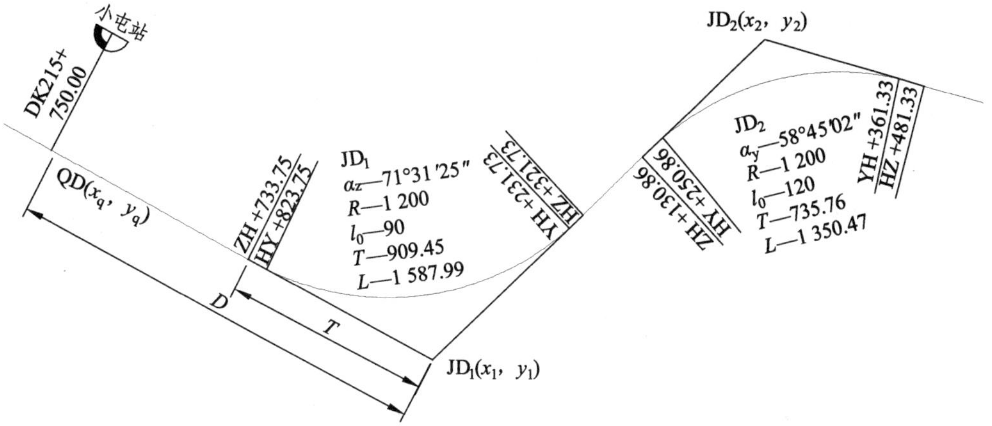

图 1.7　曲线主点里程推算与标注实例

确定 ZH 或 ZY 点里程后，可按下列公式计算其他各主点里程。

1. 无缓和曲线时

$$\text{YZ 点里程} = \text{ZY 点里程} + L \tag{1.7}$$

$$\text{QZ 点里程} = \text{ZY 点里程} + L/2 \tag{1.8}$$

2. 有缓和曲线时

$$\text{HZ 点里程} = \text{ZH 点里程} + L \tag{1.9}$$

$$\text{HY 点里程} = \text{ZH 点里程} + l_0 \tag{1.10}$$

$$\text{YH 点里程} = \text{HZ 点里程} - l_0 \tag{1.11}$$

$$\text{QZ 点里程} = \text{ZH 点里程} + L/2 \tag{1.12}$$

式中　L——曲线全长；

l_0——缓和曲线长度。

1.2.4 线间距

线间距是指相邻两线路中心线间的最小距离，如图 1.8 所示。

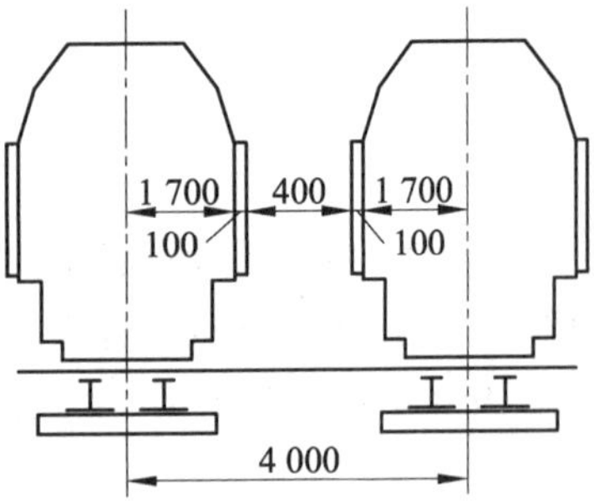

（a）横断面示意图（单位：mm）

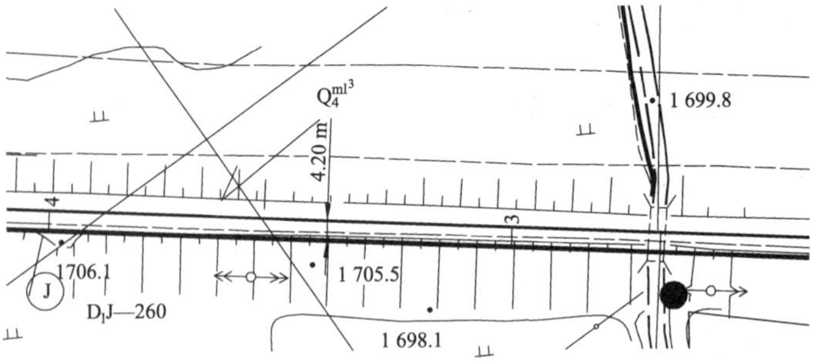

（b）平面图

图 1.8 双线区间直线地段线路线间距

1.2.4.1 直线间线间距

直线间线间距的最小距离由两列车的机车车辆半宽加安全净距 Y 而定，可按下式计算

$$D_{\min} = Y + (B_1 + B_2) \tag{1.13}$$

式中 $D_{\min}$——相邻线间最小线间距（mm）；

B_1、B_2——两交会列车的机车车辆半宽（mm），普通列车为机车车辆限界半宽 + 列车信号超出机车车辆限界的宽度，即：1700 + 100 = 1800（mm），高铁 CRH 系列动车组的最大半宽为 1700（mm）；

Y—— 区间两线交会列车机车车辆间的安全净距（mm），其大小与行车速度、车辆结构和状态及允许的会车压力波等因素有关，可按表 1.9 取值。

表 1.9 不同速度等级下铁路安全净距

线路类型	客货共线铁路			高速铁路			
速度等级/（km·h^{-1}）	$v \leq 120$	$120 < v \leq 160$	$160 < v \leq 200$	$160 < v \leq 200$	$200 < v \leq 250$	$250 < v \leq 300$	$300 < v \leq 350$
安全净距/mm	400	600	900	1000	1200	1400	1600

为了节省用地，无论是区间正线还是站线经常都按最小线间距设计。通过理论计算和多年工程经验，《铁路技术管理规程》（以下简称《技规》）对铁路区间两相邻线路间最小线间距做了规定，如表 1.10 所示。

表 1.10　区间线路间距

序号	速度等级/（km·h^{-1}）		线间最小距离/mm
1	客货共线铁路	v≤120	4000
		120<v≤160	4200
		160<v≤200	4400
2	三线及四线区间的第二线与第三线	—	5300
3	高速铁路	v = 160	4200
		160<v≤200	4400
		200<v≤250	4600
		250<v≤300	4800
		300<v≤350	5000
4	城际铁路	v≤160	4000
		v = 200	4200
5	动车组走行线	—	4000

1.2.4.2　曲线间线间距

运营实践表明，高速铁路正线和联络线、动车组走行线、速度为 200 km/h 及以上的城际铁路并行地段的线间距，按表 1.10 设置时，曲线地段可不加宽。

速度小于等于 160 km/h 的城际铁路、客货共线铁路和重载铁路曲线两端直线地段线间距按表 1.10 最小线间距设计时，曲线地段外侧线路上的车体中部向内侧偏移，内侧线路上的车体向曲线外侧偏移，如图 1.9（a）所示，相邻曲线的外轨超高高度不同，内外侧车体向内侧的偏移量也不相同，如图 1.9（b）所示。若相邻两曲线线间距与直线地段的线间距相同，将会使处于曲线地段两列车间的净空较直线地段更小，影响列车运行安全。所以曲线地段与直线地段相比，线间距应予以加宽。

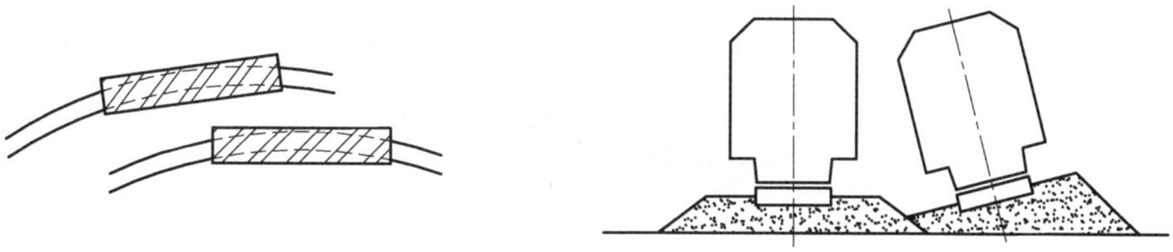

（a）　　　　（b）

图 1.9　车体间净空减小

【**思考题**】计算曲线要素和推算里程

某客货共线Ⅰ级电气化铁路，设计速度 v_{max} = 120 km/h，JD_1 和 JD_2 间的距离为 2244.85 m，1#曲线设计半径 R_1 为 1600 m，缓和曲线 l_{01} 为 120 m，2#曲线设计半径 R_2 为 2000 m，缓和曲线 l_{02} 为 140 m，请检查两曲线间夹直线是否满足要求。如不满足，请进行修改并在图 1.10 中进行曲线要素计算和里程标注。(已知 ZH 点的里程为 DK24 + 320。)

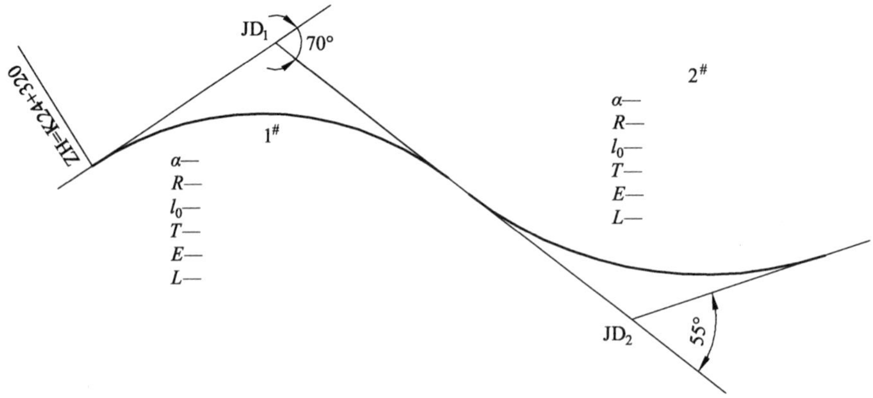

图 1.10　线路平面图

任务 1.3　铁路线路纵断面

线路纵断面是由长度不同、陡缓各异的坡段组成。坡段的特征用坡段长度和坡度值表示，如图 1.11 所示。坡段长度 L_i 为坡段两端变坡点间的水平距离（m）。坡度值 i 为该坡段两端变坡点的高差 H_i（m）与坡段长度 L_i（m）的比值，以千分数表示，即 $i = H_i / L_i \times 1000$（‰）。上坡取正值，下坡取负值，平坡为 0。如坡度为 1‰，即表示每千米高差为 1 m。在纵断面设计图中坡度一般保留 1 位小数。

线路纵断面设计，主要包括确定最大坡度、坡段长度、坡段连接与坡度折减等。

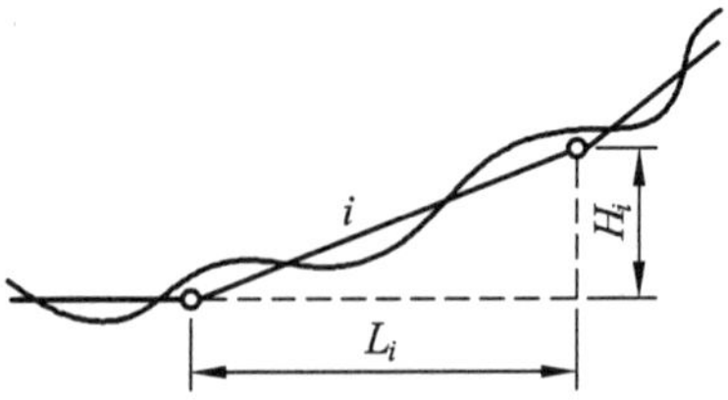

图 1.11　坡长与坡度示意图

1.3.1　确定线路最大坡度

新建铁路的最大坡度是纵断面设计采用的设计坡度最大值。高速铁路、城际铁路采用大功率、轻型动车组，牵引和制动性能优良，能适应大坡度运行，一般情况下最大坡度不受牵引质量的限制，而应根据工程和运营两方面的技术经济条件，确定设计线的最大坡度。客货共线运行的铁路，线路的设计最大坡度是由货物列车牵引质量要求决定的，在单机牵引路段称限制坡度，在两台及以上机车牵引路段称加力牵引坡度，其中最常见的为双机牵引，称双机牵引坡度。

1.3.1.1 高速铁路、城际铁路最大坡度

高速铁路、城际铁路的线路最大坡度应根据动车组总功率、地形条件、列车平均走行速度，以及列车编组辆数等因素，经比选后确定。新建客运专线一般选用较大的最大坡度，以更好地适应地形，降低线路高度，减少桥隧建筑物数量，并可取直线路和缩短高速铁路与公路、既有铁路立交和桥梁引线的长度，从而节省工程量和工程造价。

《线规》规定高速铁路、城际铁路的区间正线最大坡度不宜大于 20‰，困难条件下不应大于 30‰。动车组走行线的正线坡度最大不宜大于 30‰，困难条件下不应大于 35‰。

1.3.1.2 限制坡度

我国既有铁路干线的限制坡度，4‰者约占 1/4，6‰者约占 1/2，12‰者约占 1/4，少数干线为 9‰或 10‰，全国路网基本形成了 4‰、6‰与 12‰的限制坡度系统。

根据运行实践和理论计算，客货共线铁路选定的限制坡度，不应大于表 1.11 所列数值。

表 1.11 客货共线铁路限制坡度最大值（‰）

铁路等级		Ⅰ级			Ⅱ级		
地形地别		平原	丘陵	山区	平原	丘陵	山区
牵引种类	电力	0	12.0	15.0	6.0	15.0	20.0
	内燃	6.0	9.0	12.0	6.0	9.0	15.0

《线规》中未对限制坡度的最小值做明确规定，但受启动条件和到发线有效长等因素制约通常不小于 4‰。

一般情况下，一条线路双方向的限制坡度是相同的，即双方向最大持续上坡道坡度值是相同的。但有些线路具备一定条件，可以在重车方向设置较缓的限制坡度，在轻车方向设置较陡的限制坡度，称为分方向选择限制坡度。

1.3.2 坡段连接

1.3.2.1 相邻坡段坡度差

纵断面的坡段有上坡、下坡和平坡。相邻坡段坡度差的大小应以代数差的绝对值Δi

表示。如前一坡段的坡度 i_1 为 4‰下坡，后一坡段的坡度 i_2 为 2‰上坡，则坡度差Δi 为

$$\Delta i = |i_1 - i_2| = |(-4‰) - (+2‰)| = 6‰$$

1.3.2.2 坡度代数差的最大值

高速铁路及城际铁路车体重量轻，采用密接式车钩，相邻坡段代数差不受限制。客货共线铁路和重载铁路相邻坡段的坡度差是以保证列车不断钩条件来确定的。这是因为列车通过变坡点时受力产生如下变化：

（1）两相邻坡段为凸形纵断面时，列车纵向拉力增大，压力减小，为凹形纵断面时，列车纵向拉力减小，压力增大。

（2）列车纵向力随坡度差值的增大而有所增大。

（3）列车通过变坡点附近的纵向力与列车跨越变坡点的个数无关，而主要与纵断面的形式及其相应的操纵工况以及列车的牵引质量紧密相关。

中国铁道科学研究院集团有限公司（中国铁道科学研究院）以列车通过变坡点时产生的纵向力不大于车钩强度（保证列车不断钩）进行计算，最大坡度差可以达到 2 倍限制坡度值。但考虑到远期列车牵引质量可能增大，最大坡度差应留有适当余量，故以远期到发线有效长度作为拟定坡度差的参数。《线规》对最大坡度差的规定如表 1.12 所示。

表 1.12　最大坡度差表

远期到发线有效长度/m	最大坡度差/‰	
	工程条件一般	工程条件困难
1050 及以上	8	10
850	10	12
750	12	15
650	15	18

为保证行车安全，司机通视距离应不小于紧急制动距离。在凸形纵断面的坡顶，若坡度差过大，则司机的通视距离缩短，必要时应加以检算。

1.3.2.3 竖曲线

在线路纵断面变坡点处，为了保证行车安全平顺，设置的竖向圆弧称为竖曲线。竖曲线分为圆曲线形竖曲线和抛物线形竖曲线。抛物线形竖曲线是用一定变坡率的 20 m 短坡段连接起来的折线。圆曲线形竖曲线采用圆弧线与两端坡段直线相连，由于测设和养护方便，目前国内外均大量采用圆曲线形竖曲线。

1. 竖曲线半径与设置条件

竖曲线半径受旅客舒适度、车轮不脱轨、列车不脱钩及养护维修方便等因素影响。在线路纵断面上，若各坡段直接连接成折线，列车通过变坡点时，产生的车辆振动和局

部加速度增大，乘车舒适度降低；当机车车辆重心未达变坡点时，将使前转向架的车轮悬空（见图 1.12），若悬空高度大于轮缘高度，将导致脱轨；当相邻车辆的连接处位于变坡点附近时，车钩上下错动加剧（见图 1.13），其值超过允许的限定值时将会引起脱钩。所以必须在变坡点处用竖曲线把折线断面平顺地连接起来，以保证行车的安全和平顺。参考国内外经验，我国在主要考虑旅客舒适度条件后确定了竖曲线半径的最小值及设置条件，如表 1.13 和表 1.14 所示。考虑到施工养护时的具体情况，竖曲线半径的最大值不应超过 30000 m。

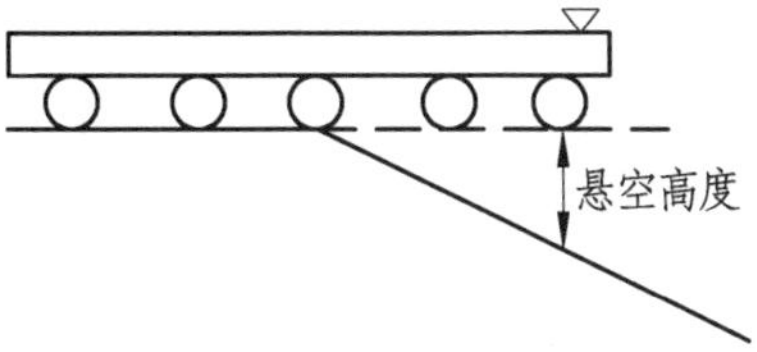

图 1.12　车轮悬空示意图

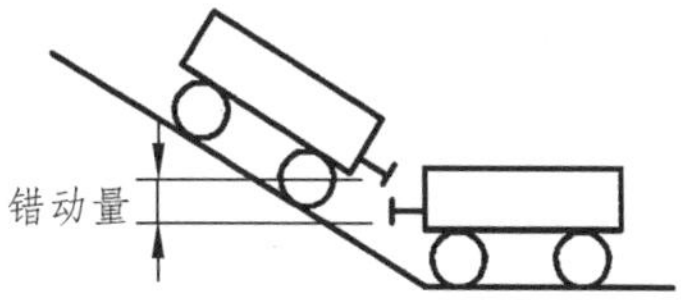

图 1.13　车钩错动示意图

表 1.13　竖曲线半径的最小值及设置条件

铁路类型	设计速度/（km·h^{-1}）	设置条件Δi/‰	R_{SH}/m	
			工程条件一般	工程条件困难
高速铁路	300，350	≥1	25000	25000
	250	≥1	20000	20000
动车组走行线	200	>3	5000	3000
城际铁路	200	≥1	15000	10000
	160	≥1	15000	8000
	120	>3	10000	5000
	<120	>3	8000	3000
客货共线与重载铁路	≥160	>1	15000	15000
	<160	>3	10000	10000

表 1.14　高速铁路限速地段最小竖曲线半径

设计速度/（km·h^{-1}）	200	160	120	80
R_{SH}/m	15000	15000	10000	5000

高速铁路和城际铁路动车组走行线，相邻坡段坡度差大于 3‰时设置圆曲线形竖曲线，竖曲线半径不得小于 5000 m，困难情况下不得小于 3000 m。

2. 竖曲线要素

1）竖曲线切线长 T_{SH}

竖曲线示意图如图 1.14 所示。

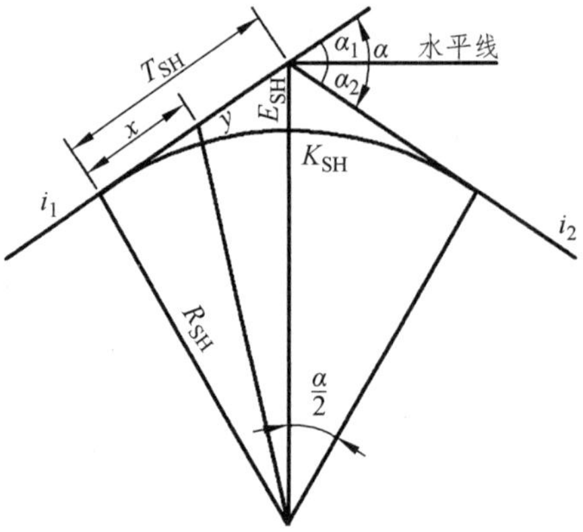

图 1.14　竖曲线

由图 1.14 可知：

$$T_{SH}=R_{SH}\cdot\tan\frac{\alpha}{2}\approx\frac{R_{SH}}{2}\tan\alpha=\frac{R_{SH}}{2}\cdot\tan\left|\alpha_1-\alpha_2\right|$$

$$=\frac{R_{SH}}{2}\left|\frac{\tan\alpha_1-\tan\alpha_2}{1-\tan\alpha_1\cdot\tan\alpha_2}\right|\approx\frac{R_{SH}}{2}\left|\tan\alpha_1-\tan\alpha_2\right|$$

$$=\frac{R_{SH}}{2}\left|\frac{i_1}{1000}-\frac{i_2}{1000}\right|\ \frac{R_{SH}}{2}\left|\frac{i_1}{1000}-\frac{i_2}{1000}\right|$$

$$=\frac{R_{SH}\cdot\Delta i}{2000}\ (\mathrm{m}) \tag{1.14}$$

式中　R_{SH}——竖曲线半径（m）；

α——竖曲线转角（°）；

α_1、α_2——前、后坡段与水平线的夹角（°），上坡为正值，下坡为负值；

i_1、i_2——前、后坡段的坡度（‰），上坡为正值，下坡为负值；

Δi——坡度代数差的绝对值（‰）。

在客货共线铁路及重载铁路中，当竖曲线半径 R_{sh} 取 10000 m 或 15000 m 时，相应的竖曲线切线长 $T_{SH}=5\Delta i$（m）或 $T_{SH}=7.5\Delta i$（m）。

2）竖曲线长度 K_{SH}

由于竖曲线半径较大，切曲差较小，故：

$$K_{SH}\approx 2T_{SH}\ (\mathrm{m}) \tag{1.15}$$

考虑施工及养护维修方便，高速铁路和城际铁路最小竖曲线长度一般不小于一个车辆定距长度要求，如 CRH3 型动车组转向架中心为 17375 mm、车体最大长度为 25.5 m，CRH2 型动车组转向架中心距为 17500 mm、车体最大长度为 25.7 m，因此竖曲线最小长度不应小于 25 m。

3）竖曲线纵距 y

因为　　$(R_{SH}+y)^2=R_{sh}^2+x^2$

$2R_{SH}\cdot y=x^2-y^2$（y^2值很小，略去不计）

所以　　$y=\ y=\dfrac{x^2}{2R_{SH}}$ （m）（1.16）

式中　x——切线上计算点至竖曲线起点（切点）的距离（m）。

变坡点处的纵距称为竖曲线的外矢距 E_{SH}，计算式为

$$E_{SH}=\frac{T_{SH}^2}{2R_{SH}}\ \text{（m）（1.17）}$$

变坡点处的线路设计高程，应根据变坡点的计算高程，减去（凸形竖曲线）或加上（凹形竖曲线）外矢距的高度；路基填挖高度应根据设计高程计算。

由上面的分析可知，当变坡点处的坡度差Δi不大时，竖曲线的外矢距值 E_{sh}很小；如速度小于 160 km/h 的客货共线铁路，当$\Delta i=3‰$时，$E_{SH}=11.5$ mm。施工中，路基面不易作出竖曲线线形，故变坡点处的设计高程可按折线断面计算，不需要计入外矢距的调整值。铺轨时，变坡点处的轨面能自然形成竖曲线，并不影响行车的安全和平稳。至于变坡点的道砟厚度，仅需较标准厚度增减 10 ~ 11.5 mm，也不会影响轨道强度。所以《线规》规定相邻坡段的坡度差大于 3‰时，才设置竖曲线，即在路基面上作出竖曲线线形。

【案例】计算圆曲线形竖曲线要素

某Ⅰ级铁路，设计最大行车速度为 120 km/h，凸形变坡点 A 的里程为 DK20＋340 m，地面高程为 476.50 m，变坡点计算高程为 472.36 m，相邻坡段坡度为 $i_1=6‰$，$i_2=-2‰$，求 A 点及竖曲线上每隔 20 m 的点的设计高程和 A 点的挖方高度。

【解】

A 点的坡度差$\Delta i=|6-(-2)|=8$（‰）

A 点的竖曲线切线长 $T_{SH}=5\cdot\Delta i=40$（m）

A 点的竖曲线外矢距 $E_{SH}=\dfrac{T_{SH}^2}{2R_{SH}}=\dfrac{40^2}{2\times10\ 000}=0.08$（m）

A 点的线路设计高程为 $472.36-0.08=472.28$（m）

A 点的挖方高度为 $476.50-472.28=4.22$（m）

A 点及竖曲线上每隔 20 m 的点的坡度线计算高程、纵距和设计高程计算如表 1.15 所示。

表 1.15　竖曲线纵距及设计标高计算

里程	横距 x / m	坡度线计算标高 h / m	纵距 y / m	设计标高 H / m
K20＋300	0	$472.36-0.006\times40=472.12$	0	472.12
＋320	20	$472.36-0.006\times20=472.24$	$20^2/20000=0.02$	472.22
＋340	40	472.36	0.08	472.28
＋360	20	$472.36-0.002\times20=472.32$	$20^2/20000=0.02$	472.30
＋380	0	$472.36-0.002\times40=472.28$	0	472.28

3. 设置竖曲线的限制条件

1）竖曲线不应与缓和曲线重叠

竖曲线范围内，轨面高程以一定的曲率变化。缓和曲线范围内，外轨高程以一定的超高顺坡率变化。如两者重叠，一方面在轨道铺设和养护时，外轨高程不易控制；另一方面外轨的直线形超高顺坡和圆曲线形竖曲线，都要改变形状，影响行车的平稳。

为了保证竖曲线不与缓和曲线重叠，纵断面设计时，变坡点离开缓和曲线起终点的距离不应小于竖曲线的切线长，如图 1.15 所示。

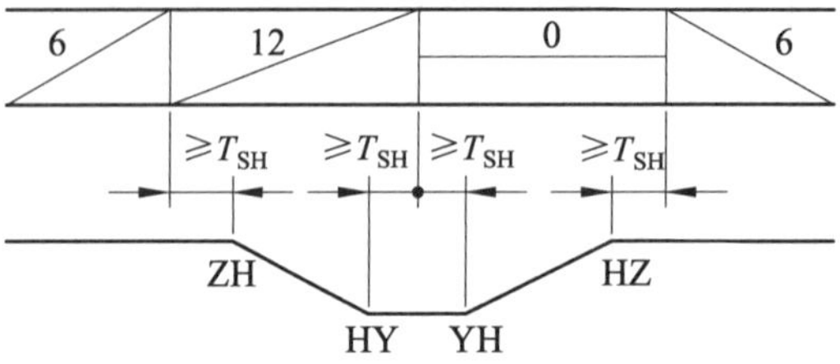

图 1.15　缓直点的距离

高速铁路和城际铁路，为了保证列车通过变坡点时产生的激振不叠加，竖曲线起终点与平面曲线起终点的距离一般不宜小于 20 m。

【思考题】判断竖缓重合

某Ⅰ级铁路，设计速度为 120 km/h，平纵断面设计如图 1.16 所示。判断变坡点 A、B、C 是否符合要求。如不符合要求，思考如何修改。

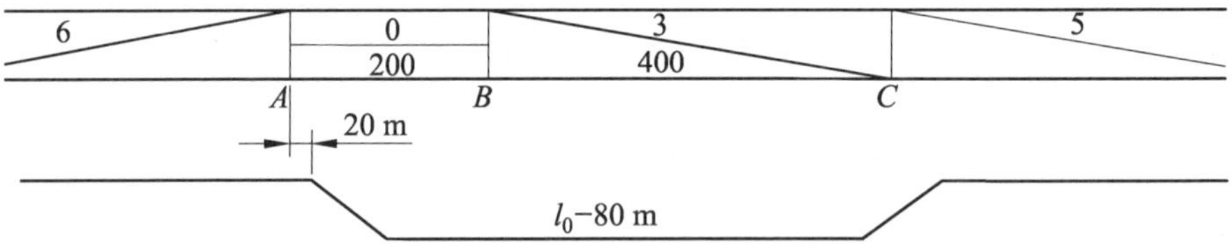

图 1.16　线路纵断面图坡度设计和线路平面栏

2）竖曲线不应设在明桥面上

竖曲线不应设在明桥面上。明桥面上不应设置变坡点，竖曲线也不应伸入明桥面。明桥面上如有竖曲线，其曲率需要用木楔调整，每根木枕厚度都不一样，且需特制，并要固定位置顺序铺设，给施工养护带来困难。故明桥面桥应将全桥设在一个坡度上，所以纵断面设计时，应使变坡点距明桥面桥两端不小于竖曲线切线长，如图 1.17 所示。

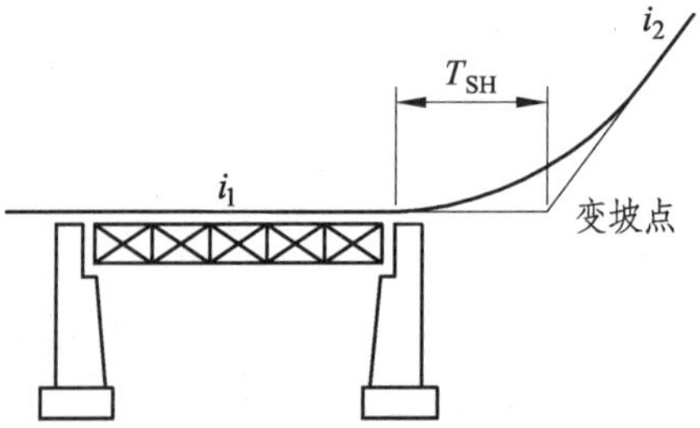

图 1.17　变坡点距明桥面桥的距离

【**思考题**】判断竖桥重合

如图 1.17 所示，$i_1 = 0‰$，$i_2 = 4‰$，桥梁全长 525.148 m，桥梁中心点里程为 DK154 + 253.480，变坡点处的里程为 DK154 + 540.054，判断纵断面设计是否合理。

3）竖曲线不应与正线道岔重叠

道岔的尖轨和辙叉应位于同一平面上，如将其设在竖曲线的曲面上，则道岔的铺设与转换都有困难；另外，道岔的导曲线和竖曲线重合，列车通过道岔的平稳性降低。为了保证竖曲线不与道岔重叠，变坡点与车站站坪端点的距离，不应小于竖曲线的切线长。

4）高速铁路竖曲线不宜与圆曲线重叠

由于竖曲线与圆曲线重合时的空间线形比较复杂，增加了施工及运营维护的难度，因此高速铁路竖曲线不宜与圆曲线重叠。困难情况下重叠设置时，最小曲线半径应符合表 1.16 中的规定。

表 1.16　高速铁路竖曲线与圆曲线重合时设置的最小曲线半径和竖曲线半径　单位：m

设计速度/（$km \cdot h^{-1}$）	竖曲线半径		最小竖曲线半径
	工程条件一般	工程条件困难	
350	7000	6000	25000
300	5000	4500	25000
250	3500	3000	20000

5）竖曲线与钢轨伸缩调节器不应重叠设置

竖曲线与钢轨伸缩调节器如重叠则将影响钢轨伸缩调节器的正常使用，也会导致养护维修困难，所以竖曲线与钢轨伸缩调节器不应重叠设置。

6）竖曲线与竖曲线不应重叠设置

竖曲线与竖曲线重叠设置时要保证各自竖曲线的形状是很困难的，测设工作将更加困难，竖曲线和竖曲线重合时还会影响列车运行的安全性与平稳性。因此，为满足快速列车较高的舒适度要求，从列车运行的平稳性要求考虑，当路段设计速度为 160 km/h 及以上时，两竖曲线间有一定的夹坡段长度以避免竖向振动的叠加。根据列车竖向振动衰减特性，两竖曲线间夹坡段长度（m）一般不小于 $0.4v_{max}$（km/h）。高速铁路、城际铁路在制定最小坡段长度时已考虑了夹坡段长度。对于客货共线铁路、重载铁路，为保证机车车辆轮轨间的正常接触，减小车辆竖向振动，使列车运行平稳，两竖曲线间的距离不宜短于 2 ~ 3 节车辆长度，困难条件下，不得短于一节车辆两转向架间的距离，以避免两转向架同时分别处于不同的竖曲线上。因此一般情况下两竖曲线间的距离不宜小于 40 m，困难时不应小于 20 m。

《线规》规定：当路段设计速度大于 120 km/h 时，在缓和曲线、正线道岔、钢轨伸缩满节器以及明桥面桥范围内不得设置变坡点。

1.3.3 坡段连接

纵断面上两个坡段的连接点（坡度变化点）称为变坡点。一个坡段两变坡点间的水平距离称为坡度长度。对于新建铁路，坡段长度一般取 50 m 整倍数。

从工程数量上看，采用较短的坡段长度可更好地适应地形起伏，减少路基、桥隧等工程数量，如图 1.18 所示。从列车运行平稳性出发，纵断面选择较长的坡段可以减少变坡点数量，提高运行平稳性。因此坡段长度的选择既要满足运行的平稳性又要减小工程投资。

图 1.18 不同坡长的纵断面

1.3.3.1 最小坡段长度

1. 车钩强度限制的最小坡段长度

客运专线铁路上运行的动车组列车采用密接式车钩，坡段长度不受此因素影响。

对于普通客货共线铁路，列车通过变坡点时，运行阻力发生变化，车钩产生游间，使部分车辆产生冲击，增大列车纵向阻力，坡段长度要保证列车不产生车钩断钩现象。坡段长度所决定的车钩应力与列车牵引质量有直接关系，牵引质量用远期到发线有效长度表示。受车钩强度限制的最小坡段长度不得小于表 1.17 所规定的数值。

表 1.17 车钩强度确定的最小坡段长度表

远期到发线有效长度/m	1050 及以上	850	750	650
最小坡段长度/m	400	350	300	250

2.《线规》对最小坡段长度的规定

综合安全、舒适、工程、运营等因素，各类型铁路最小坡段长度取值应满足下列规定：

（1）高速铁路正线最小坡段长度一般条件下不小于 900 m，且不宜连续使用；困难条件下不小于 600 m，且不应连续使用。列车全部停站两端坡段长度不应小于 400 m。

（2）城际铁路最小坡段长度一般不应小于 400 m；困难条件下不应小于 200 m，且不宜连续使用。

（3）旅客列车设计速度为 200 km/h 的路段，坡段长度一般条件下不宜小于 600 m，且不宜连续使用；困难条件下不应小于 400 m，且不应连续使用。

（4）旅客列车设计速度为 160 km/h 的路段，坡段长度不应小于 400 m，且不应连续使用两个以上。

（5）旅客列车设计速度小于 160 km/h 的路段，应符合下列规定：

① 坡段长度不宜小于表 1.17 的规定。

② 凸形纵断面顶部为缓和坡度差而设置的分坡平段的长度可以取 200 m。如图 1.19（a）所示；凹形纵断面底部为缓和坡度差而设置的分坡平段，其长度应按表 1.17 取值，如图 1.19（b）所示。

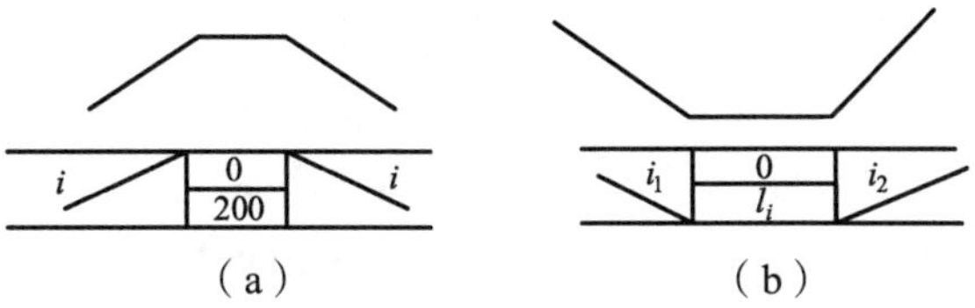

图 1.19　分坡平段的坡段长度

③ 因最大坡度折减而形成的如图 1.20（a）所示的坡段，包括折减坡段及其中间无须折减的坡段，这些坡段间的坡度差较小，坡长可以缩短到 200 m。

④ 在两个同向坡段之间为了缓和坡度差而设置的缓和坡段如图 1.20（b）所示。缓和坡段使纵断面上坡度逐步变化，对列车运行平稳有利，故允许缩短为 200 m。

⑤ 长路堑内为排水而设置的“人”字坡段如图 1.20（c）所示。“人”字坡段的坡度一般不小于 2‰，以利于路堑侧沟排水，坡长可以缩短到 200 m。

⑥ 枢纽疏解引线范围内的线路纵坡，因行车速度较低，且一般因跨线需要迅速升高（或降低）纵断面高程，可以缩短到 200 m。

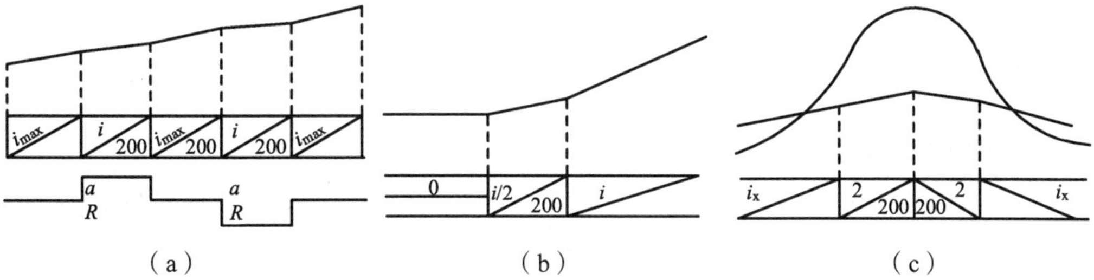

图 1.20　200 m 坡段

1.3.3.2　最大坡段长度

1. 客货共线铁路

对客货共线铁路，货物列车在接近长大下坡道区间的车站时，列车自动制动机需进行持续一定时间的全部试验，从而增加列车在车站的停站作业时间。因此，纵断面设计时，应尽量减少长大下坡道的设置。根据我国目前列车自动制动机技术要求，客货共线铁路的长大下坡道指的是：线路坡度超过 6‰、长度为 8 km 及其以上者；线路坡度超过 12‰、长度为 5 km 及其以上者，线路坡度超过 20‰、长度为 2 km 及其以上者。

2. 高速铁路和城际铁路

对于高速客运专线铁路，为了防止高速列车的牵引电机发生过热现象，当纵断面采用最大坡度时，宜限制最大坡度地段的坡段长度。

高速铁路正线 15‰坡度的最大坡段长度不宜大于 10 km；20‰坡度的最大坡段长度不宜大于 6 km；25‰坡度的最大坡段长度不宜大于 4 km；30‰坡度的最大坡段长度不宜大于 3 km；35‰坡度的最大坡段长度不宜大于 2 km。

城际铁路正线最大设计坡度为 20‰时坡段长度不宜大于 15 km，25‰时坡段长度不宜大于 8 km，30‰时坡段长度不宜大于 4 km；动车组走行线坡度为 35‰时坡段长度不宜大于 2 km，30‰时坡段长度不大宜于 4 km，25‰时坡段长度不宜大于 8 km，20‰时坡段长度不宜大于 15 km，且不能连续设置。

1.3.4 最大坡度折减

客货共线铁路，当平面上出现曲线和遇到长度大于 400 m 的隧道时，附加阻力增大，黏着系数降低。在需要用足最大坡度（包括限制坡度与加力牵引坡度）的地段，如果加算坡度超过最大坡度，则按限制坡度计算的牵引质量的货物列车，在该设计坡度的持续上坡道上，最终会以低于计算速度的速度运行，发生运缓事故，甚至造成途停，这是不允许的。所以线路纵断面设计坡度值加上曲线和隧道附加阻力的加算坡度值，不能大于最大坡度值。为此，纵断面设计时，需将最大坡度值减缓，以保证普通货物列车以不低于计算速度或规定的速度通过该地段。此项工作称为最大坡度的折减。高速铁路、城际铁路采用大功率、轻型动车组，牵引和制动性能优良，能适应大坡道运行，最大坡度不考虑曲线半径和隧道坡度减缓。

【思考题】 计算变坡点和竖曲线设计高程

某Ⅰ级铁路，相邻坡段的坡度如图 1.21 所示，变坡点 A 点处的里程为 DK25＋460，变坡点设计高程为 42.00 m，计算变坡点及竖曲线上每隔 20 m 的点的设计高程（列表计算）。

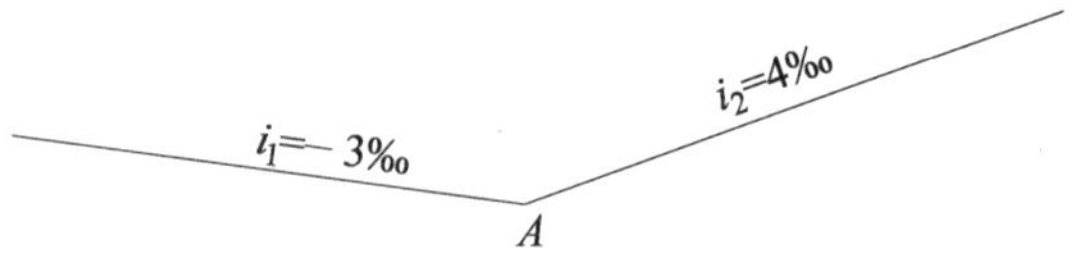

图 1.21 纵断面坡度示意图

项目 2 铁路轨道结构

项目描述

铁路线路是对由轨道、路基、桥隧建筑物等组成的整体的总称。铁路轨道是线路的上部结构，位于路基面以上。铁路轨道由钢轨、轨枕、联结零件、道床、防爬设备和道岔及钢轨伸缩调节器等组成，是铁路运输的重要技术设备。它支承和引导列车车轮，直接承受横向、竖向和纵向荷载。为了满足列车安全平稳行驶的需要，铁路轨道必须具备足够的强度、稳定性和平顺性。

铁路轨道采用有砟轨道和无砟轨道两种结构形式。有砟轨道一般用于客货共线铁路，无砟轨道则用于客运专线铁路。本项目主要介绍有砟轨道、无砟轨道及钢轨伸缩调节器的基本构造和技术特征，包括有砟轨道、无砟轨道及钢轨伸缩调节器的各组成部分及要求等。通过本项目的学习应掌握铁路轨道的基本构造及要求，为学习铁路轨道的施工与维修养护打下基础。

教学目标

1. 知识目标

（1）掌握有砟轨道的基本组成。

（2）掌握无砟轨道的类型与结构组成。

（3）掌握无砟轨道扣件的类型及技术要求。

（4）掌握钢轨伸缩调节器的结构组成。

2. 能力目标

（1）能正确识读铁路轨道结构图。

（2）能说明无砟轨道与有砟轨道的优缺点。

（3）能准确说出有砟轨道各组成部分的技术标准及要求。

（4）能准确说出无砟轨道类型和各组成部分的技术标准及要求。

（5）能准确说出钢轨伸缩调节器各组成部分的名称及功能。

（6）会查找并使用铁路轨道相关规范、标准。

3. 素质目标

（1）培养吃苦耐劳、团队协作与爱岗敬业精神。

（2）养成严谨求实的工作作风。

（3）具有安全及节能环保意识。

任务 2.1　有砟轨道

轨道是指路基、桥梁、隧道等线下结构物以上的线路部分。有砟轨道是指采用轨枕及碎石等散粒体作为轨下基础的轨道；无砟轨道是指轨下基础为混凝土等整体道床结构的轨道。轨道是线路设备的重要组成部分，其作用是引导机车车辆运行，直接承受列车动静荷载，并把荷载分布传递给路基或桥隧建筑物。轨道结构应具有足够的强度、稳定性和平顺性，以保证机车车辆按规定的最大载重和最高速度运行。

2.1.1　轨道组成

轨道由钢轨、轨枕、道床、道岔、钢轨伸缩调节器（简称调节器）、联结零件及轨道加强设备等组成。

2.1.2　轨道各部件的作用

（1）钢轨是轨道最重要的组成部件，它直接承受列车的荷载，依靠钢轨头部内侧面与机车车辆轮缘的相互作用，引导列车运行，依靠它本身的刚度和弹性把机车车辆荷载分布开来，传递给轨枕。随着机车车辆轴重逐渐增大，行车速度不断提高，钢轨所承受的荷载也在不断增加大，因此对钢轨的材质和强度也有了更高的要求。

（2）轨枕一方面承受钢轨传递下来的机车车辆的各种荷载，并把它传递给道床；另一方面通过扣件把钢轨固定在规定的位置，以保持轨距、轨底坡、曲线超高等，同时与钢轨形成轨排，并与道床相互作用，提供轨道所需的道床纵横向阻力。

（3）有砟道床是轨枕的基础，在其上按规定的间隔布置一定数量的轨枕，用以提供轨道的弹性和纵横向阻力，并便于排水和校正轨道的平面和纵断面。无砟道床是一种以混凝土等整体结构代替轨枕和散体道砟的道床形式。

（4）道岔由转辙器、辙叉及护轨、连接部分组成，其主要作用是引导列车从一条线路转向另一条线路。

（5）调节器是由基本轨、尖轨、扣件系统、轨枕等部件组成，通过基本轨与尖轨之间的纵向相对位移，大幅度减小桥梁与无缝线路纵向相互作用力的轨道设备。

（6）联结零件包括接头联结零件和扣件。接头联结零件的作用是实现钢轨与钢轨的可靠连接，保持钢轨的连续性与整体性。扣件的作用是实现钢轨与轨枕的可靠连接，阻止钢轨相对于轨枕的纵横向位移，确保轨距正常，提供绝缘和弹性。

（7）轨道加强设备为防爬设备轨距杆、轨撑等。防爬设备主要由防爬器和防爬支撑组成，用以加强钢轨与轨枕的联结，提高线路抵抗钢轨爬行的能力。轨距杆、轨撑为曲线加强设备，用以加强并保持曲线轨道的稳定性。

实战任务 1：有砟轨道设备认知

1. 学习任务

学员依次按标准正确认知指定轨道设备，并对其相关特点进行正确描述。

2. 任务分析

轨道设备是铁路线路的重要组成部分，对铁路线路安全平稳运营起着至关重要的作用。正确认知轨道设备，掌握其型号、类别，对保证铁路线路质量，提高轨道设备稳定打下坚实基础。

3. 任务准备

（1）工具准备：直钢尺、卷尺等（见表 2.1）。

（2）材料准备：钢轨、接头、轨枕、扣件、有砟道床、轨道加强设备。

表 2.1　工具清单

名称	单位	数量	图例
直钢尺	把	1	
50 m 卷尺	把	1	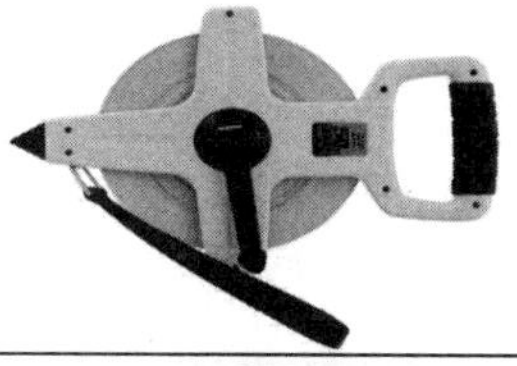
5 m 卷尺	把	1	

4. 任务实施条件

（1）普速铁路线路静态检查可与“维修天窗”“施工天窗”时间共用或利用列车间隔时间。高速铁路静态检查必须在天窗时间内进行。

（2）在“运统—46”《行车设备施工登记簿》上登记，设驻站联络员和现场防护员进行防护。

5. 学习内容

本实战任务的学习内容如表 2.2 所示。

表 2.2　有砟轨道设备认知

<table>
<tr><th>学习任务</th><th>学习内容</th><th>图　例</th></tr>
<tr><td rowspan="2">1 认知钢轨</td><td>1.1　钢轨功用
钢轨是铁路轨道的主要组成部件。它的功用在于引导机车车辆的运行，承受车轮的巨大压力并传递到轨枕上，为车轮提供连续、平顺和阻力较小的滚动表面，在电气化铁路或自动闭塞区段，钢轨还兼做轨道电路之用</td><td>
钢轨导向
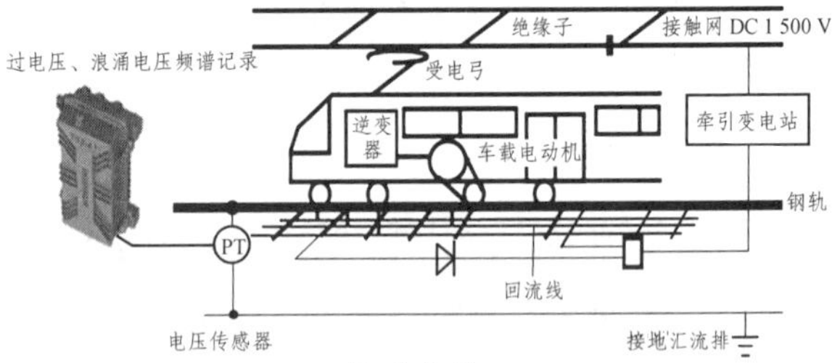

轨道电路</td></tr>
<tr><td>1.2　钢轨断面
钢轨采用宽底式工字形断面，由轨头、轨腰和轨底三部分组成</td><td>
钢轨断面</td></tr>
</table>

续表

<table>
<tr><th>学习任务</th><th>学习内容</th><th>图例</th></tr>
<tr><td rowspan="2">1 认知钢轨</td><td>1.3 钢轨类型
钢轨的类型以每米长度钢轨的质量（kg/m）来表示。目前，我国铁路的钢轨类型主要有75、60、50、43、38（kg/m）等五种。为了改善轮轨接触关系，对廓形进行了优化，研发了 60 N 和 75N 钢轨</td><td>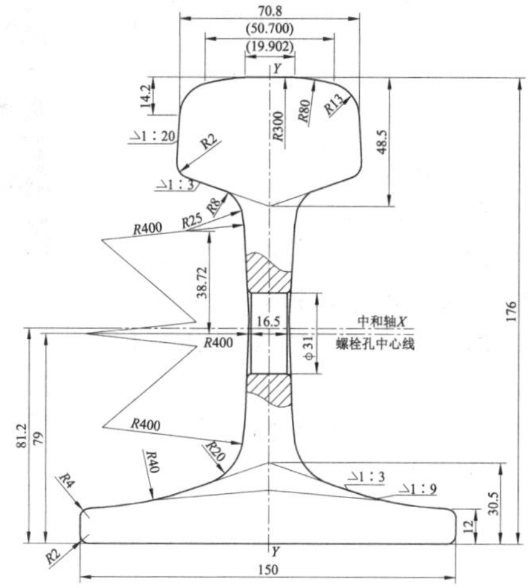

60 kg/m 钢轨断面尺寸（单位：mm）
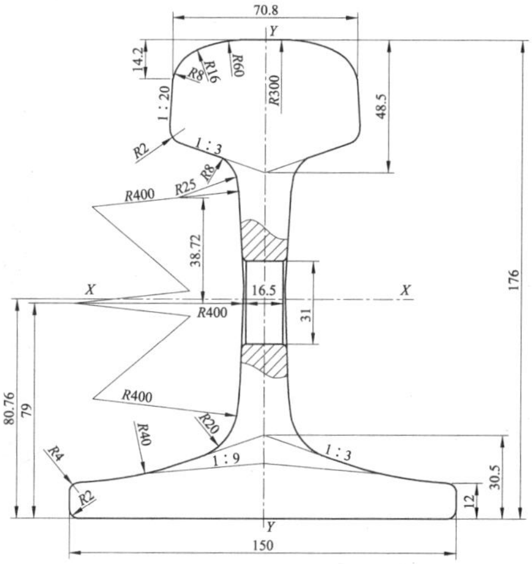

60 N 钢轨断面尺寸（单位：mm）</td></tr>
<tr><td>1.4 钢轨长度
我国钢轨的标准定尺长度：43 kg/m 钢轨有 12.5 m、25 m 两种；50 kg/m、60 kg/m 钢轨有 12.5 m、25 m、100 m 三种；75 kg/m 钢轨有 12.5 m、75 m 、100 m 三种，其中 100 m 定尺的钢轨主要用于无缝线路中长钢轨的焊接</td><td>

25 m 长钢轨</td></tr>
</table>

<table>
<tr><th>学习任务</th><th>学习内容</th><th>图例</th></tr>
<tr><td rowspan="2">1 认知钢轨</td><td>1.5　钢轨标记
钢轨一侧轨腰上轧制的凸出标记顺序为生产厂标志、钢轨轨型（如 60 代表 60 kg/m）、钢轨钢牌号（如 U75V、U71Mn）、制造年（轧制年度末两位，如 04 代表轧制年度为 2004 年）、月（Ⅲ代表 3 月份）</td><td>
钢轨轧制标记
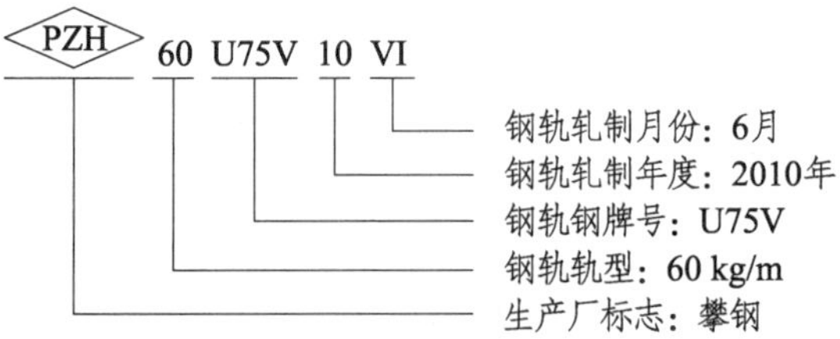

钢轨热压印凸出标识示例</td></tr>
<tr><td>1.6　钢轨伤损
钢轨伤损分为钢轨头部磨耗、轨端或轨顶面剥落掉块、钢轨顶面擦伤、钢轨低头、波浪形磨耗、钢轨表面裂纹、钢轨内部裂纹、钢轨变形、钢轨锈蚀等 9 大类，既尊重现场对钢轨伤损的共同认知，也可以从钢轨的力学性能来认识钢轨伤损性质</td><td>
钢轨磨耗
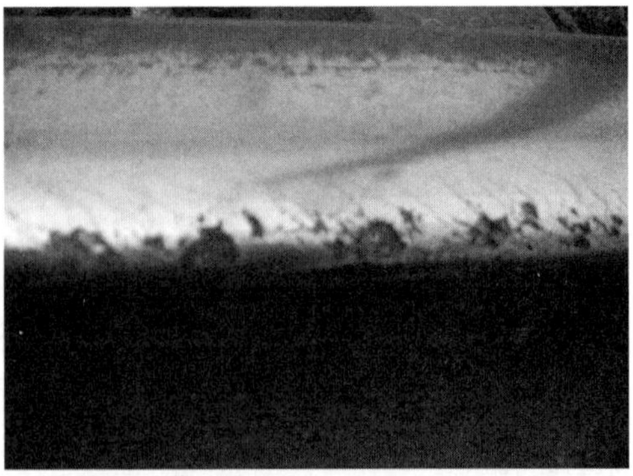
钢轨顶面剥落掉块</td></tr>
</table>

续表

学习任务	学习内容	图例
1 认知钢轨	1.6 钢轨伤损 钢轨伤损分为钢轨头部磨耗、轨端或轨顶面剥落掉块、钢轨顶面擦伤、钢轨低头、波浪形磨耗、钢轨表面裂纹、钢轨内部裂纹、钢轨变形、钢轨锈蚀等 9 大类，既尊重现场对钢轨伤损的共同认知，也可以从钢轨的力学性能来认识钢轨伤损性质	 钢轨顶面擦伤  钢轨波浪形磨耗 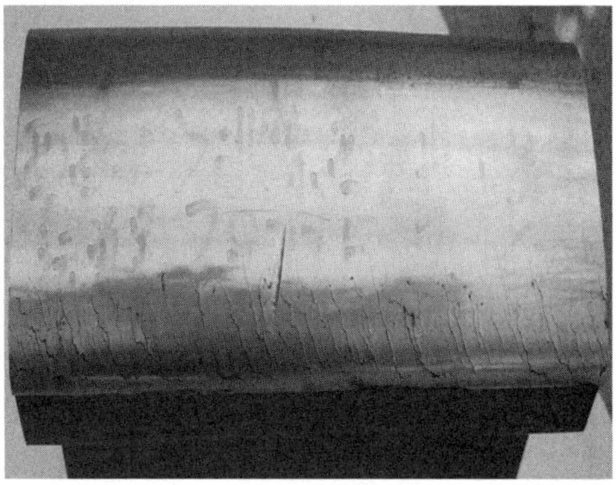 钢轨表面裂纹

续表

学习任务	学习内容	图例
1 认知钢轨	1.6 钢轨伤损 钢轨伤损分为钢轨头部磨耗、轨端或轨顶面剥落掉块、钢轨顶面擦伤、钢轨低头、波浪形磨耗、钢轨表面裂纹、钢轨内部裂纹、钢轨变形、钢轨锈蚀等 9 大类，既尊重现场对钢轨伤损的共同认知，也可以从钢轨的力学性能来认识钢轨伤损性质	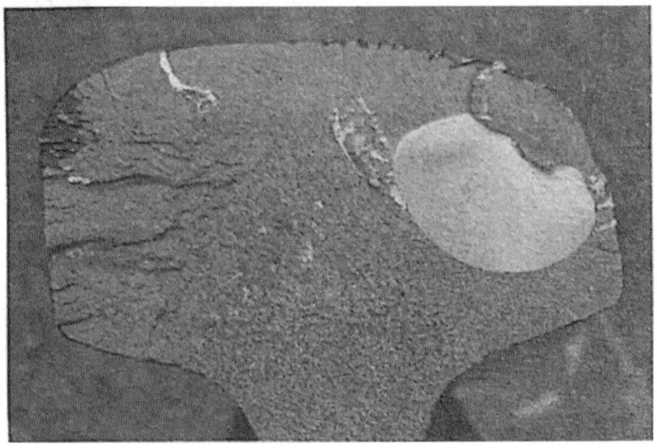 钢轨内部裂纹  钢轨锈蚀
2 认知接头	2.1 钢轨接头 在普通线路轨道上，一根钢轨与另一根钢轨之间用夹板连接，其连接处称为钢轨接头	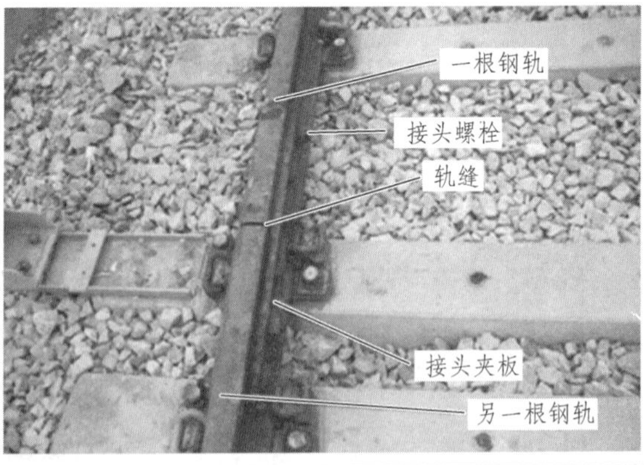

续表

学习任务	学习内容	图例
2 认知接头	2.2 接头类型 按其用途和性能，钢轨接头可分为普通接头、异形接头、绝缘接头、导电接头、伸缩接头、冻结接头、胶结绝缘接头、焊接接头等。 ①普通接头：同类型钢轨铺设时的正常联结接头。 ②异形接头：不同类型钢轨互相联结的接头。 ③导电接头：用于自动闭塞及电力牵引区段，供传导轨道电流或作为牵引电流回路之用。轨间传导连接装置由两根5 mm左右镀锌铁丝组成。 ④绝缘接头：在钢轨、夹板与螺栓之间，螺栓孔四周以及轨端之间用尼龙绝缘套管和尼龙绝缘垫片将电流隔断，用于自动闭塞分区两端使信号电流不能从一个闭塞分区传到另一个闭塞分区的钢轨接头。	 普通接头  异型接头  导电接头 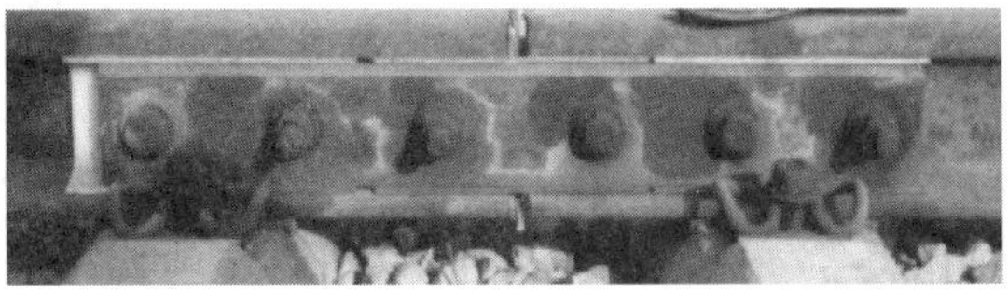 绝缘接头

学习任务	学习内容	图例
2 认知接头	⑤胶接绝缘接头：用高强度绝缘胶黏剂将钢轨和夹板胶合成一整体的接头，称为胶接绝缘接头。 ⑥冻结接头：用月牙垫片填塞螺栓孔的方法，阻止钢轨自由伸缩的接头。 ⑦伸缩接头：也称尖轨接头或温度调节器。是将接头以尖轨的形式联结，用于联结轨端伸缩量较大的轨道。 ⑧焊接接头：用焊接方法把钢轨连接成整体，有同类型轨焊接，也有不同类型轨焊成异形焊接接头	 胶接绝缘接头 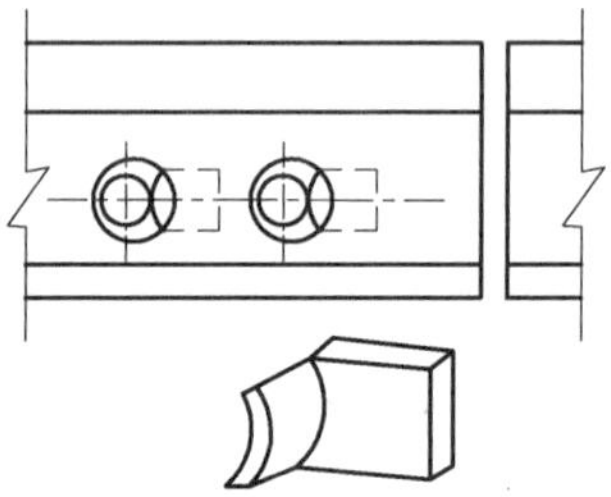 冻结接头  伸缩接头  焊接接头

续表

学习任务	学习内容	图　例
2 认知接头	2.3　接头联结零件 钢轨接头联结零件包括夹板、螺栓、螺母、垫圈等组成部分。其作用是联结钢轨，保持轨线的连续性，并传递和承受弯矩和纵、横向作用力	 接头夹板  60 kg/m 钢轨接头夹板截面 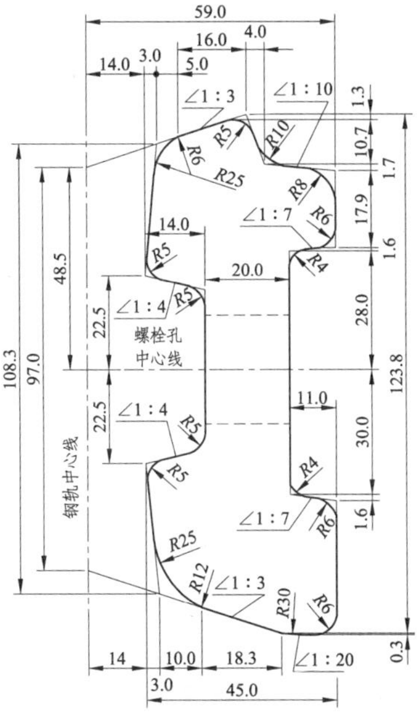 60 kg/m 钢轨接头夹板截面尺寸（单位：mm）

续表

学习任务	学习内容	图　例
2 认知接头	2.3　接头联结零件 钢轨接头联结零件包括夹板、螺栓、螺母、垫圈等组成部分。其作用是联结钢轨，保持轨线的连续性，并传递和承受弯矩和纵、横向作用力	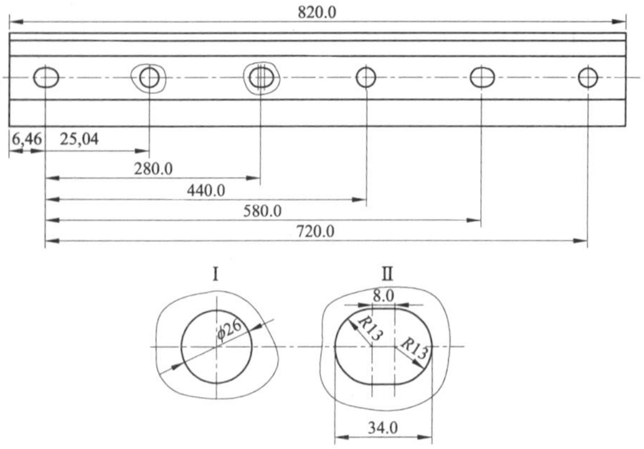 60 kg/m 钢轨接头夹板螺栓孔的位置和尺寸(单位: mm)  接头螺栓 　 弹簧垫圈　　螺母
3 认知轨枕	轨枕按材料可分为木枕、混凝土枕和钢枕；按用途可分为普通轨枕、岔枕和桥枕等。 3.1　木枕 木枕又称枕木。它具有弹性好，易于加工制作，运输、铺设、养护维修方便，与钢轨的连接较简便，绝缘性能好，成本低等优点；但也存在着容易腐朽、磨损，使用寿命短，弹性不一致，轨道几何形位不易有效保持等缺点。制作木枕的树种，要求坚韧而富有弹性，并且必须具有较高的抗腐蚀能力	 木枕

<table>
<tr><th>学习任务</th><th>学习内容</th><th>图例</th></tr>
<tr>
<td>3 认知轨枕</td>
<td>3.2 混凝土枕

混凝土枕的特点是自重大、刚度大，与木枕线路相比，其在荷载作用下的挠度较小，但弹性较差，列车通过不平顺的混凝土枕线路时，轨道附加动力增大。为了增加弹性，减缓列车的动力冲击作用，在钢轨和轨枕之间必须加设弹性垫层，并采用富有弹性的联结扣件，以提高线路的抗震能力。

混凝土按使用部位可分为预应力混凝土枕、混凝土岔枕、混凝土桥枕。预应力混凝土枕又分为Ⅰ型混凝土枕、Ⅱ型混凝土枕和Ⅲ型混凝土枕。

① Ⅰ型混凝土枕：使用条件与承载能力不相匹配、结构薄弱、养护维修不便。从各型轨道上更换下来的Ⅰ型轨枕几乎全部出现螺栓孔纵裂及轨下正弯矩横裂纹，因此，在正线上已不宜再铺设Ⅰ型轨枕，既有正线Ⅰ型轨枕应该尽快淘汰下道。

② Ⅱ型混凝土枕：承载能力是按韶山型机车、轴重 25 t、最高速度 120 km/h、铺设密度 1840 根/km 设计的。包括 1984 年以后设计鉴定的 S-2 型（1998 年 3 月 1 日停产）、J-2 型、YⅡ-F 型、TKG-Ⅱ型等，从 1985 年后开始大量铺设于各型轨道。虽然采用疲劳可靠性进行设计，但是难以适应重型和特重型轨道的承载条件。Ⅱ型混凝土枕为我国目前的主型轨枕，基本适用于次重型及以下轨道。</td>
<td>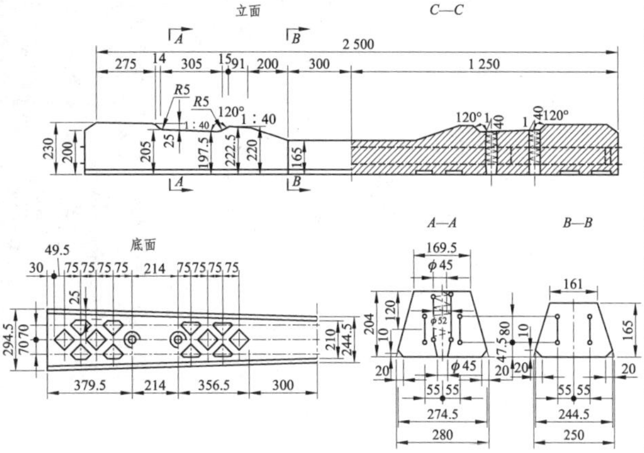

Ⅱ型混凝土枕尺寸（单位：mm）
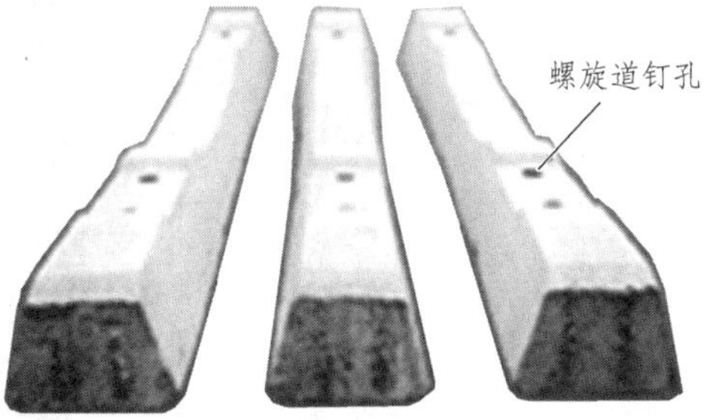

Ⅱ型混凝土枕
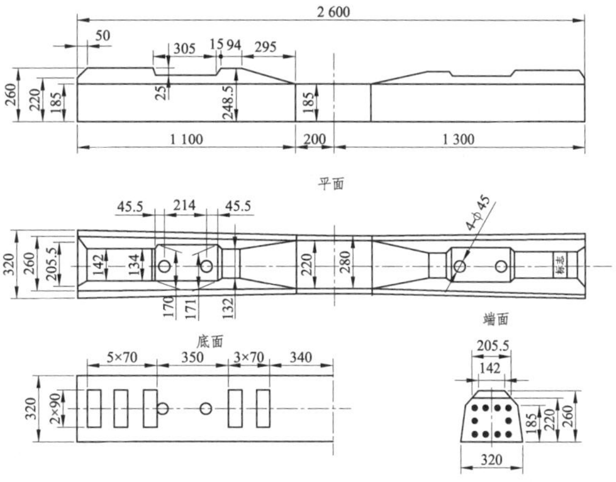

Ⅲ型混凝土枕尺寸（单位：mm）</td>
</tr>
</table>

续表

学习任务	学习内容	图例
3 认知轨枕	③ Ⅲ型混凝土枕：分为无挡肩（Ⅲb 型）、有挡肩（Ⅲa 型）两种。较Ⅱ型轨枕加宽了枕底宽度，支承面积增大 17%，端部侧面积增大 20%，对于提高道床的纵横向阻力和轨道稳定性十分有利。若以等支承面积计，1600 根Ⅲ型轨枕的底面积约与 1840 根Ⅱ型枕相当。其优点为质量大、抗弯强度高、承载能力强，可明显提高道床阻力。 因此，加长和加宽的Ⅲ型轨枕可以减少每千米的轨枕配置根数。规定，允许速度大于 120 km/h 的正线铺设Ⅲ型轨枕，允许速度小于或等于 120 km/h 的正线宜铺设Ⅲ型轨枕。 ④ 混凝土岔枕：提高了道岔的稳定性，轨距、水平、方向等几何尺寸容易保持，并消除了导曲线反超高及道岔爬行等病害，减少维修工作量约 1/3。 混凝土岔枕比混凝土枕受力更复杂，在辙叉等特殊部位由于承受冲击力大，更容易发生裂纹；岔枕螺栓的固定方式是预埋尼龙套管，螺栓拧在套管中，在列车振动作用下容易松动，特别是尼龙套管容易积水，使螺栓锈蚀；扣件零配件型号繁多，通用性差。 ⑤ 混凝土桥枕：混凝土桥枕枕中部分应保持浮砟，既不能掏空，也不能进行捣固。为设护轨梭头，增加螺栓孔。	 Ⅲa 型混凝土枕  Ⅲb 型混凝土枕 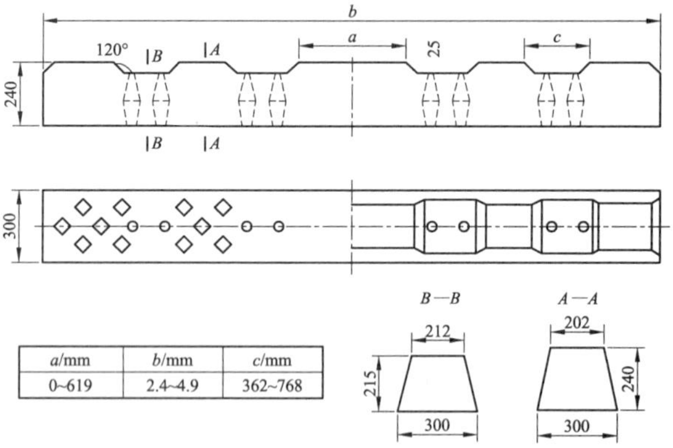 混凝土岔枕尺寸（单位：mm）

学习任务	学习内容	图例
3 认知轨枕	⑥ 混凝土宽轨枕：混凝土宽轨枕俗称轨枕板，简称宽轨枕。其底面积大（宽度约为混凝土枕的一倍），能有效地降低道砟应力和变形，质量大（每块约500 kg），底部摩擦力增大。宽轨枕采用密铺式（每千米铺设1760 根），每块间隔约为2.6 cm，枕间缝隙小，道床不易脏污，外观整洁美观，轨道平顺性、稳定性好。其缺点是养护维修较困难。宽轨枕适用于大型客货站场、长大隧道和行车密度大的线路	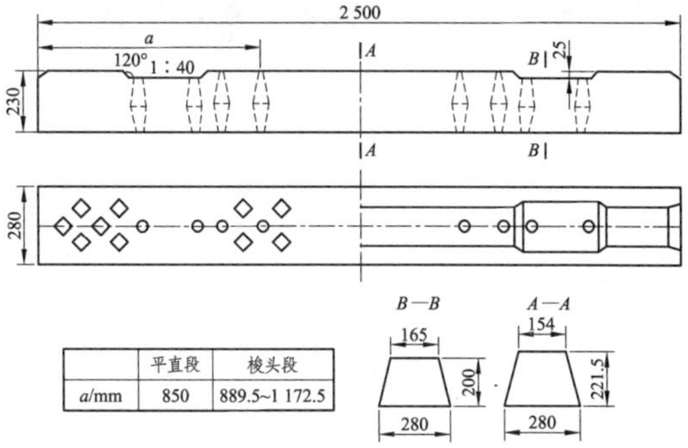 混凝土桥枕尺寸（单位：mm）  混凝土桥枕 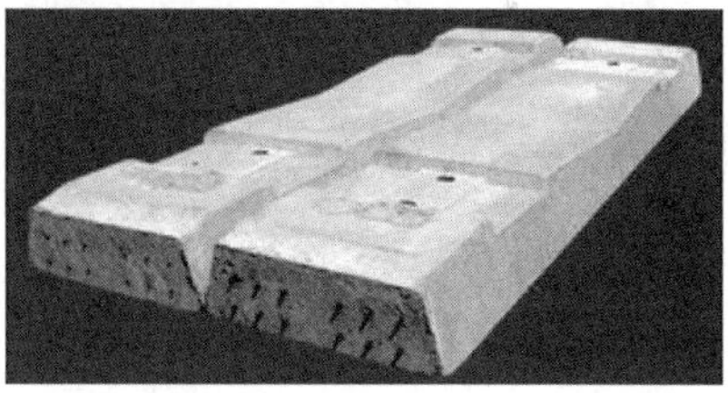 混凝土宽枕  密铺式混凝土宽枕

续表

学习任务	学习内容	图例
4 认知扣件	4.1 混合式扣件 混合式扣件零件有道钉和五孔双肩铁垫板。混合式扣件是我国铁路木枕轨道上使用最广泛的一种扣紧方式。它除用道钉将钢轨、垫板和木枕一起扣紧外，还另用道钉将垫板与木枕单独扣紧。这种扣紧方式可减轻垫板的振动，且零件少，安装方便。其缺点是扣压力小，且钢轨受荷载后向上挠曲时，易将道钉拔起，降低扣压力	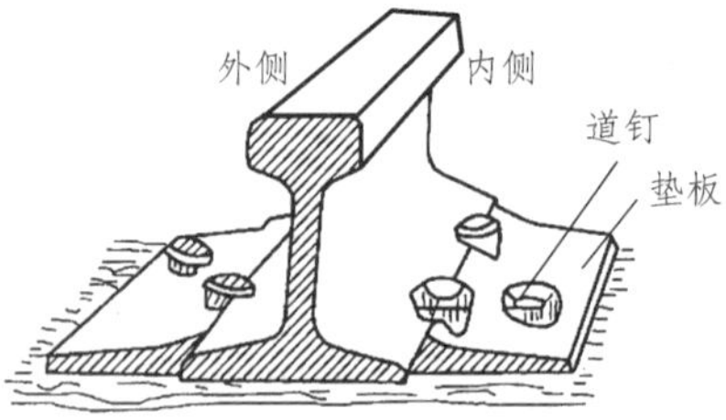 混合式扣件组成  混合式扣件 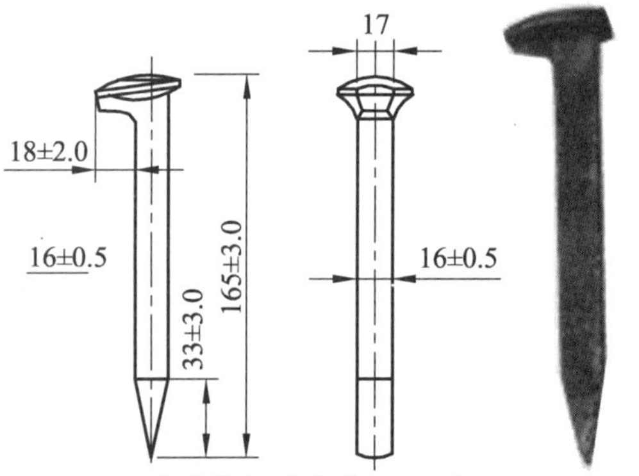 普通道钉（单位：mm）

<table>
<tr><th>学习任务</th><th>学习内容</th><th>图　例</th></tr>
<tr><td rowspan="2">4 认知扣件</td><td>4.1　混合式扣件
混合式扣件零件有道钉和五孔双肩铁垫板。混合式扣件是我国铁路木枕轨道上使用最广泛的一种扣紧方式。它除用道钉将钢轨、垫板和木枕一起扣紧外，还另用道钉将垫板与木枕单独扣紧。这种扣紧方式可减轻垫板的振动，且零件少，安装方便。其缺点是扣压力小，且钢轨受荷载后向上挠曲时，易将道钉拔起，降低扣压力</td><td>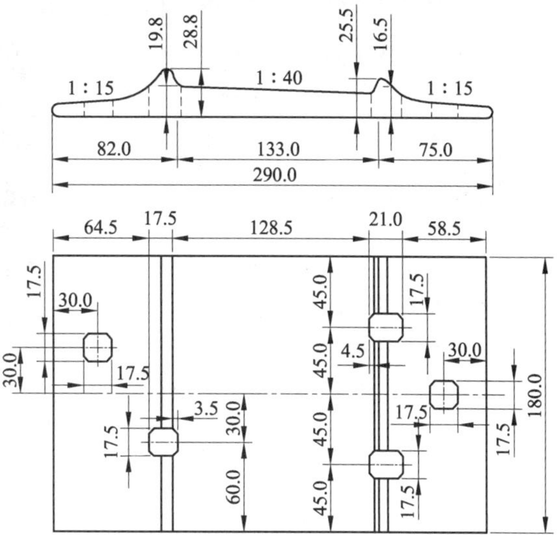

铁垫板尺寸（单位：mm）

铁垫板</td></tr>
<tr><td>4.2　“K”形分开式扣件
分开式扣件是用 4 个螺纹道钉联结垫板与木枕，两个底脚螺栓扣压钢轨与垫板，其道钉和底脚螺栓构成“K”形，故又称“K”形分开式扣件。分开式扣件扣压力大，可有效防止钢轨爬行。其缺点是零件多，用钢量大，更换钢轨麻烦。分开式扣件主要用在无砟桥上</td><td>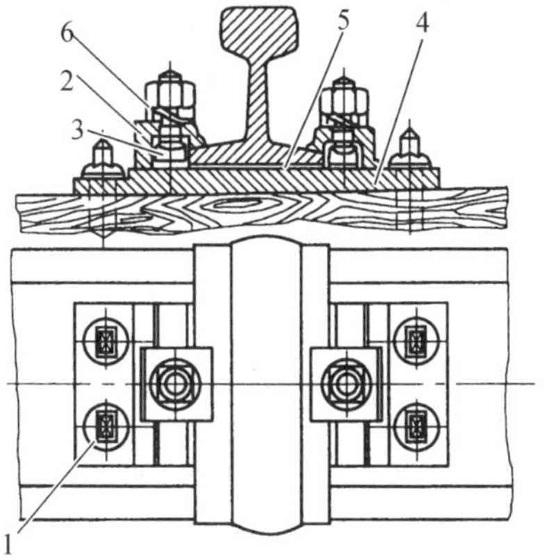

1—螺纹道钉；2—扣轨夹板；3—底脚螺栓；
4—垫板；5—木片；6—弹簧垫圈。
“K”形分开式扣件组成</td></tr>
</table>

续表

学习任务	学习内容	图　例
4 认知扣件	4.2　“K”形分开式扣件 分开式扣件是用4个螺纹道钉联结垫板与木枕，两个底脚螺栓扣压钢轨与垫板，其道钉和底脚螺栓构成“K”形，故又称“K”形分开式扣件。分开式扣件扣压力大，可有效防止钢轨爬行。其缺点是零件多，用钢量大，更换钢轨麻烦。分开式扣件主要用在无砟桥上	 “K”形分开式扣件组成
	4.3　弹条Ⅰ型扣件 弹条Ⅰ型扣件主要由Ω形弹条、螺纹道钉、轨距挡板、挡板座及弹性橡胶垫板等组成。 弹条有A、B两种型号，其中A型弹条较长。A型弹条和B型弹条表面应分别有“A”“B”产品型号标志，弹条原材料为$60Si_2Mn$或不低于其性能的ϕ13 mm热轧弹簧钢。 轨距挡板分为中间和接头两种，每种又分14号、20号两个号码。除14号接头轨距挡板安装B型弹条外，其余均安装A型弹条。20号轨距挡板表面有两条凸线，14号轨距挡板表面有一条凸线。轨距挡板采用铁路用热轧轨距挡板型钢制造。 挡板座分为2-4号、0-6号两种。挡板座的原材料以相对黏度不小于2.7的聚酰胺6或不低于其性能的其他材料为基料进行改良而成。 轨下垫板型号分为50-10-190和50-10-185型两种，50-10-190型轨下垫板配用XⅡ、Ⅲa型轨枕，50-10-185型轨下垫板配用既有Ⅰ、Ⅱ型轨枕。 平垫圈和螺旋道钉的原材料为符合GB/T700规定的Q235-A钢或不低于其性能的其他材料	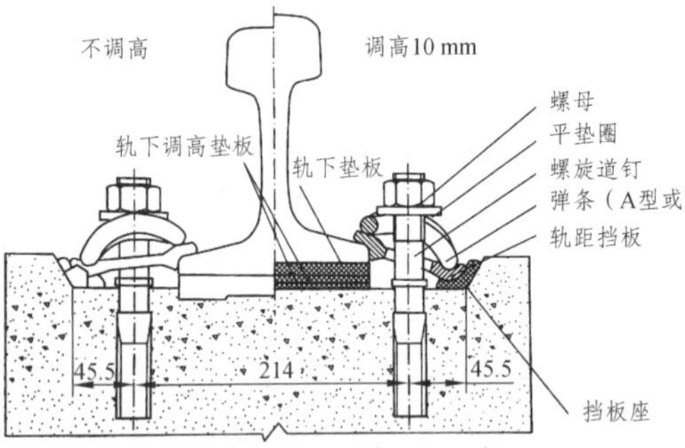 弹条Ⅰ型扣件组成  弹条Ⅰ型扣件

续表

学习任务	学习内容	图　例
4 认知扣件	4.4　弹条Ⅱ型扣件 弹条Ⅱ型扣件除弹条采用新材料重新设计外，其余部件与弹条Ⅰ型扣件通用，仍为带挡肩、有螺栓扣件。在原使用弹条Ⅰ型扣件地段，可用弹条Ⅱ型弹条更换原Ⅰ型弹条。 弹条Ⅱ型扣件与弹条Ⅰ型扣件不同之处仅在于采用新材料。 优点：扣压力大，强度安全储备大，残余变形小。适用于Ⅱ型或Ⅲ型混凝土枕的60 kg/m钢轨的线路。 适用性：客货共线铁路铁路直线及半径 $R\geq 295$ m 曲线线路混凝土枕有砟轨道 60 kg/m 或 75 kg/m 钢轨，最大调高量为 10 mm。 ①Ⅱ型弹条：采用 $60Si_2CrA$ 或不低于其性能的 ϕ13 mm 热轧弹簧钢，弹条硬度为 42～47 HRC，弹条的扣压力不小于 10.0 kN。 ②轨距挡板：中间和接头通用，分为 6 号和 10 号两个号码。其中，10 号轨距挡板表面有三条凸线。轨距挡板与钢轨接触面 1：9 的斜面平面度为 0.3 mm。 ③挡板座：分为 2-4 号、0-6 号两种，可以调换使用。 ④轨下垫板：型号分为 60-10、60-10 R 和 60-12 三种，60-10 轨下垫板用于直线及半径不小于 600 m 的曲线线路，60-10 R 轨下垫板用于半径小于 600 m 的曲线线路，60-12 型轨下垫板用于钢轨接头处。每种型号垫板上部长度 L 为 190 mm 的垫板配用 XⅡ、Ⅲa 型轨枕，上部长度 L 为 185 mm 垫板配用既有Ⅰ、Ⅱ型轨枕。轨下调高垫板材料为竹材、木材或聚乙烯	 Ⅱ型弹条 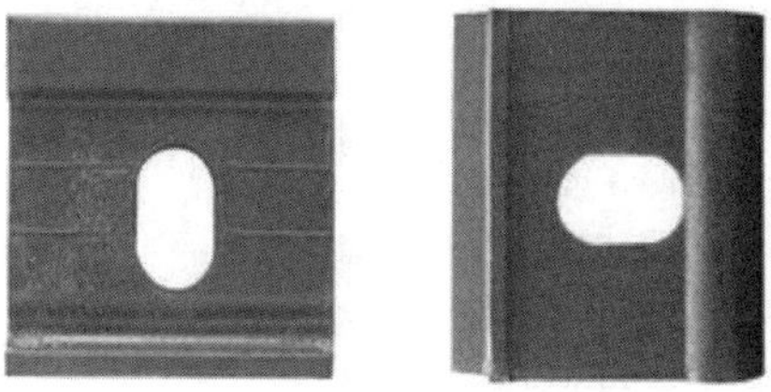 轨距挡板  挡板座  螺旋道钉  轨下垫板

学习任务	学习内容	图　例
4　认知扣件	4.5　弹条Ⅲ型扣件 弹条Ⅲ型扣件是无螺栓无挡肩扣件。无螺栓无挡肩扣件是世界各国轨枕扣件发展的趋势，特别适用于重载大运量、高密度的运输条件。 弹条Ⅲ型扣件由弹条、预埋铁座、绝缘轨距块和轨下垫板组成。 弹条Ⅲ型扣件适用于客货共线铁路直线或半径 $R \geq 350$ m 的曲线线路混凝土枕有砟轨道 60 kg/m 钢轨，轨距调整量为 −8 ~ +4 mm。弹条Ⅲ型扣件优点：扣压力大、弹性好，保持轨距的能力很强，大大减小了扣件养护工作量。 ①Ⅲ型弹条：分为Ⅲ型弹条和Ⅲ型接头弹条两种，一般地段安装Ⅲ型弹条，钢轨接头处安装Ⅲ型接头弹条。弹条原材料为 $60Si_2Mn$ 或不低于其性能的 ϕ20 mm 热轧弹簧钢，弹条的硬度为 44 ~ 48 HRC，弹条的扣压力不用小于 11.0 kN。 ②绝缘轨距块：分为一般地段使用的绝缘轨距块和钢轨接头处使用的绝缘轨距块两种，每种绝缘轨距块又分 7 号、9 号、11 号和 13 号四种规格，标准轨距时采用 9 号和 11 号。原材料为玻璃纤维增强聚酰胺或不低于其性能的其他材料，硬度不小于 105 HRR，两端边耳经 4.5 kN 剪切后不应破裂。 ③轨下垫板：分为Ⅲb、ⅢbR 两种型号，Ⅲb 轨下垫板用于直线及曲线半径不小于 600 m 线路，ⅢbR 轨下垫板用于半径小于 600 m 的曲线线路。 ④预埋铁座：轨枕面以上部分表面应有“Ⅲ”产品型号标志。材质为 QT450-10	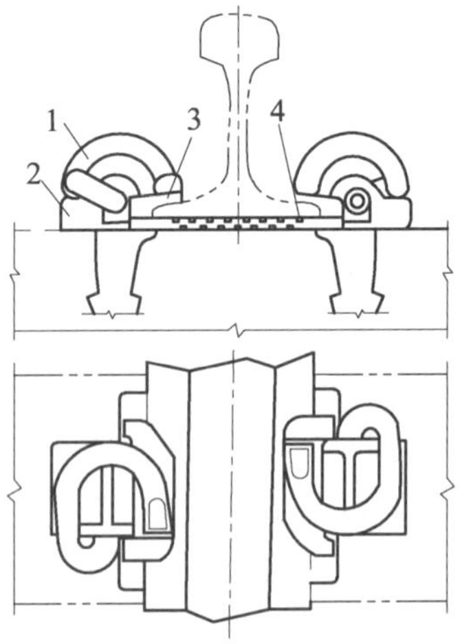 1—弹条；2—预埋铁座；3—绝缘轨距块；4—橡胶垫板。 弹条Ⅲ型扣件组成  弹条Ⅲ型扣件  Ⅲ型弹条、绝缘轨距块、预埋铁座

续表

<table>
<tr><th>学习任务</th><th>学习内容</th><th>图　例</th></tr>
<tr>
<td>4 认知扣件</td>
<td>4.6　弹条Ⅳ型扣件
弹条Ⅳ型扣件系统由弹条、绝缘轨距块、橡胶垫板和预埋铁座等组成，适用于高速铁路有砟轨道。
①弹条：分为两种，即一般地段安装的弹条（直径为 20 mm）和夹板处安装的弹条(直径为 18 mm)。弹条的型号有 C4 型、JA 型和 JB 型三种。一般地段安装 C4 型弹条，钢轨接头处安装 JA 和 JB 型弹条，C4 型弹条的直径为 20 mm，JA 和 JB 型弹条的直径为 18 mm。JA 型弹条防锈涂料为灰色，与 7 号、8 号和 9 号接头绝缘轨距块配用；JB 型弹条防锈涂料为黑色，与 10 号、11 号、12 号和 13 号接头绝缘轨距块配用。
②预埋铁座：预先埋设于轨枕中，精度应满足要求。
③绝缘轨距块：简称轨距块，分两种，即一般地段使用的轨距块 G4 和钢轨接头处使用的轨距块 G4J。每种轨距块又各有 7 个规格，即 7 号、8 号、9 号、10 号、11 号、12 号和 13 号。标准轨距时采用 9 号和 11 号。除 7 号、8 号和 9 号接头轨距块为非黑色外，其他轨距块均为黑色</td>
<td>
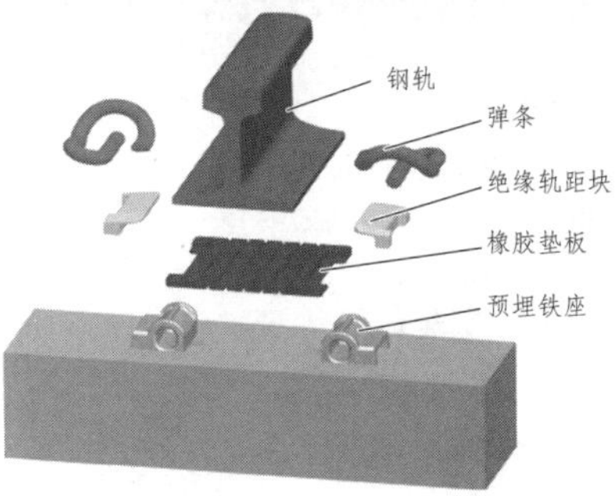

弹条Ⅳ型扣件系统组成
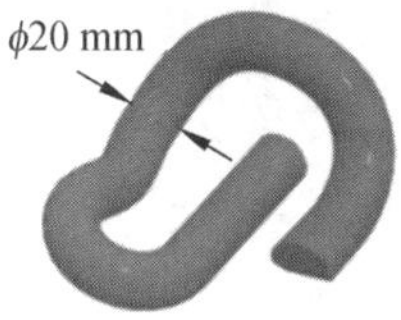

C4 型弹条
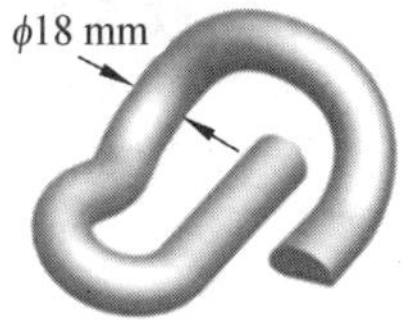

JA 型弹条
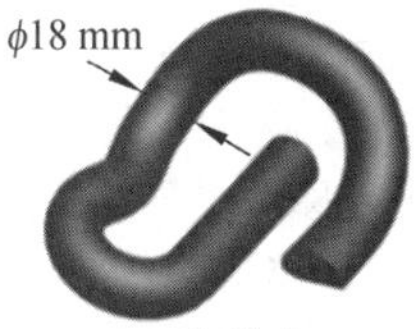

JB 型弹条
弹条Ⅳ型扣件弹条
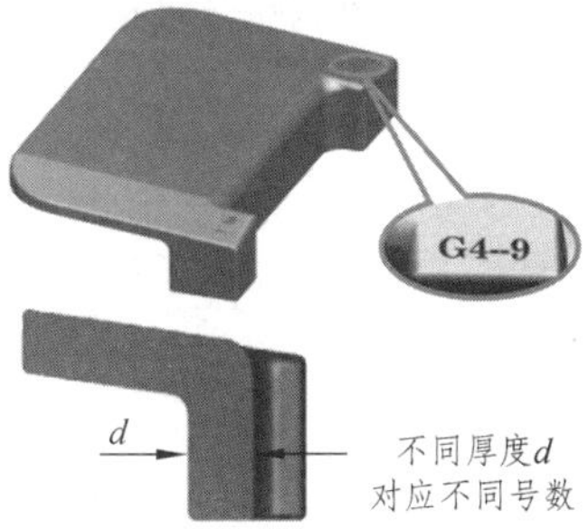

弹条Ⅳ型扣件 9 号轨距块

9 号接头轨距块

11 号接头轨距块
弹条Ⅳ型扣件接头轨距块
</td>
</tr>
</table>

<table>
<tr><th>学习任务</th><th>学习内容</th><th>图　例</th></tr>
<tr>
<td>4 认知扣件</td>
<td>

4.7　弹条V型扣件

弹条V型扣件系统由螺旋道钉、平垫圈、弹条、轨距挡板、轨下垫板和预埋套管等组成。此外，为高低调整需要，还包括调高垫板。适应于高速铁路有砟轨道。

①弹条：分两种，即一般地段使用的W2型弹条和桥上可能使用的X3型弹条，W2型弹条的直径为14 mm，X3型弹条的直径为13 mm。此外，作为备件的弹条Ⅰ型扣件A型弹条可能用于钢轨接头处。

②轨下垫板：分一般地段使用的橡胶垫板RP5和桥上可能使用的复合垫板CRP5两种。桥上需要降低线路阻力时，可采用X3型弹条并配用复合垫板，此时单组扣件的钢轨纵向阻力为4 kN。

③轨距挡板：分七种型号，即2号、3号、4号、5号、6号、7号和8号。标准轨距时采用4号和6号。

④预埋套管：该部件预先埋设于轨枕中，埋设精度应满足要求，且预埋套管D1顶面应与轨枕承轨面齐平。预埋套管埋设后，应加盖塑料（或其他材料）盖以防雨水和泥污进入。

⑤轨下调高垫板：按厚度 d 分为1 mm、2 mm、5 mm、8 mm四种规格，放置于轨下垫板与轨枕承轨面之间

</td>
<td>

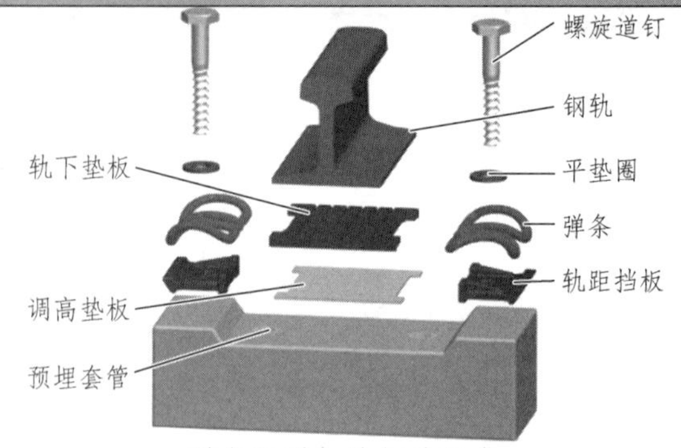

弹条V型扣件部件组成

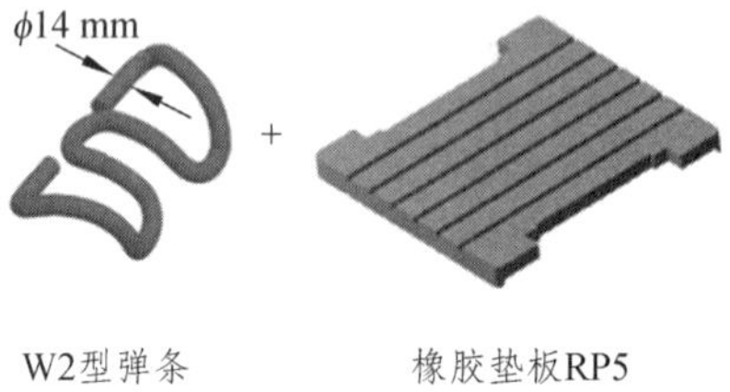

弹条和橡胶垫板

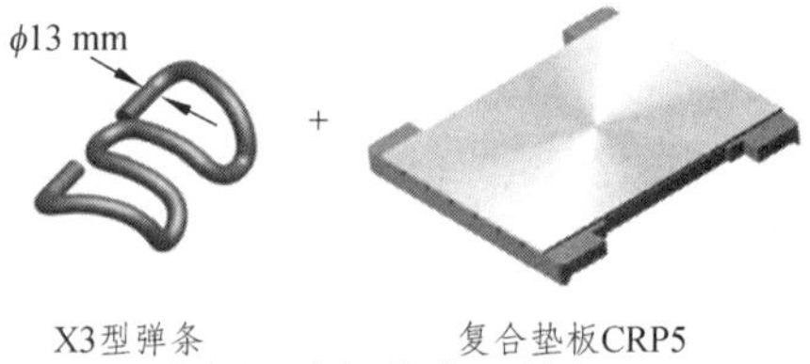

弹条V型扣件轨距挡板

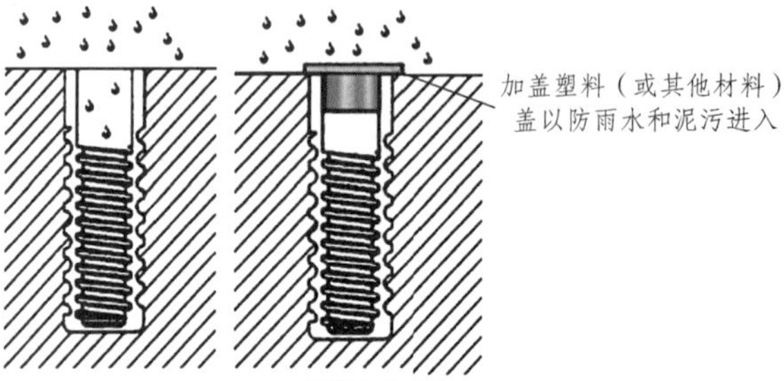

预埋套管

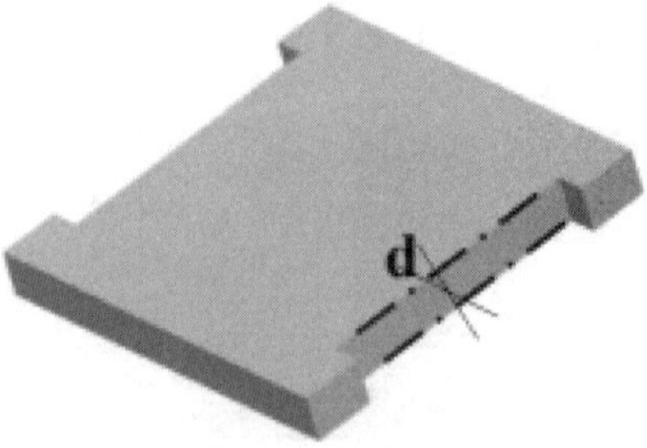

轨下调高垫板

</td>
</tr>
</table>

续表

<table>
<tr><th>学习任务</th><th>学习内容</th><th>图　例</th></tr>
<tr><td rowspan="2">5 认知有砟道床</td><td>5.1 有砟道床材料
常用的道砟材料有：碎石、天然级配卵石、筛选卵石、粗砂及熔炉矿渣等。原则上新建、改建铁路的正线和到发线应采用碎石道砟；中型轨道碎石供应有困难时，可以采用筛选卵石；轻型轨道和其他站线、次要线路可就地选用各种道砟材料。我国铁路绝大部分采用碎石作为道砟</td><td>
碎石道床</td></tr>
<tr><td>5.2 道床断面包括道床厚度、顶面宽度及边坡坡度三个主要特征
①道床厚度：直线上钢轨或曲线上内股钢轨中轴线下轨枕底面至路基顶面的距离。在正线上木枕地段，碎石道床厚度不得小于 20～25 cm；混凝土枕地段不得小于 30 cm；桥梁上道砟槽内、隧道内及站线上不得小于 20 cm。
②道床顶面宽度：与轨枕长度和道床肩宽有关。道床宽出轨枕两端的部分称为砟肩，其宽度称为道床肩宽。一般情况下肩宽为 450～500 mm 已能满足要求，再宽则作用不大。在无缝线路地段，为了提高道床的横向阻力，可将砟肩适当堆高。
③道床边坡坡度：自道床顶面引向路基顶面的斜边，其坡度大小是保证道床坚固稳定的重要因素。道床边坡的稳定取决于道砟材料的内摩擦角与黏聚力，也与道床肩宽有一定的联系。增大肩宽可采用较陡的边坡，而减小肩宽则必须采用较缓的边坡。国内外的运营实践表明，边坡坡度为 1∶1.5 时不能长期保持道床稳定，因此我国铁路规定正线区间边坡坡度均为 1∶1.75</td><td>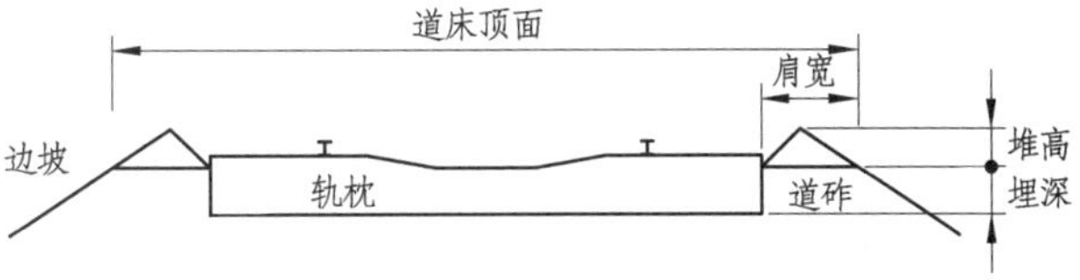

直线地段道床断面</td></tr>
</table>

续表

<table>
<tr><th>学习任务</th><th>学习内容</th><th>图例</th></tr>
<tr><td rowspan="2">6 认知加强设备</td><td>6.1 防爬设备
轨道爬行是线路的主要病害之一，对轨道结构的整体性和稳定性起破坏作用，因此，必须从设备上采取措施防止爬行。
防爬设备组成：我国铁路目前采用的防爬设备基本上采用穿销式防爬器和防爬支撑相结合的方式。防爬设备包括防爬器和防爬支撑两部分</td><td>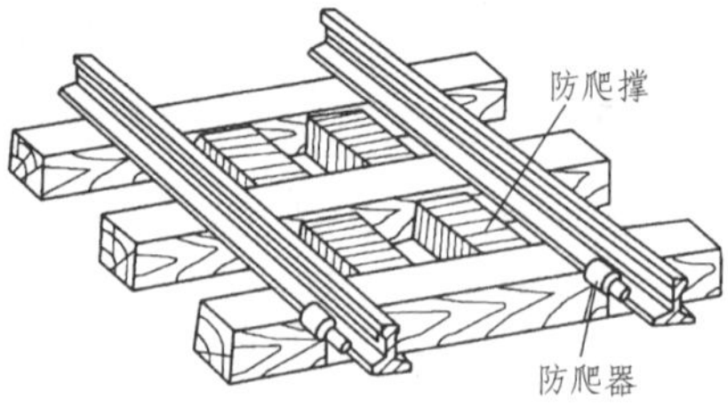

防爬设备示意图
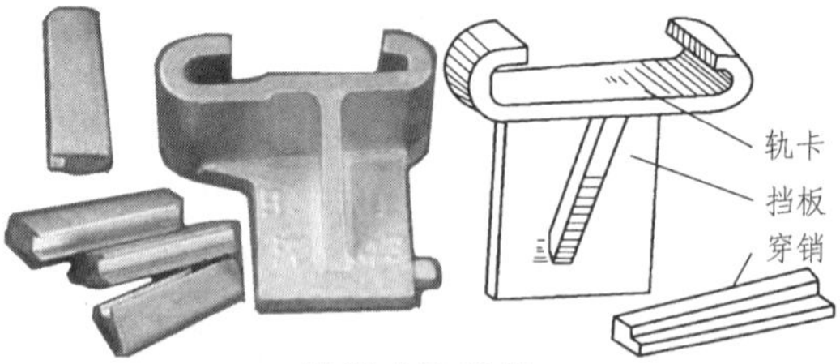

穿销式防爬器

防爬支撑</td></tr>
<tr><td>6.2 轨距杆和轨撑
①作用：列车通过曲线时对轨道的横向作用力，能使钢轨横移和向外倾倒，使轨距扩大。为避免上述弊端，防止轨距扩大，保持曲线轨道的稳定，应安设轨距杆或轨撑。轨距杆能将左右两股钢轨连接固定以保持轨距。轨撑安设在钢轨外侧，能提高钢轨的抗倾覆力。
②分类：轨距杆分为普通轨距杆和绝缘轨距杆两种。按《铁路轨距杆》（TB/T 1780—2023）的规定，对 43 kg/m、50 kg/m的钢轨，采用直径为ϕ30 mm 的轨距杆；对 60 kg/m、75 kg/m的钢轨，采用直径为ϕ36 mm 的轨距杆。轨撑有与铁垫板连为一体的和铁垫板与轨撑分开的两种形式</td><td>
轨距杆

轨撑</td></tr>
</table>

6. 质量要求

能够正确认知轨道设备、掌握其型号、类别及特点，对每种类型的特点及适用范围能够准确描述。

7. 安全注意事项

（1）必须在“天窗”内进行，严禁“天窗”点外作业。
（2）未设防护，严禁上道作业。
（3）来车时，按规定及时下道避车。
（4）邻线来车时，应停止作业。
（5）作业时，严禁伤手伤脚。

实战任务 2：钢轨伸缩调节器设备认知

1. 学习任务

认识铁路钢轨伸缩调节器各部分的组成与功能。

2. 任务分析

通过本次学习任务，学员应掌握铁路钢轨伸缩调节器各部分的组成与功能，为检查与维护伸缩调节器打下基础。

3. 任务准备

现场准备一组钢轨伸缩调节器。

4. 任务实施条件

（1）组织学生分组，逐批进行认识学习。
（2）做好安全保护。

5. 学习内容

本实战任务的学习内容如表 2.3 所示。

表 2.3　钢轨伸缩调节器设备认知

学习任务	学习内容	图　例
1　认知尖轨	1.1　尖铁垫板组成 尖轨垫板总成零部件：包括基本轨和尖轨轨撑、轨撑螺栓、轨距调整片、铁垫板、弹性垫板及调高垫板、垫板螺栓	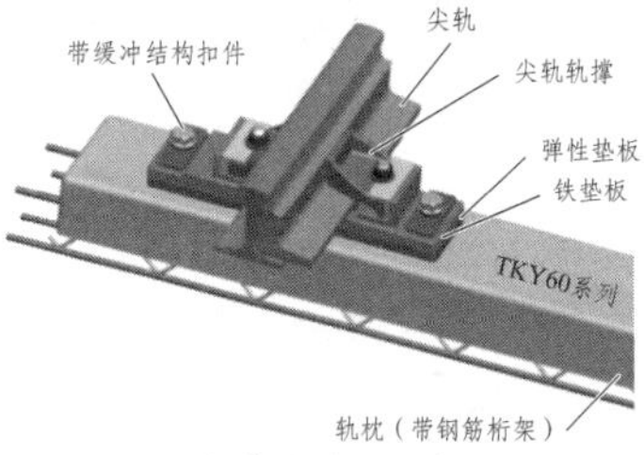 尖轨垫板组成

续表

学习任务	学习内容	图　例
1 认知尖轨	1.2　尖轨降低值 尖轨非工作边刨切长度为6800 mm。尖轨尖端厚度为1 mm，在尖轨尖端降低值为 23 mm；降低值16 mm处的厚度为2.5 mm；降低值起点在50 mm断面，尖轨尖端降低值为0 mm	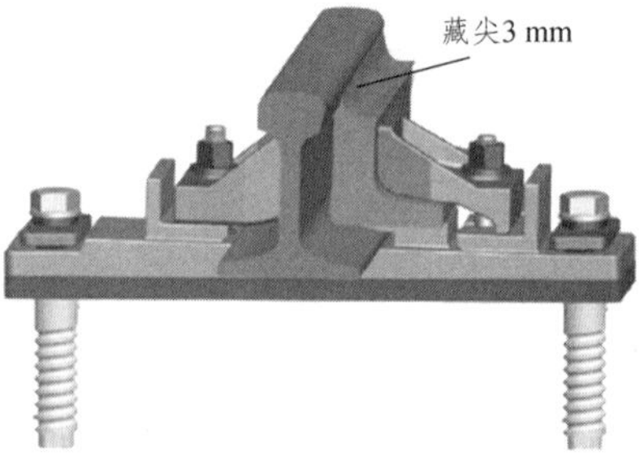 尖轨降低值
	1.3　尖轨类型 尖轨：采用60AT轨，单向调节器需进行尖轨尖端加工，使钢轨断面从60 AT断面过渡到60 kg/m钢轨标准断面，以便与区间60 kg/m钢轨焊接，跟端加工过渡段长150 mm，60 kg/m钢轨断面部分的长度为450 mm	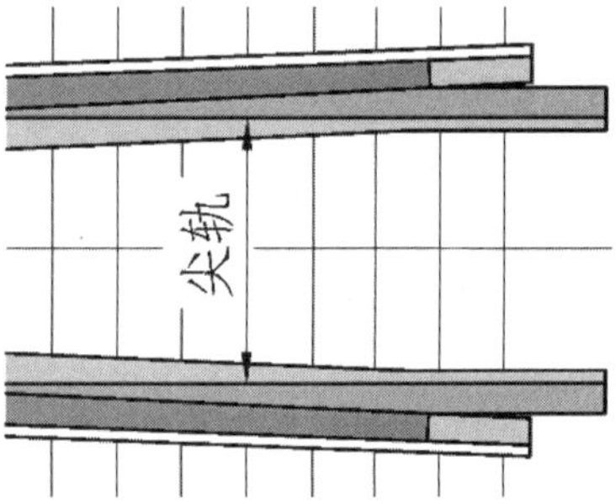 尖轨类型
2 认知基本轨	基本轨：采用与区间的钢轨相同钢种和轨型，单向调节器基本轨全长为10000 mm，双单向调节器基本轨全长为8500 mm	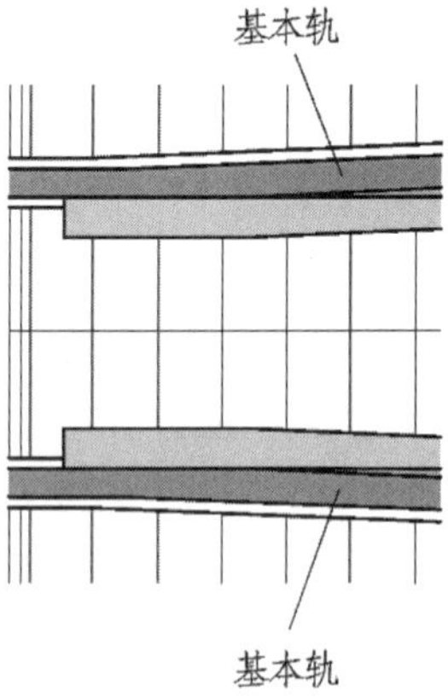 基本轨

续表

学习任务	学习内容	图　例
3　认知伸缩量标尺	伸缩量标尺：基本轨在出厂时，在0伸缩量处涂喷带颜色警示的伸缩量标尺，以便于养护维修。 3.1　伸缩量标尺刻度 黑色刻度尺为正值，表示基本轨顺尖轨尖端方向移动，调节器变长，正常情况下发生在低温季节区间钢轨回缩的情形。蓝色刻度尺为负值，表示基本轨逆尖轨方向移动，调节器变短，正常情况下发生在高温季节区间钢轨伸长的情形	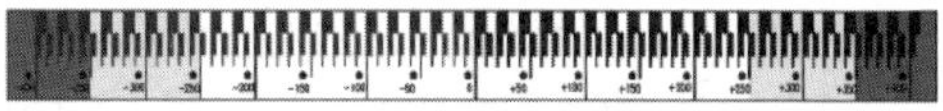 伸缩量标尺
	3.2　伸缩量标尺底色 底色为白色的区域，其范围为±250 mm，为通常的调节器基本轨伸缩范围。养护维修按常规方法进行。 底色为黄色的区域，其范围为±（250～350）mm，为调节器基本轨较大的伸缩范围。工务部门应引起重视，及时查找基本轨较大伸缩位移的原因，并加大养护维修工作量。 底色为红色的区域，其范围为±（350～400）mm，为调节器基本轨最大动程范围。工务部门应引起高度重视，及时查找基本轨较大伸缩位移的原因，并加大养护维修工作量及时排除不利因素（如扣件原因引起轨条较大的爬行量）	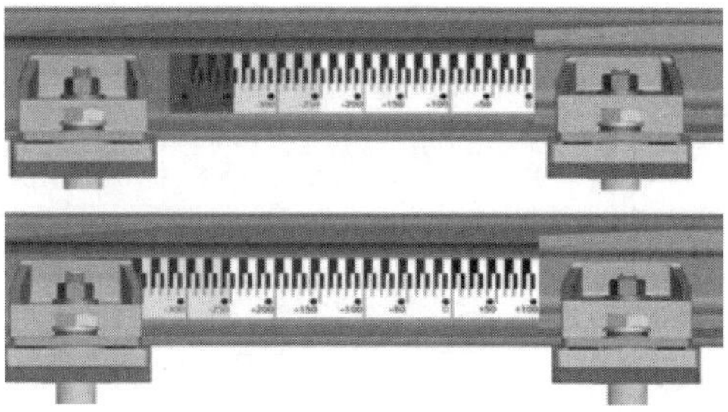 伸缩量标尺底色
4　认知垫板	4.1　双轨垫 板顶面均设置了1∶40的轨顶坡，设置于基本轨和尖轨本轨的过渡区段，既从尖轨尖端至基本轨跟端	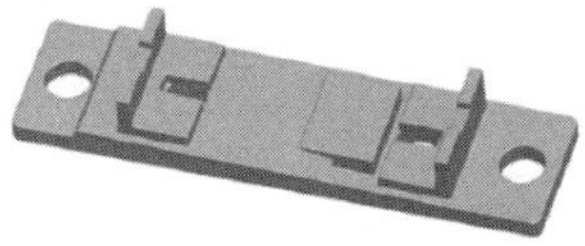 双轨垫
	4.2　尖轨垫板 尖轨垫板设置于基本轨跟端至尖轨跟端加工之间的区段，每轨两块。每块尖轨垫板上采用了尖轨轨撑，并在尖轨轨下设置了一块4 mm橡胶垫板。加强了尖轨的稳定性，提高了纵向阻力	 尖轨垫板

续表

学习任务	学习内容	图　例
5 认知轨撑	轨撑包括基本轨轨撑、尖轨轨撑、双联轨撑和轨撑螺栓。轨撑螺栓采用100 mm 长度 M24-10.9 级高强螺栓，头部加工成 T 形，基本轨轨撑螺栓扭矩为 300～350 N·m，尖轨轨撑螺母扭矩为 400～500 N·m	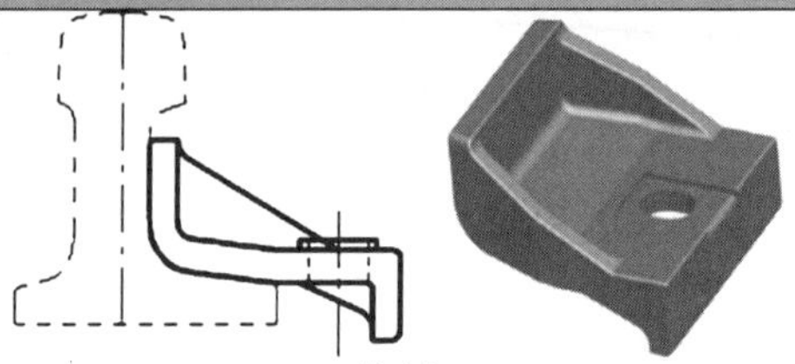 轨撑
6 认知铁座	铁座功能：为轨撑螺栓提供反力提供轨距调整空隙	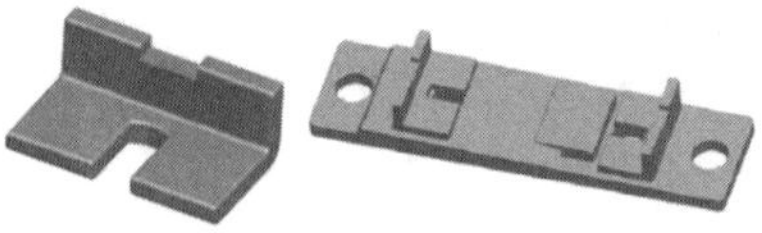 铁座
7 认知铁垫板联结零件	铁垫板联结零件为联结钢垫板与轨枕或轨道板；带缓冲结构一复合定位套	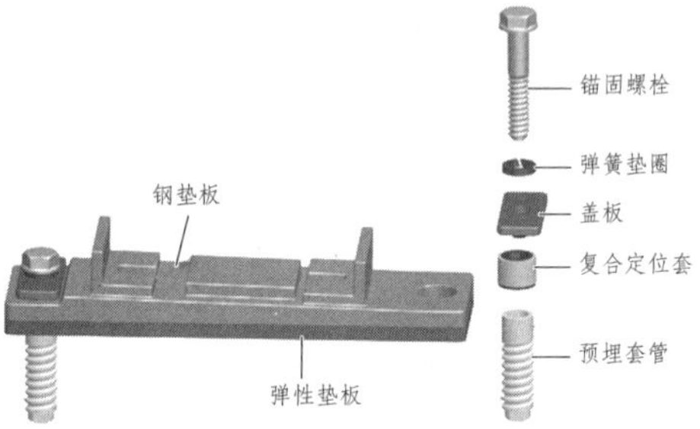 铁座板联结零件
8 认知橡胶垫板	尖轨下设置橡胶垫板，不提供弹性，只提供较大的摩阻力	 橡胶垫板
9 认知配套轨枕	采用提速道岔岔枕的断面和配筋。 轨枕长 2650 mm，截面上下宽度分别为 260 mm、300 mm，高度为 220 mm。 钉孔间距：A 型枕双轨垫板钉孔间距为 558 mm，B 型枕 WJ-7 扣件间距为 382 mm	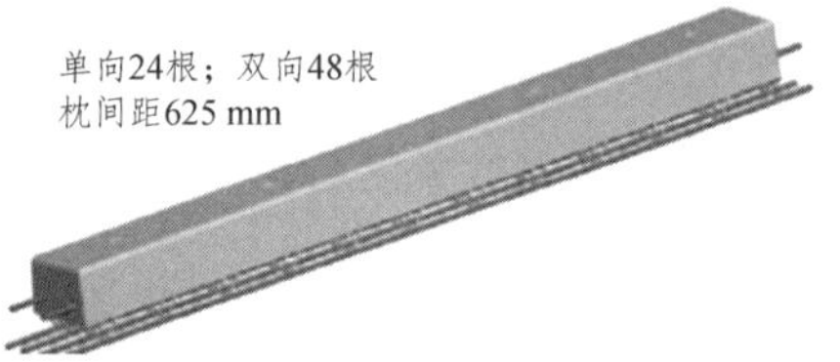 配套轨枕 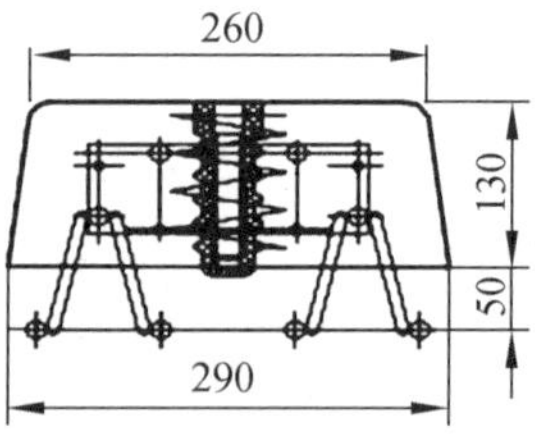 轨枕横断面

任务 2.2　无砟轨道

我国高速铁路无砟道床结构总体上分为预制板式无砟道床和现浇混凝土式无砟道床两大类，其中预制板式无砟道床分为 CRTS Ⅰ型、CRTS Ⅱ型、CRTS Ⅲ型和道岔区板式四种；现浇混凝土式无砟道床分为 CRTS 双块式和道岔区轨枕埋入式两种。普速铁路无砟道床结构分为双块式、轨枕埋入式和弹性支撑块式无砟道床。本任务主要学习高速铁路无砟道床。

无砟轨道应满足结构可靠、刚度均匀、经济耐用、适应环境的要求。无砟轨道采用配套弹性扣件，扣件间距高速铁路不宜大于 650 mm、普速铁路不宜大于 625 mm，特殊情况下超过以上限值时，应进行设计检算，且不宜连续设置。无砟轨道与有砟轨道间设置过渡段，不同轨道结构间宜设置轨道过渡段。轨道结构根据线下基础和环境条件设置性能良好的防排水系统，排水通道应保持通畅，严寒地区排水设计还应考虑防冻融要求。无砟轨道应进行接地设计。无砟轨道结构部件及所用工程材料应符合国家和行业的相关标准要求。

高速铁路无砟轨道主要采用 WJ-7 型、WJ-8 型、W300-1 型和 SFC 型四种类型扣件，按跪下基础形式分为有挡肩和无挡肩扣件，WJ-7 型和 SFC 型扣件为无挡肩扣件，WJ-8 型和 W300-1 型扣件为有挡肩扣件。

实战任务 1：无砟轨道结构认识

1. 学习任务

（1）熟悉 CRTS Ⅰ、CRTS Ⅱ、CRTS Ⅲ型板式和 CRTS 双块式无砟轨道结构组成。

（2）掌握 CRTS Ⅰ、CRTS Ⅱ、CRTS Ⅲ型板式和 CRTS 双块式无砟轨道结构特点及主要技术要求。

（3）能正确区分不同类型的无砟轨道。

2. 任务分析

高速度、高密度、长距离跨线运输是我国客运专线的主要运营特点。为满足行车安全、乘车舒适和准点行车的要求，铁路线路必须具有结构连续、平顺、稳定、耐久和少维修的性能。我国高速铁路大量采用了无砟轨道技术，且我国高速铁路无砟轨道类型较多，不同类型无砟轨道结构组成及主要技术要求各不相同。

通过本任务学习，使学员掌握 CRTS Ⅰ、CRTS Ⅱ、CRTS Ⅲ型板式和 CRTS 双块式无砟轨道结构特点及主要技术要求，并能正确区分不同类型无砟轨道。

3. 无砟轨道结构认识

本实战任务的学习内容如表 2.4 所示。

表 2.4　无砟轨道结构认知

学习任务	学习内容	图　例
1　认知 CRTSI 型板式无砟轨道结构	1.1　CRTSI 型板式无砟轨道组成 CRTSI 型板式无砟轨道是在现浇的钢筋混凝土底座上铺装预制轨道板，通过砂浆充填层进行调整，采用凸形挡台进行限位，并适应 ZPW-2000 轨道电路的单元板式无砟轨道结构型式。CRTS Ⅰ 型板式无砟轨道结构从上至下由钢轨、扣件、充填式垫板、轨道板、水泥乳化沥青砂浆调整层、混凝土底座、凸形挡台及其周围填充树脂等组成	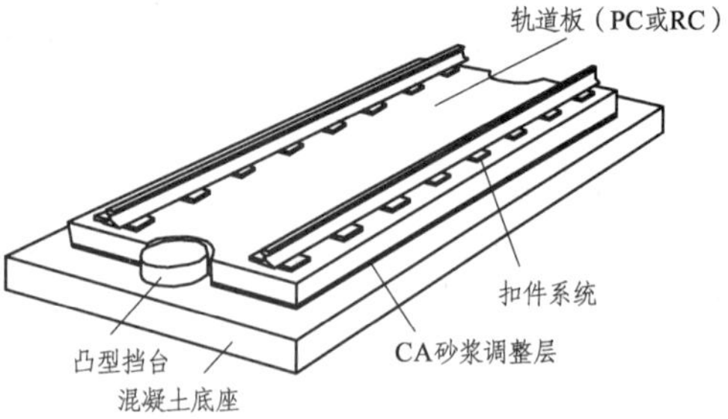 预应力平板结构
	1.2　轨道板 混凝土轨道板有预应力平板（P）、预应力框架板（PF）、普通钢筋混凝土框架板（RF）等多种形式。 排水通道，特别是框架式轨道板内排水、底座内预埋横向排水管道，应保持通畅。 预应力混凝土轨道板不允许开裂，普通混凝土框架板混凝土裂缝宽度不得大于 0.2 mm	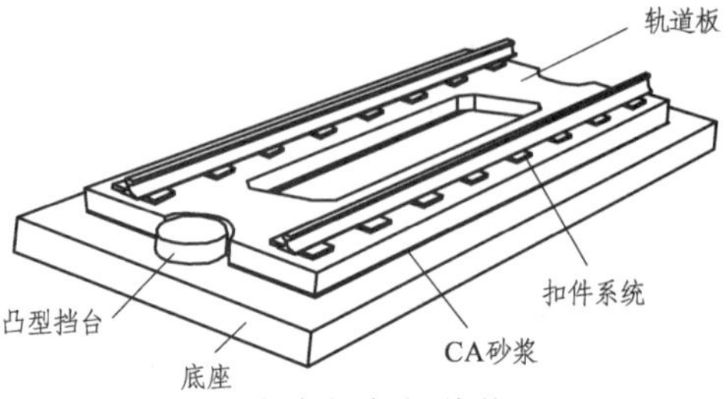 预应力框架板结构
	1.3　充填层 采用低弹模水泥乳化沥青砂浆，弹性模量为 100 ~ 300 MPa。目前主要采用袋装法施工，充填层厚度设计值为 50 mm，不应小于 40 mm。减振型板式轨道水泥乳化沥青砂浆充填层厚度为 40 mm，不应小于 35 mm。水泥乳化沥青砂浆应灌注饱满，与轨道板底部密贴，轨道板边角悬空深度应小于 30 mm	 水泥乳化沥青砂浆充填层
	1.4　凸形挡台 凸形挡台有圆形和半圆形两种，其中，半圆形凸形挡台主要应用于梁端和过渡段等特殊部位。凸形挡台半径 260 mm，高 250 mm，圆形凸形挡台圆心位于板缝中心线上，半圆形凸形挡台圆心位于相连轨道板板端面。 凸形挡台和轨道板半圆缺口之间灌注凸台树脂，与凸形挡台一起限制轨道板的纵横向位移，抵抗纵横向作用力，并传递荷载；同时，凸台树脂可以提供合适的弹性，有效地缓冲列车纵横向的冲击。填充树脂厚度为 40 mm，不应小于 30 mm	 圆形凸形挡台 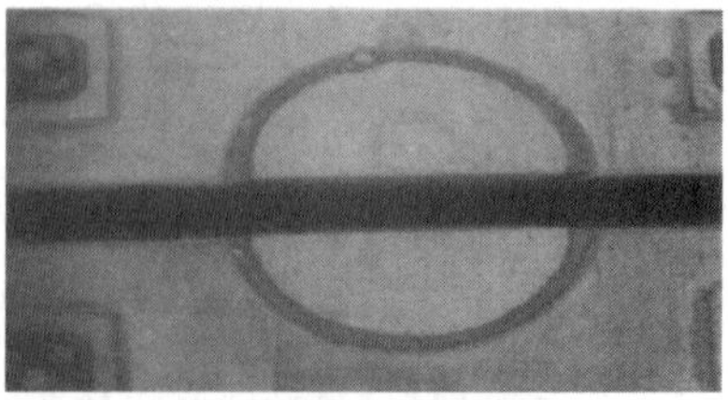 半圆形凸形挡台

续表

<table>
<tr><th>学习任务</th><th>学习内容</th><th>图 例</th></tr>
<tr><td>1 认知 CRTSI 型板式无砟轨道结构</td><td>1.5 底座
混凝土底座分段设置。路基地段每 2～4 块轨道板设置一道底座伸缩缝；桥梁地段每块轨道板设置独立混凝土底座；隧道地段一般 2 块轨道板设置一道底座伸缩缝，遇隧道沉降缝应对应设置伸缩缝。
路基直线地段底座宽 3000 mm，高 300 mm；桥梁和隧道直线地段底座宽 2800 mm，高 200 mm。
底座混凝土裂缝宽度不得大于 0.2 mm，路基和隧道地段混凝土底座间伸缩缝宽度为 20 mm，状态应良好</td><td>

</td></tr>
<tr><td>2 认知 CRTSII 型板式无砟轨道</td><td>2.1 CRTS Ⅱ 型板式无砟轨道组成
路基及隧道地段 CRTS Ⅱ 型板式无砟轨道结构由钢轨、弹性不分开式扣件、轨道板、水泥沥青砂浆调整层、支承层等部分组成。
桥梁地段 CRTS Ⅱ 型板式无砟轨道结构由钢轨、弹性不分开式扣件、轨道板、水泥沥青砂浆充填层、底座板、滑动层、高强度挤塑板、侧向挡块及弹性限位板等部分组成。台后路基设置锚固结构（包括摩擦板、土工布、端刺）及过渡板。
预制 CRTS Ⅱ 型轨道板通过水泥沥青砂浆调整层，铺设在现场摊铺的混凝土支承层（路基、隧道）或现场浇筑的钢筋混凝土底座（桥梁）上，并适应 ZPW-2000 轨道电路的纵连板式无砟轨道结构形式。
路基地段曲线超高在路基基床表层上设置；桥梁地段曲线超高在底座板上设置；隧道地段曲线超高一般在仰拱回填层（有仰拱隧道）或底板（无仰拱隧道）上设置</td><td>
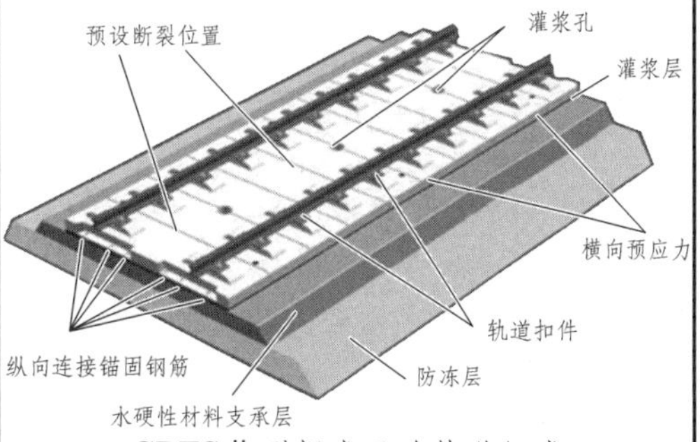

CRTS Ⅱ 型板式无砟轨道组成
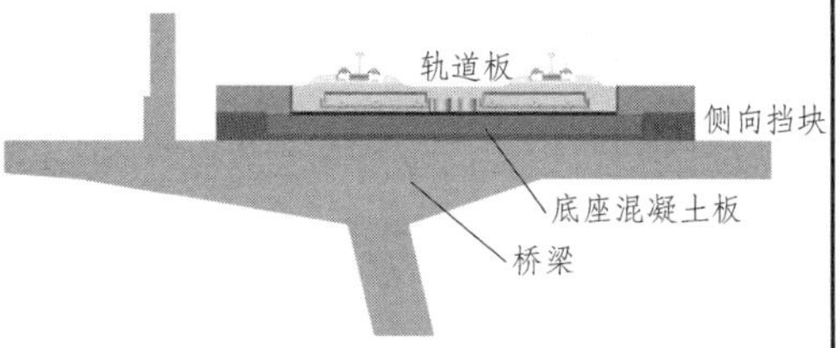

桥梁地段 CRTS Ⅱ 型板式无砟轨道
</td></tr>
</table>

续表

学习任务	学习内容	图　例
2　认知 CRTSII 型板式无砟轨道	2.2　轨道板 混凝土轨道板为有挡肩预应力混凝土板，标准长度为 6450 mm，承轨台间距为 650 mm。板间采用张拉锁件张拉连接，混凝土封填。 轨道板除预裂缝处以外，其他部位不得有裂缝。 轨道板间接缝处混凝土裂缝不得大于 0.2 mm，接缝现浇混凝土与轨道板间离缝不得大于 0.3 mm	 轨道板
	2.3　充填层 充填层采用高弹模水泥乳化沥青砂浆，弹性模量为 7000 ~ 10000 MPa，设计厚度为 30 mm，不应小于 20 mm，不宜大于 40 mm	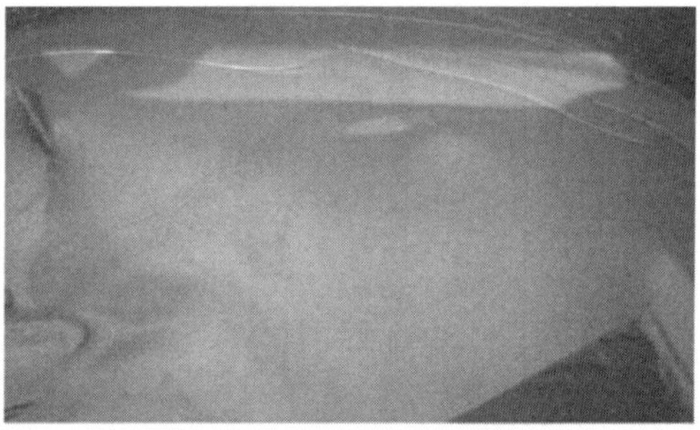 水泥乳化沥青砂浆充填层
	2.4　支承层（底座） 路基、隧道地段采用连续的混凝土支承层结构，宽度为 2950 mm、3250 mm，厚度为 300 mm。桥上采用连续的钢筋混凝土底座，宽度为 2950 mm，直线地段厚度为 1900 mm，曲线地段厚度根据设计确定。 桥梁地段连续底座板（含后浇带部位）混凝土裂缝不得大于 0.3 mm，路基和隧道地段支承层不得有竖向贯通裂缝	 底座（桥上）

续表

学习任务	学习内容	图　例
2　认知CRTSII型板式无砟轨道	2.5　“两布一膜”滑动层 两层土工布夹一层土工膜，其中下层土工布通过胶黏剂粘在梁面防水层或梁面上。土工膜采用高密度聚乙烯薄膜，宽度为 2.95 m，厚度为 1 mm；土工布采用聚丙烯针刺法织造土工布，宽度为 2.95 m，下层厚度为 3.0～3.5 mm，上层厚度为 1.8～2.2 mm；胶黏剂为单组分或双组分聚氨酯胶	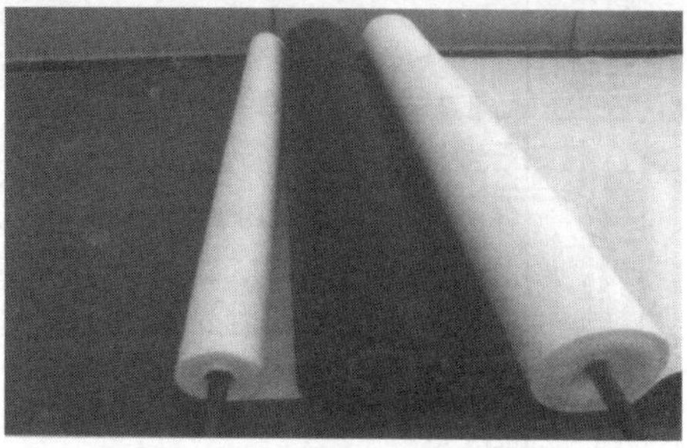 两布一膜
	2.6　高强度挤塑板 材质为挤塑聚苯乙烯泡沫塑料板，宽度为 2.95 m，长度为 1.45 m，厚度为 50 mm，布置在梁端	 高强度挤塑板
	2.7　侧向挡块及限位板 扣压式侧向挡块长度一般为 800 mm，顶面宽度为 590 mm，底面宽度为 400 mm，直线地段高度为 459 mm。 限位板设置在侧向挡块与底座板的接触面上。限位板结构自接触面起分别为 2 mm 不锈钢板＋11 mm 橡胶板＋5 mm 不锈钢板，不锈钢板硫化于橡胶板表面。限位板通过锚固连接件与侧向挡块内的钢筋固定。 侧向挡块与底座板不得粘连	 侧向挡块
3　认知CRTSIII型板式无砟轨道	3.1　CRTSⅢ型板式无砟轨道组成 道床结构由轨道板、自密实混凝土层、隔离层、混凝土底座及凹槽周围弹性垫层等部分组成。 CRTSⅢ型板式无砟轨道是在现浇的钢筋混凝土底座或混凝土支承层上铺装预留连接钢筋的预制混凝土轨道板，中间设置自密实混凝土层，并适应 ZPW-2000 轨道电路的无砟轨道结构型式	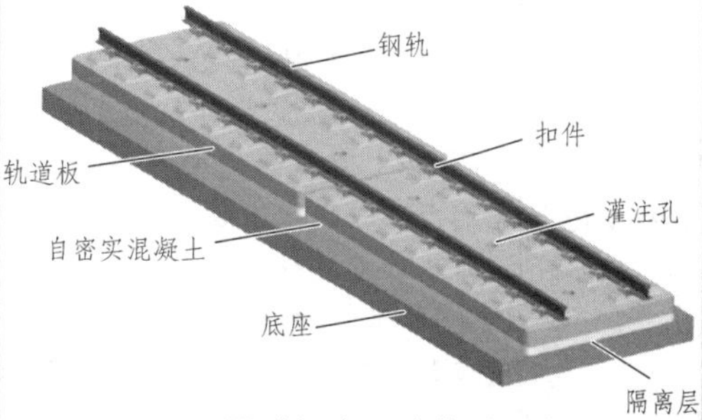 CRTSⅢ型板式无砟轨道组成

续表

学习任务	学习内容	图　例
3　认知 CRTSIII 型板式无砟轨道	3.2　轨道板 轨道板采用双向后张无黏结预应力体系，板顶面设置承轨台，板底预留“U”形连接钢筋，通过轨道板与自密实混凝土之间的黏结以及连接钢筋限制轨道板纵横向位移	 轨道板
	3.3　自密实混凝土层 自密实混凝土层强度等级 C40，四周与轨道板侧面齐平，厚度设计值一般为 100 mm 左右。自密实混凝土层间设置钢筋网片或冷轧焊网，通过轨道板中部灌注孔进行灌注施工，自密实混凝土层和混凝土底座之间设置隔离层	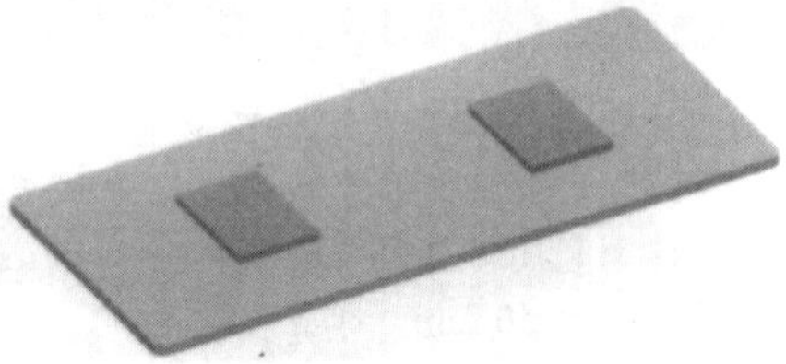 自密实混凝土层
	3.4　底座 底座沿线路纵向单元设置，底座间设横向伸缩缝，曲线超高在底座上设置。 底座混凝土不得有贯通裂缝；底座伸缩缝应状态良好，不得有离缝	 底座和限位凹槽
	3.5　限位凹槽 灌注自密实混凝土，通过其良好的流动性，在底座限位凹槽处形成凸台。凹槽四周设置弹性缓冲垫层，与凸台一起限制轨道板的纵横向位移，抵抗纵横向作用力，并传递荷载；同时，弹性缓冲垫层可提供合适的弹性，有效地缓冲列车纵横向的冲击	
4　认知 CRTS 双块式无砟轨道	4.1　双块式无砟轨道类型 双块式无砟轨道包括 CRTS Ⅰ 型和 CRTS Ⅱ 型双块式无砟轨道。 CRTS Ⅰ 型双块式无砟轨道是指将预制双块式轨枕组装成轨排，以现浇混凝土的方式将轨枕埋入道床板中；CRTS Ⅱ 型双块式无砟轨道是指将预制双块式轨枕组装成轨排，以机械振动方式将轨排压入混凝土中；均能适应 ZPW-2000 轨道电路	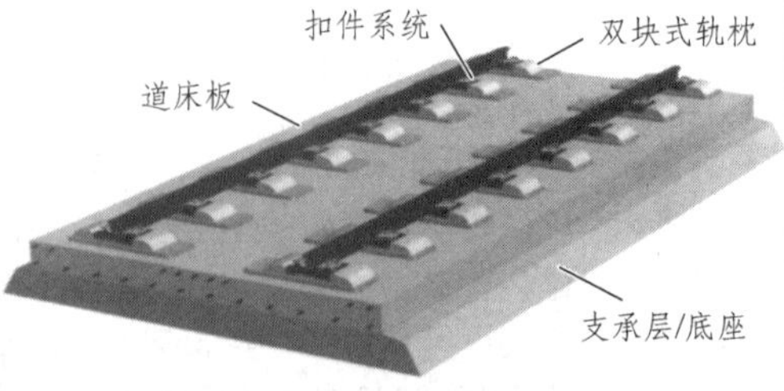 双块式无砟轨道结构图

续表

学习任务	学习内容	图　例
4　认知 CRTS 双块式无砟轨道	4.2　路基地段轨道结构组成 路基地段轨道由钢轨、弹性扣件、双块式轨枕、道床板、支承层等部分组成。 道床板为纵向连续的钢筋混凝土结构，曲线超高在基床表层上设置。 路基地段支承层不应有竖向贯通裂缝，支承层与道床板、路基基床表层间应密贴，不得有离缝。 双块式轨枕不得有裂缝，道床板混凝土不得有横向或竖向贯通裂缝	 双块式轨枕
	4.3　桥梁地段轨道结构组成 桥梁地段轨道由钢轨、弹性扣件、双块式轨枕、道床板、隔离层、底座（或钢筋混凝土保护层）、凹槽（或凸台）周围弹性垫层等部分组成。 道床板或底座沿线路纵向分块设置，间隔缝为 100 mm。道床板与底座（或保护层）间设置隔离层，底座凹槽（凸台）侧立面粘贴弹性垫层。曲线超高在底座或道床板上设置。双块式轨枕不得有裂缝，道床板混凝土不得有横向或竖向贯通裂缝	 隔离层  凹槽弹性垫板
	4.4　隧道地段轨道结构组成 隧道地段轨道由钢轨、弹性扣件、双块式轨枕、道床板等部分组成。 道床板为纵向连续的钢筋混凝土结构，曲线超高在道床板上设置。双块式轨枕不得有裂缝，道床板混凝土不得有横向或竖向贯通裂缝	

实战任务 2：无砟轨道扣件认知

1. 学习任务

（1）熟悉 WJ-7、WJ-8 及 W300-1 型无砟轨道扣件组成。

（2）掌握 WJ-7、WJ-8 及 W300-1 型无砟轨道扣件结构特点及主要技术要求。

（3）能正确区分不同类型的无砟轨道扣件。

2. 任务分析

我国高速铁路大量采用了无砟轨道技术，且我国高速铁路无砟轨道类型较多，不同类型无砟轨道结构配套扣件各不相同，目前我国高速铁路无砟轨道线路上最常见的主要有 WJ-7、WJ-8 及 W300-1 型扣件。

通过本任务学习，学员应掌握 WJ-7、WJ-8 及 W300-1 型无砟轨道扣件结构特点及主要技术要求，并能够正确区分不同类型无砟轨道扣件。

3. 无砟轨道扣件认识

本实战任务的学习内容如表 2.5 所示。

表 2.5　无砟轨道扣件认知

学习任务	学习内容	图　例
1 WJ-7 型扣件认知	1.1　WJ-7 型扣件组成 WJ-7 型扣件由形螺栓、螺母、平垫圈、弹条、绝缘块、铁垫板、轨下垫板、绝缘缓冲垫板、重型弹簧垫圈、平垫块、锚固螺栓和预埋套管等组成，为满足高低调整需要，还包括轨下调高垫板（或充填式垫板）、铁垫板下调高垫板。其特点包括： ① 无挡肩、弹性分开式扣件。 ② 钢轨左右位置调整量：±6 mm（特殊调整时可达±15 mm）。 ③ 高低调整量：－4/＋26 mm（特殊调整时可达－10/＋70 mm）	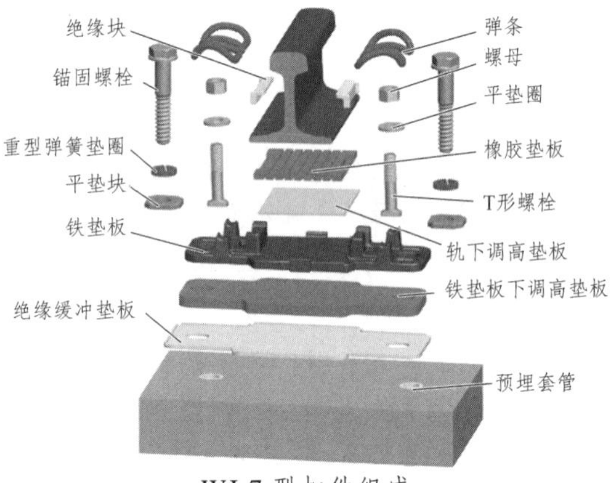 WJ-7 型扣件组成
	1.2　预埋套管 预埋套管顶面应与轨枕承轨面齐平。埋设后，应加盖塑料盖以防雨水和泥污进入。预埋套管中应保证有一定的防护油脂，油脂性能应符合相关规定	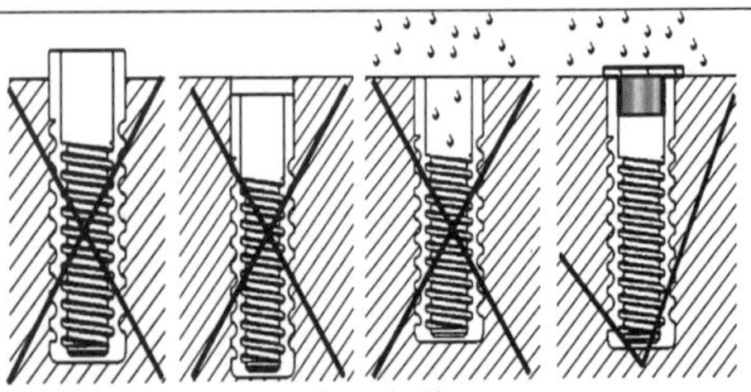 预埋套管

学习任务	学习内容	图　例
1 WJ-7 型扣件认知	1.3　绝缘缓冲垫板 绝缘缓冲垫板按厚度分为2 mm、6 mm 两种，正常情况下使用 6 mm 厚垫板，钢轨高低负调整时采用 2 mm 厚垫板	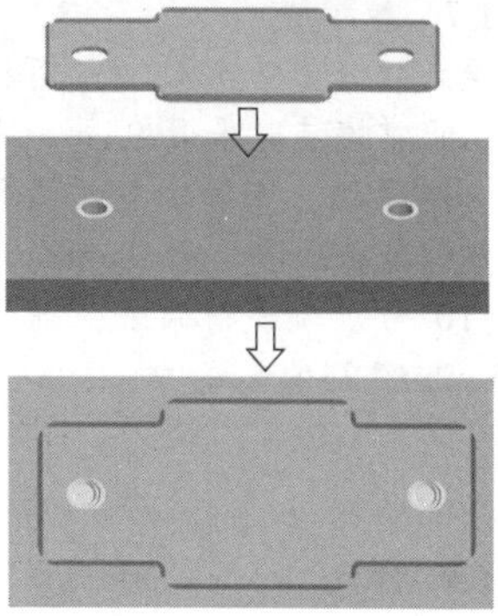 绝缘缓冲垫板
	1.4　铁垫板 轨底坡方向应朝向轨道内侧	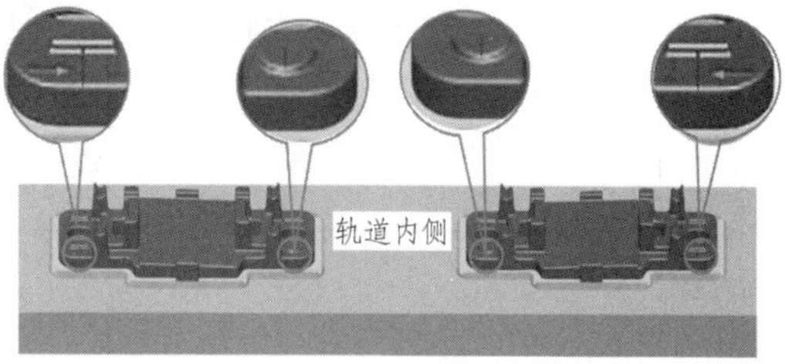 铁垫板
	1.5　平垫块 安装时使平垫块在铁垫板上两凸台之间，底面与铁垫板密贴，并使平垫块距圆孔中心较长一侧朝内。移动铁垫板调整轨距或轨向时，当铁垫板被平垫块卡阻时，将平垫块调头使用	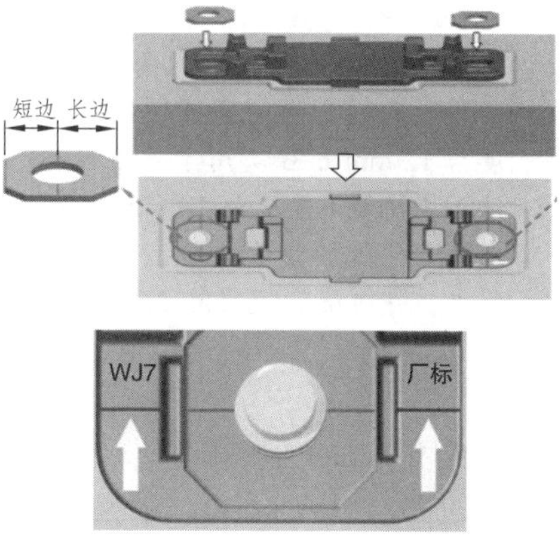 平垫块
	1.6　重型弹簧垫圈和锚固螺栓 锚固螺栓扭矩为 300～350 N·m	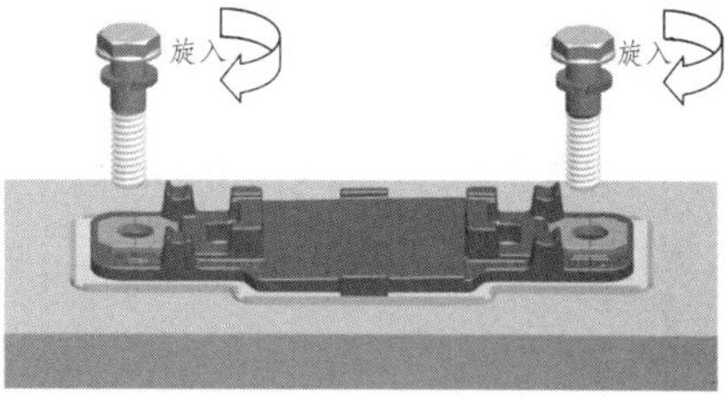 重型弹簧垫圈和锚固螺栓

续表

<table>
<tr><th>学习任务</th><th>学习内容</th><th>图 例</th></tr>
<tr><td rowspan="4">1 WJ-7 型扣件认知</td><td>1.7 绝缘块
绝缘块分为 9 号和 10 号两种规格，正常安装时采用 9 号，当钢轨与绝缘块、绝缘块与铁垫板挡肩单边缝隙之和大于 1 mm 时采用 10 号。轨道精调时，可增设 0.5 mm 级别的绝缘块</td><td>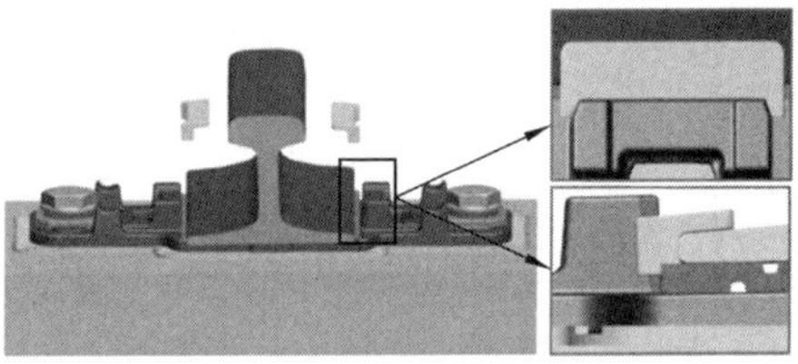
绝缘块</td></tr>
<tr><td>1.8 弹条
弹条分为两种：W1 型弹条(直径为 14 mm)和 X2 型弹条(直径为 13 mm)，其中桥上采用小阻力扣件时使用 X2 型弹条</td><td>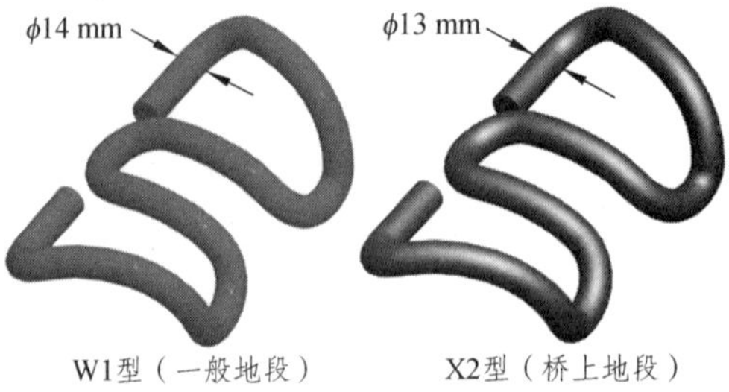

弹条</td></tr>
<tr><td>1.9 轨下垫板
轨下垫板分为 A、B 两类，A 类用于兼顾货运的高速铁路（厚度为 12 mm)，B 类用于只运行高速客车铁路（厚度为 14 mm)，每类又分为橡胶垫板和桥上采用小阻力扣件时配套使用复合垫板</td><td>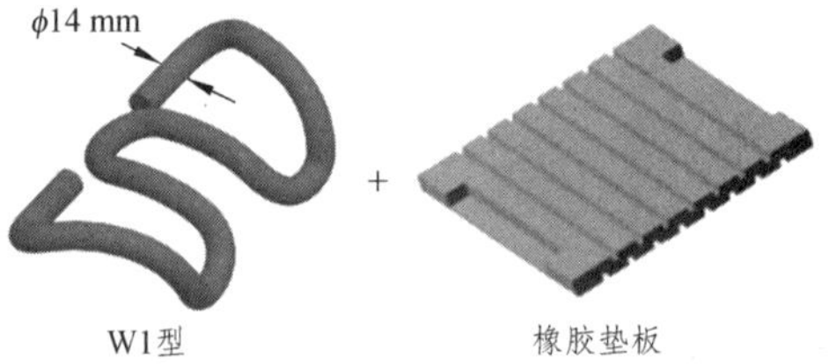

W1 型弹条+橡胶垫板
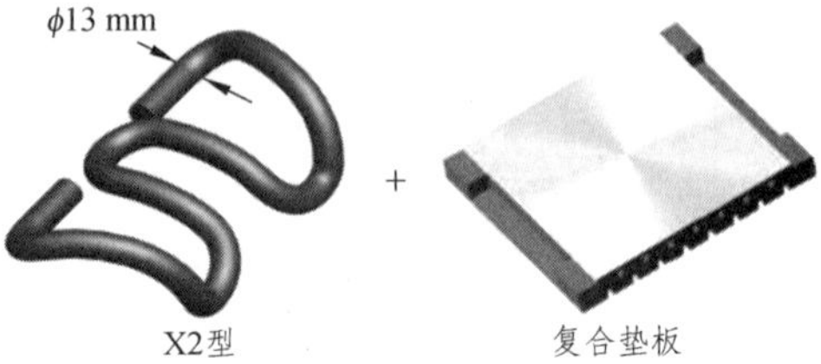

X2 型弹条+复合垫板</td></tr>
<tr><td>1.10 轨下调高垫板
轨下调高垫板放置在轨下垫板与铁垫板之间，厚度有 0.5 mm、1 mm、2 mm、5 mm、8 mm 五种规格</td><td>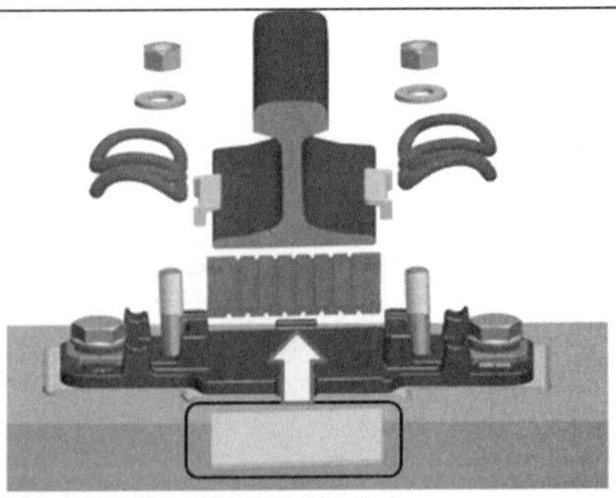
轨下调高垫板</td></tr>
</table>

<table>
<tr><th>学习任务</th><th>学习内容</th><th>图 例</th></tr>
<tr><td></td><td>1.11 铁垫板下调高垫板
铁垫板下调高垫板放置在铁垫板与绝缘缓冲垫板之间，每片厚度为 8 mm</td><td>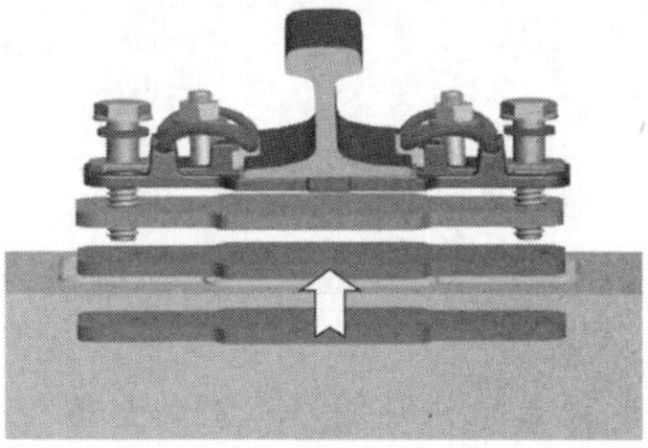
铁垫板下调高垫板</td></tr>
<tr><td rowspan="3">2 WJ-8 型扣件认知</td><td>2.1 WJ-8 型扣件组成
WJ-8 型扣件由螺旋道钉、平垫圈、弹条、绝缘轨距块、轨距挡板、轨下垫板、铁垫板、铁垫板下弹性垫板和预埋套管等组成。为满足高低调整需要，还包括轨下微调垫板和铁垫板下调高垫板。其特点包括：
① 有挡肩、弹性不分开式扣件。
②钢轨左右位置调整量：± 5 mm（特殊调整时可达 ± 15 mm）。
③高低调整量：－4/＋26 mm（特殊调整时可达－10/＋60 mm）</td><td>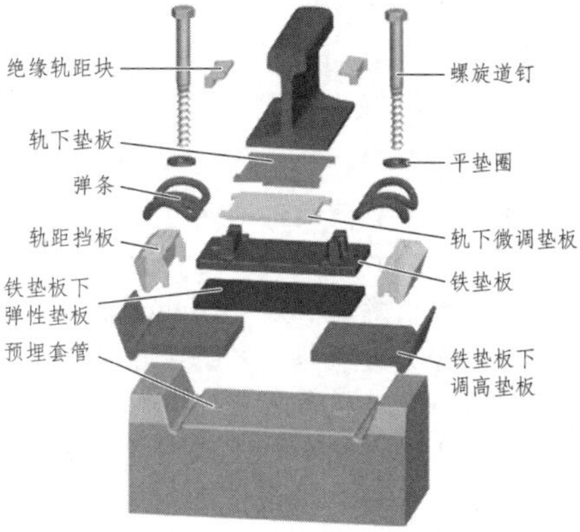

WJ-8 型扣件组成</td></tr>
<tr><td>2.2 预埋套管
预埋套管顶面应与轨枕承轨面齐平。埋设后，应加盖塑料盖以防雨水和泥污进入。预埋套管中应保证有一定的防护油脂，油脂性能应符合相关规定</td><td>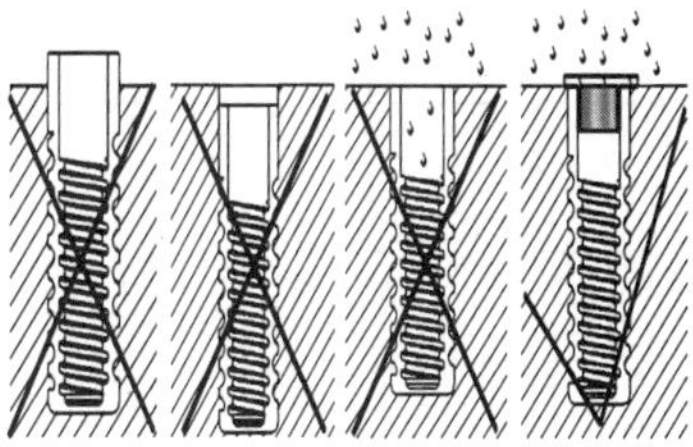
预埋套管</td></tr>
<tr><td>2.3 铁垫板下弹性垫板
铁垫板下弹性垫板分为 A、B 两类（厚度均为 12 mm）。A 类用于兼顾货运或有普速旅客列车运行的线路，B 类弹性垫板用于仅运行动车组的线路</td><td>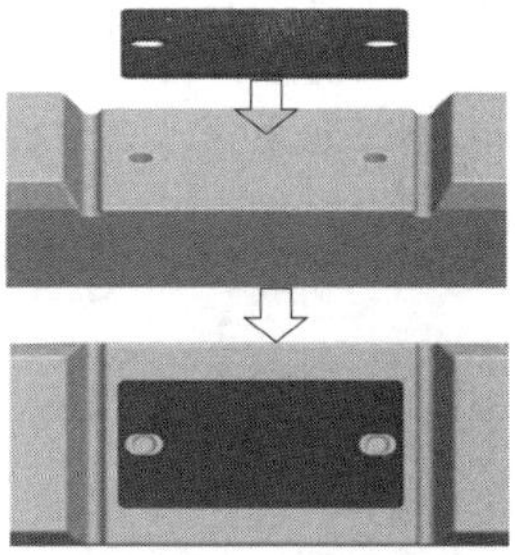
铁垫板下弹性垫板</td></tr>
</table>

续表

学习任务	学习内容	图　例
2　WJ-8型扣件认知	2.4　弹条 弹条分为两种，即：W1 型弹条（直径为 14 mm）和 X2 型弹条（直径为 13 mm），其中桥上采用小阻力扣件时使用 X2 型弹条	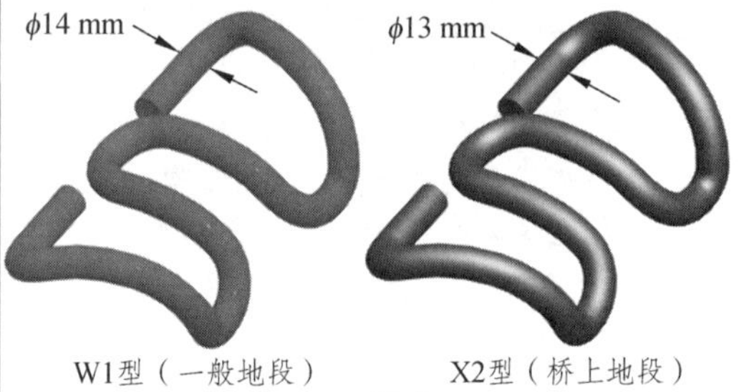 弹条
	2.5　轨下垫板 轨下垫板分为 A、B 两类，A 类用于兼顾货运的高速铁路（厚度为 12 mm），B 类用于只运行高速客车铁路（厚度为 14 mm），每类又分为橡胶垫板和桥上采用小阻力扣件时配套使用复合垫板。 轨下垫板厚度有 2 mm、3 mm、4 mm、5 mm、6 mm 五种规格，正常情况下使用 6 mm 厚轨下垫板	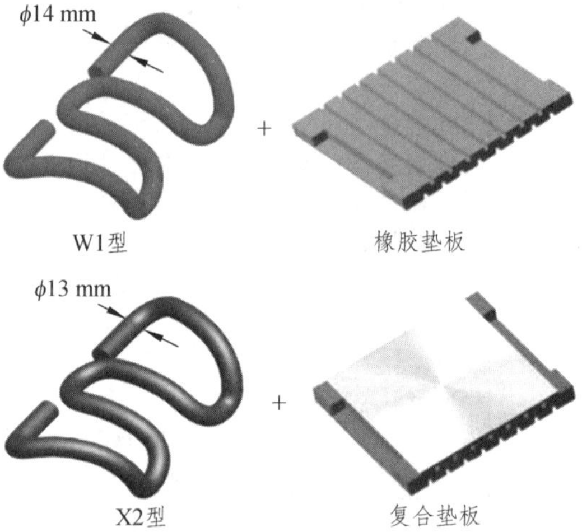 轨下垫板
	2.6　轨距挡板 轨距挡板分为两种：一般地段用轨距挡板和夹板处用接头轨距挡板。每种轨距挡板分 4 号、7 号、10 号三种规格，正常情况下使用 7 号	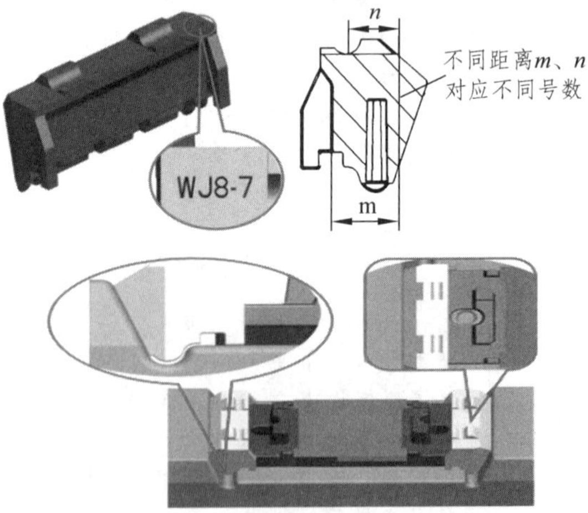 轨距挡板

续表

学习任务	学习内容	图　例
2　WJ-8型扣件认知	2.7　绝缘轨距块 绝缘轨距块分Ⅰ型和Ⅱ型两种。一般地段采用Ⅰ型，钢轨接头处采用Ⅱ型。 绝缘轨距块分7号、8号、9号、10号、11号五种规格，正常情况使用9号。轨道精调时可增设0.5 mm级别的绝缘轨距块	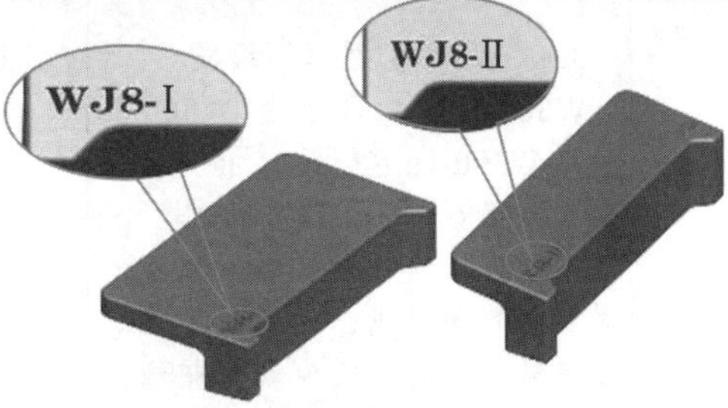 绝缘轨距块 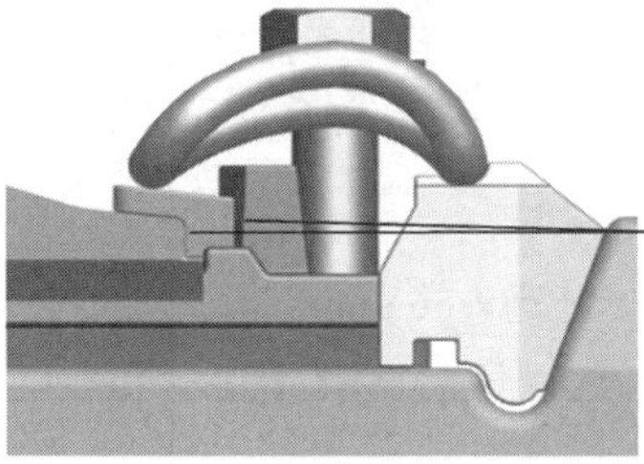 绝缘轨距块安装要求
	2.8　螺旋道钉 螺旋道钉分为S2型和S3型两种，在扣件正常状态安装或钢轨调高量不大于15 mm时用S2型螺旋道钉，调高量大于15 mm时用S3型螺旋道钉	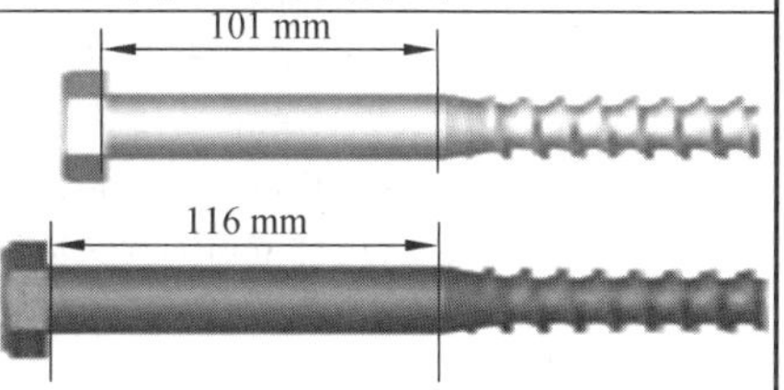 螺旋道钉
	2.9　轨下微调垫板 轨下微调垫板放置在轨下垫板与铁垫板之间，厚度有0.5 mm、1 mm、2 mm、5 mm、8 mm四种规格	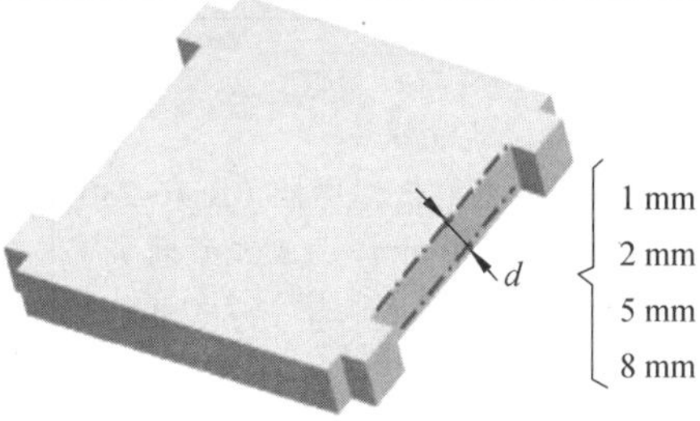 轨下微调垫板
	2.10　铁垫板下调高垫板 铁垫板下调高垫板处于铁垫板下弹性垫板与轨枕或轨道板承轨面之间，厚度有10 mm和20 mm两种规格。 铁垫板下调高垫板由两片组成，应成对使用，垫入的轨下调高垫板总厚度不得大于20 mm，数量不得超过两块	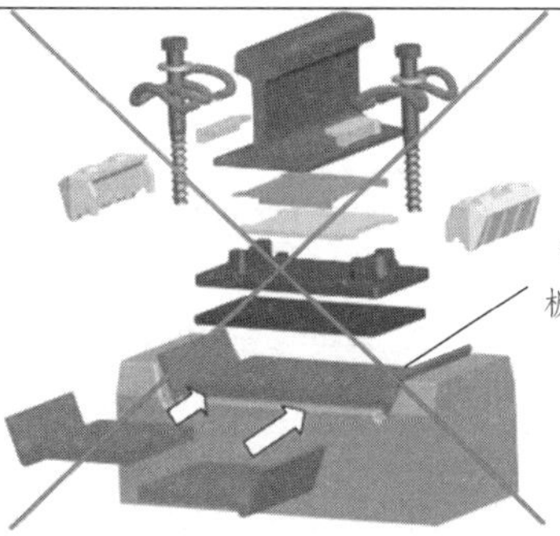 铁垫板下调高垫板

学习任务	学习内容	图例
3 W300-1型扣件认知	3.1 W300-1 型扣件组成 W300-1 型扣件分为 W300-1a 型和 W300-1u 型两种。扣件由弹条、绝缘垫片、轨距挡板、螺栓、轨下垫板、铁垫板、弹性垫板和预埋套管等组成，为满足高低调整需要，有时还需要调高垫板。其特点包括： ①有挡肩、弹性不分开式扣件。 ②钢轨左右位置调整量：±8 mm。 ③高低调整量：－4/＋26 mm（特殊调整时可达＋56 mm）	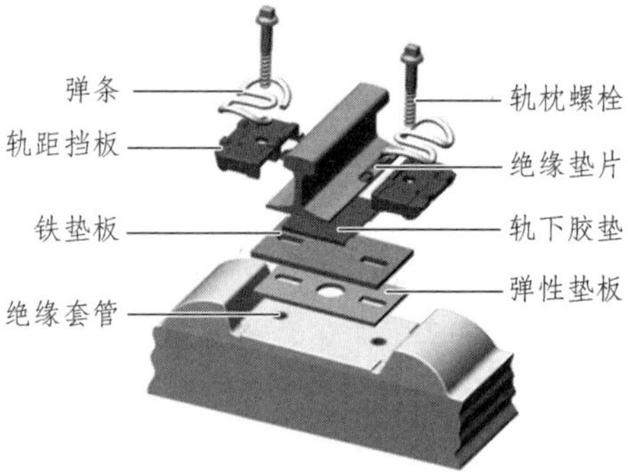 W300-1 型扣件组成
	3.2 弹条 弹条分一般地段使用的 SKL15 型（直径为 15 mm）、小阻力地段使用的 SKL B15 型或 SKL 15LT 型（直径为 13 mm）和夹板处使用的 SKL 15IF 型（直径为 15 mm）四种	 SKL15型（黑色）  SKL15型（蓝色） 弹条
	3.3 轨枕螺栓 标准规格轨枕螺栓（Ss36-230）总长为 230 mm，为满足钢轨调高的需要，还配有长度为 240 mm 和 250 mm 的螺栓	 标准规格轨枕螺栓Ss36-230 轨枕螺栓
	3.4 轨下垫板 标准规格轨下垫板（Zw692-6）厚度为 6 mm。为满足高低调整需要，配有厚度为 2 mm、3 mm、4 mm、5 mm、7 mm 和 8 mm 的轨下垫板	 轨下垫板

学习任务	学习内容	图　例
3 W300-1型扣件认知	3.5　轨距挡板 标准规格轨距挡板分为Wfp15a型挡板（适用于W300-1a型扣件）和Wfp15u型挡板（适用于W300-1u型扣件）两种。为满足钢轨左右位置调整需要，配有Wfp15a±1（Wfp15u±1）~Wfp15a±8（Wfp15u±8）各16种规格	 Wfp15a型 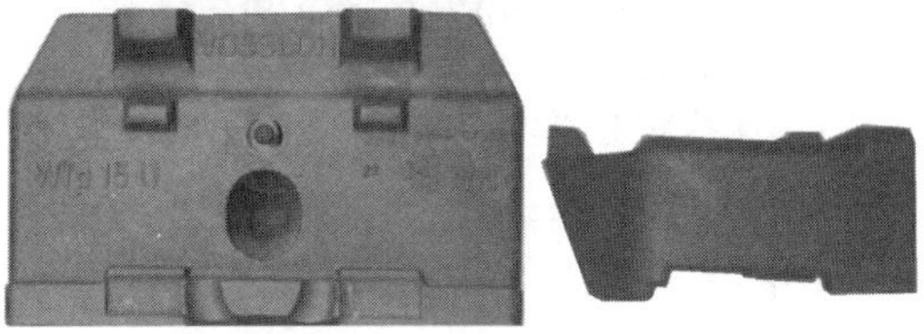 Wfp15u型 轨距挡板
	3.6　绝缘垫片 绝缘垫片分为IS15型绝缘垫片和IS15 IF型接头绝缘垫片两种。 绝缘垫片露天存放时，现场必须加盖顶棚或苫布。在现场铺轨时，将其安装到弹条弹臂下正确位置，半圆开口朝外	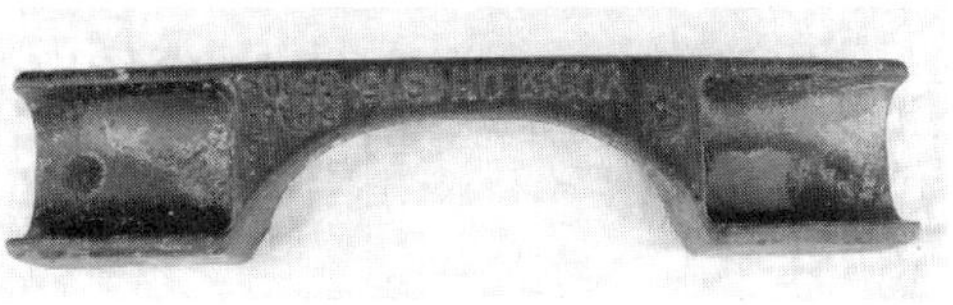 绝缘垫片
	3.7　预埋套管 预埋套管预先埋设于轨枕/轨道板中，埋设精度应满足要求，且预埋套管顶面应低于轨枕/轨道板承轨面0~2 mm。 埋设后，应加盖塑料盖以防雨水和泥污进入。预埋套管中应保证有一定的防护油脂，油脂性能应符合相关规定	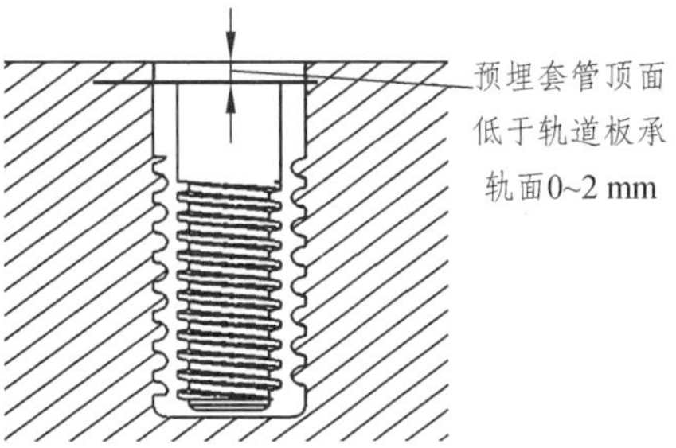 预埋套管
	3.8　弹性垫板 弹性垫板放置于铁垫板下。有两种不同颜色的弹性垫板，其性能相同	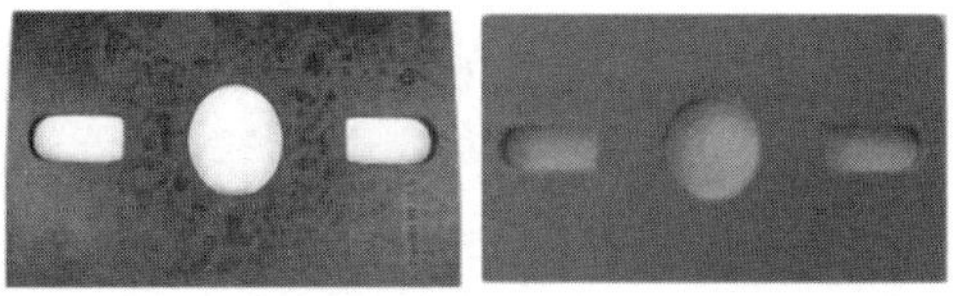 弹性垫板

续表

学习任务	学习内容	图　例
	3.9　调高垫板 调高垫板分塑料调高垫板和钢制调高垫板，其中塑料调高垫板按厚度分为 6 mm 和 10 mm 两种，标号分别为 Ap20-6（Ap20U-6）和 Ap20-10（Ap20U-10），钢制调高垫板为厚度 20 mm 的 Ap20S（Ap20U-S）	 塑料调高垫板Ap20/U-6/10  钢制调高垫板Ap20S 调高垫板

项目 3 铁路路基构造

项目描述

铁路路基是经开挖或填筑而形成的直接支承轨道结构的土工结构物。在纵断面上，路基必须保证轨顶需要的标高；在平面上，路基与桥梁、隧道连接组成完整贯通的铁路线路；在横断面上，铁路路基主要由路基本体、路基排水设备和路基防护与加固设备组成。

本项目重点认知铁路路基组成、铁路路基横断面形式，为后面学习铁路路基维修与大修作业打下良好的基础。

教学目标

1．知识目标

（1）认知铁路路基的主要组成、路基横断面形式。

（2）认知路堤、路堑的构造标准。

2．能力目标

（1）会正确认知铁路路基本体、路基排水、路基防护加固设备。

（2）会正确认知铁路路基路堤、路堑等横断面形式。

3．素质目标

（1）培养学生的学习兴趣、学习方法，引导学生自学和独立思考。

（2）培养学生团结、严谨、求实、创新的作风。

（3）培养学生查阅书籍和规范的能力。

任务 3.1 铁路路基断面形式及组成认知

铁路路基是按照路线位置和一定技术要求修筑的带状构造物，主要由松散的土石材料所构成，完全暴露在大自然之中，同时受轨道静荷载和列车动荷载的作用，因此，在设计和施工时，要保证路基工程足够坚固、稳定和耐久，能抵抗各种自然因素的侵蚀和破坏。

3.1.1 铁路路基断面形式

路基横断面是指垂直于线路中心线截取的断面。

依其所处的地形条件不同，铁路路基横断面有两种基本形式：路堤、路堑。此外，还有半路堤、半路堑、半路堤半路堑、不填不挖路基。

3.1.2 铁路路基组成

铁路路基主要由路基本体和附属设施两部分组成，而附属设施包括排水设备、防护和加固建筑物。

直接铺设轨道结构并承受列车荷载的主体建筑物，称为路基本体。路基本体由路基面、路肩、基床、边坡、基底几部分组成。

3.1.3 路基各部分的作用

（1）路基面是路基基床与轨道道床的分界面，又称为路基顶面。路基面具有良好的排水性，能防止雨水浸入造成路基土软化，防止发生翻浆冒泥等病害。

（2）路肩能抵抗路基核心部分在受压力时向外发生挤动、变形，防止道砟滚落于路基坡面，保持道床完整；供养护维修人员行走、避车、放置养护机具，便于埋设各种标志、通信信号等设施。

（3）基床能抵抗列车荷载产生的动应力，避免形成过大的不均匀下沉而造成轨道的不平顺，满足列车走行的安全性和舒适性的要求。

（4）边坡是为了保证路基稳定，在路基两侧做成的具有一定坡度的坡面。边坡的形状和坡度的陡缓对路基本体的稳定和工程费用有着重要影响。

（5）基底是路基的基础，又称地基，主要作用是承受上部路基本体、轨道和列车荷载作用。基底应具有足够的承载能力，以保证路基本体以及轨道的稳定。

（6）路基排水工程主要排除停滞在路基范围内的地面水和地下水，防止路基范围外的水流入或渗入路基范围内，使路基能经常处于干燥和坚固状态，保持路基的稳定。

（7）路基防护和加固建筑物主要保护路基边坡表面免受雨水冲刷，防止或延缓岩土表面风化、剥落，防止滨水路基遭受水流侵蚀、破坏。

实战任务：铁路路基横断面形式与组成认知

1. 学习任务

每人正确认识铁路路基横断面形式与组成，并正确描述铁路路基工程的特点。

2. 任务分析

铁路路基是铁路线路重要组成部分之一，通过对路基横断面与组成的识别，使学员快速掌握铁路路基的基本构造，为后续的路基检查和维护工作打下坚实基础。

3. 任务准备

工具准备：签字笔、安全帽、手套、安全绳、激光测距仪器、钢卷尺（见表 3.1）。

表 3.1　工具清单

名　称	单位	数量	图　例
安全帽	顶	1	
手套	副	1	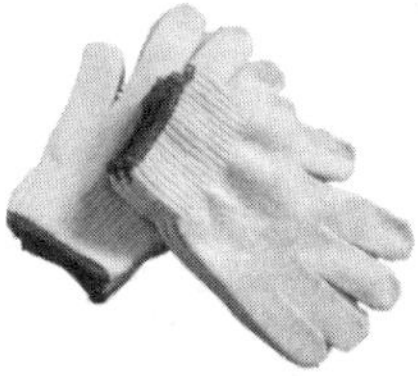
安全绳	副	1	

续表

名　称	单位	数量	图　例
激光测距仪	台	1	
30 m 钢卷尺	把	1	
5 m 钢卷尺	把	1	

4. 任务实施条件

铁路路基构造认知可与“维修天窗”“施工天窗”时间共用，或利用列车间隔时间进行。高速铁路路基构造认知在天窗时间内。

5. 学习内容

本实战任务的学习内容如表 3.2 所示。

表 3.2　铁路路基横断面形式与组成认知

学习任务	学习内容	图　例
1 认知路基横断面形式	在横断面上铁路路基主要由路基本体、路基排水设备和路基防护加固设备组成。 路基横断面是指垂直于线路中心线截取的断面。主要有六种形式，其中有两种基本形式：路堤和路堑	 铁路路基总体组成图

续表

学习任务	学习内容	图例
1 认知路基横断面形式	1.1 路堤 在原地面上用土、石填筑的路基。当铺设轨道的路基面高于天然地面时，路基以填筑方式构成的路基	 路堤
	1.2 路堑 自原地面向下开挖的路基。当铺设轨道的路基面低于天然地面时，路基以开挖方式构成的路基	 路堑
	1.3 半路堤 当天然地面横向倾斜，路堤的路基面边线和天然地面相交，因此，路堤体在地面和路基面相交线的以上部分无填筑工作量，这种路基称为半路堤	 半路堤

续表

学习任务	学习内容	图 例
1 认知路基横断面形式	1.4 半路堑 当天然地面横向倾斜，路堑路基面的一侧无开挖工作量时，这种路基称为半路堑	 半路堑
	1.5 半路堤半路堑 当天然地面横向倾斜，路基的一部分以填筑方式构成而另一部分以开挖方式构成时，这种路基称为半路堤半路	 半路堤半路堑
	1.6 不填不挖路基 路基的路基面和经过清理后的天然地基面平齐，路基无填挖土方时，这种路基称为不填不挖路基	 不填不挖路基

续表

学习任务	学习内容	图例
2 认知路基本体组成	路基本体是指在各种路基形式中，按线路设计要求铺设轨道而构筑的土石部分。 路基本体由路基面（或路基顶面）、路肩、基床、边坡、基底几部分组成	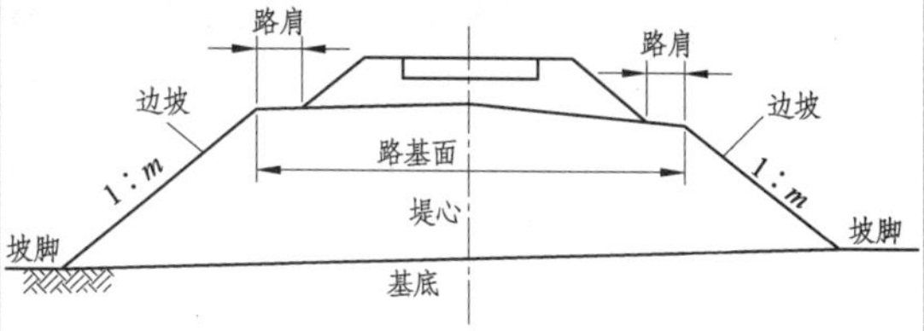 路基本体组成
	2.1 路基面 由直接在其上面铺设轨道的部分及路肩组成，称为路基顶面或简称路基面。 在路堑中为堑体开挖后形成的构造面	 无砟轨道路基面
	2.2 路肩 路基面两侧无道床覆盖的部分。 有砟轨道两侧路肩宽度规定：客货共线设计速度 200 km/h 铁路不应小于 1.0 m、设计速度 200 km/h 以下铁路不应小于 0.8 m；高速铁路双线不应小于 1.4 m、单线不应小于 1.5 m；城际铁路双线不应小于 0.8 m	 有砟轨道两侧路肩
	2.3 基床 路肩高程以下，受列车荷载作用影响显著的路基上部结构。 基床由基床表层、基床底层组成	 基床表层施工

续表

学习任务	学习内容	图例
2　认知路基本体组成	2.4　边坡 路基两侧的边线称为路基边坡。 边坡形式：直线形、折线形和阶梯形三种。 边坡坡率：边坡上下两点间高差为ΔH：水平距离为ΔL，以 1：m 方式表示的斜率，如边坡 1：1.75	 边坡防护
	2.5　基底 路堤下地基内承受路堤及轨道、列车等荷载作用的部分；路堑的基底为路堑边坡土体内和堑底路基面以下的地基内产生应力变化的部分。 在软弱基底上修筑路堤时必须对基底进行处理，以免危及行车安全与正常运营	 基底清理

项目 4 铁路桥隧构造

项目描述

铁路桥隧是指在铁路运输系统中用于跨越地形障碍或通过地形障碍的工程结构物，是整个铁路线路的重要组成部分。因其地形障碍物形式多变，铁路桥隧构造特点体现为：种类多样，组成结构复杂。学习铁路桥隧构造知识，要求铁路桥隧检修人员熟练掌握铁路桥隧构造及分类，为后续检查和维修工作打下坚实基础。

本项目主要从铁路桥隧的组成和分类两个方面来介绍铁路桥隧，项目中包含大量桥隧结构物的结构构造图和建筑物实景图，要求铁路桥隧检修人员能采用简单的测量和观测设备正确识别铁路桥隧设备的种类和结构组成，正确找到桥隧组成结构所在位置且掌握其用途。

教学目标

1. 知识目标

（1）认知常见铁路桥梁的组成。

（2）认知常见铁路桥梁的分类。

（3）认知常见铁路隧道的组成。

（4）认知常见铁路隧道的分类。

2. 能力目标

（1）能正确识别铁路桥梁的组成部分。

（2）能正确区分铁路桥梁的种类。

（3）能正确识别铁路隧道的组成部分。

（4）能正确区分铁路隧道的种类。

3. 素质目标

（1）具有求真务实的工作作风。

（2）具备团结协作精神。

（3）具备安全环保意识。

任务 4.1　铁路桥梁构造

4.1.1　桥梁组成

在修建铁路时，常常会遇到江河、公路或山谷等障碍物，为了使铁路线路连续，就需要修建各式各样的铁路桥梁，铁路桥梁就是铁路跨越天然障碍物或人工设施的架空建筑物，桥梁主要组成包括桥面、桥跨结构、支座、桥梁墩台、基础和其他附属结构。

4.1.1.1　桥　面

铁路桥梁桥面直接承受列车载重，再把荷载传递到桥跨结构，桥面状态的好坏关系到列车行驶的平稳性和安全性，同时也关系到桥跨结构的受力状况和使用寿命。

4.1.1.2　桥跨结构

桥跨结构是桥梁的主要承力结构，根据其材料划分主要可分为钢梁桥和钢筋混凝土桥等。钢桥主要优势在于结构受力明确，施工工期短；钢筋混凝土桥梁优势主要在于可就地取材，造价相较钢梁较低。

4.1.1.3　支　座

桥梁支座是桥梁上部与下部结构之间的传力装置，为抵消桥梁在温度作用下的变形量，桥梁可分为固定支座和活动支座。固定支座仅允许梁端绕横桥方向水平轴转动，活动支座可允许梁端绕横桥方向的水平轴转动且在顺桥方向作水平移动。

4.1.1.4　桥墩及桥台

桥墩和桥台主要作用是支撑上部结构，将桥跨结构产生的力传递到基础，一般位于桥梁中间称为桥墩，位于两岸称为桥台。

4.1.1.5　基　础

基础位于桥梁墩台下方，将荷载传递到持力层等构造物，为整个桥梁结构提供支撑，防止桥梁结构下沉。

4.1.1.6 其他附属设置

为方便检查桥梁结构或防止桥梁结构受到损害，需设置相关附属设备，增加桥梁使用寿命，主要有桥梁吊围栏，限高架，声屏障等。

4.1.2 桥梁分类

铁路桥梁种类较多，根据不同特性有不同的分类方法。其中主要的分类方法有：1 根据桥梁长度分类；2 根据桥跨结构使用材料分类；3 根据桥面位置分类；4 根据结构受力体系分类。

实战任务：铁路桥梁认识

1. 学习任务

学员依次完成铁路桥梁组成和分类，并正确描述分类方法和原因。

2. 任务分析

铁路桥梁构造认识分为组成和分类两个部分，主要考查学员对不同类型桥梁组成情况的了解，本任务通过对桥梁种类及其组成结构的认识，让学员能正确认识桥梁结构，也能在工作中正确区分各种不同类型的桥梁及其组成部分，还能更好地规划和维护铁路桥梁相关设施。

3. 任务准备

工器具准备：签字笔、安全帽、手套、安全绳，激光测距仪器（见表 4.1）。

表 4.1 工器具清单

名　称	单位	数量	图　例
安全帽	顶	1	
手套	副	1	
安全绳	副	1	
激光测距仪	台	1	

4. 任务实施条件

（1）普速铁路桥梁认知可与“维修天窗”“施工天窗”时间共用，或利用列车间隔时间。高速铁路桥梁认知必须在天窗时间。

（2）在“运统-46”《行车设备施工登记簿》登记，设驻站联络员和现场防护员进行防护。

5. 学习内容

本实战任务的学习内容如表 4.2 所示。

表 4.2　铁路桥梁认知

学习任务	学习内容	图　例
1. 认知桥梁的组成	桥梁由上部结构、下部结构、防护设备及调节河流建筑物等组成。 上部结构包括：桥面、桥跨结构（梁拱）、支座。 下部结构包括：桥墩、桥台及基础。 防护设备及调节河流建筑物包括：限高防护架、墩台防撞设施、护锥、护岸、护基、护底、导流堤等，此外，桥梁结构还包含其他附属设施，主要有限高架、桥面铺装、防排水系统等	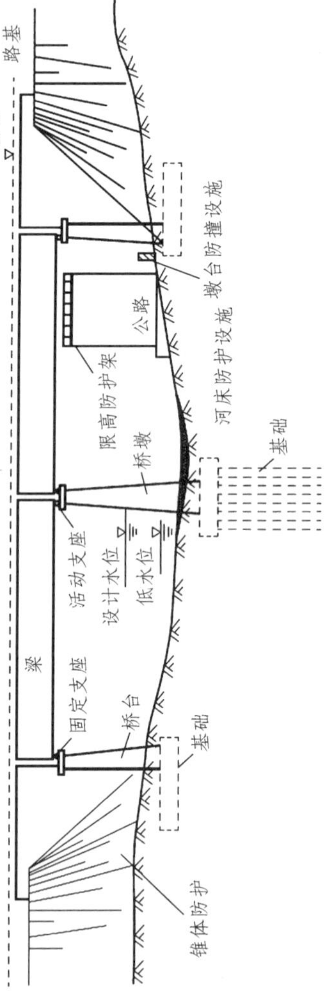 桥梁结构全图

续表

<table>
<tr><th>学习任务</th><th>学习内容</th><th>图　例</th></tr>
<tr><td rowspan="2">1. 认知桥梁的组成</td><td>（1）桥面
铁路桥梁桥面可分为道砟桥面、无砟桥面和明桥面三种。
道砟桥面由道床、轨枕、钢轨及联结零件等组成，一般用于圬工桥。
无砟桥面根据轨道类型不同可分为板式无砟轨道桥面、双块式无砟轨道桥面和长枕埋入式无砟轨道桥面。无砟桥面可大幅度降低梁的重量，节省材料。但是，由于钢轨直接固定在梁上，扣件的安装难度大，维修工程量大。
明桥面由基本轨、护轮轨、护木、桥枕、步行板、人行道等组成，其重量较轻，弹性好，能与各种钢结构桥紧密连接，但是其结构中的木材容易腐朽，不能防火，养护工作量较大</td><td>
铁路道砟桥面

铁路无砟桥面

铁路明桥面</td></tr>
<tr><td>（2）桥跨结构
桥跨结构主要有钢梁桥和钢筋混凝土桥等。钢梁桥主要有钢板梁和钢桁梁桥。钢筋混凝土桥等根据其受力特点，钢筋混凝土又可分为梁桥（简支梁和连续梁为主）、拱桥、钢构桥、斜拉桥等</td><td>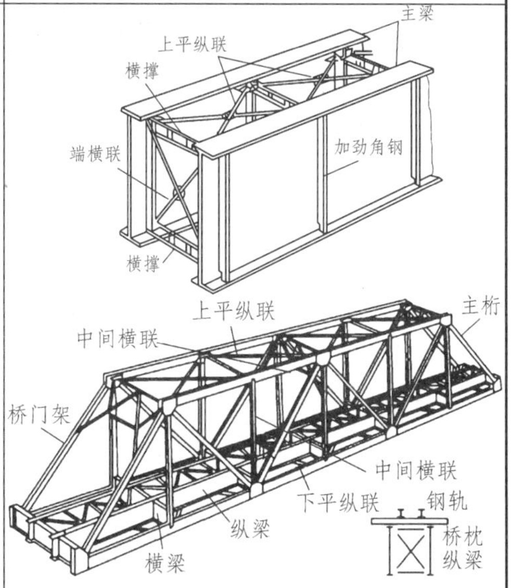

钢板梁桥和钢桁梁桥构造图</td></tr>
</table>

学习任务	学习内容	图　例
1. 认知桥梁的组成		 钢筋混凝土梁桥
	（3）支座 支座的种类较多，主要包括铸钢支座、球形支座、圆柱面钢支座、双曲面钢支座等。橡胶支座可分为板式橡胶支座和盆式橡胶支座两种	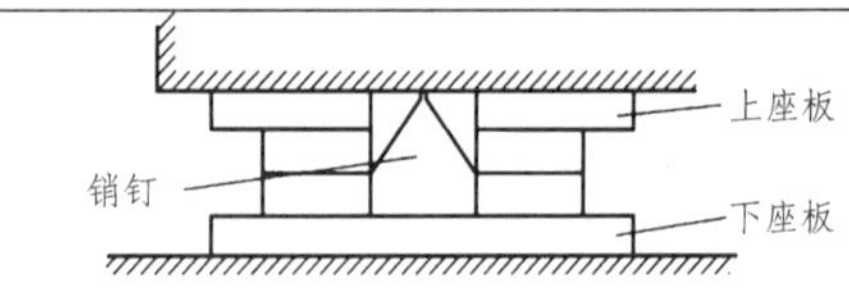 固定支座 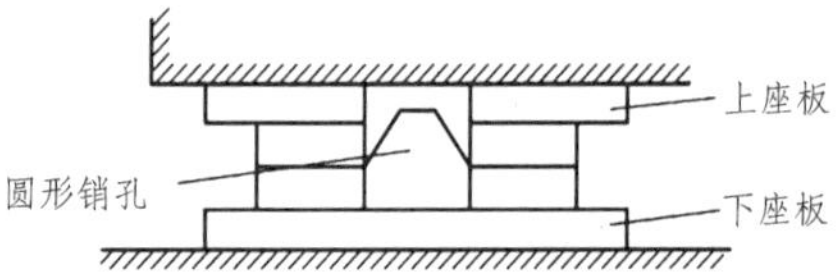 活动支座  铸钢平板支座 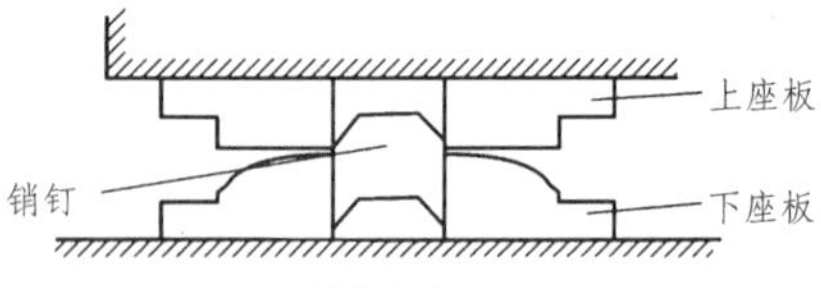 固定支座 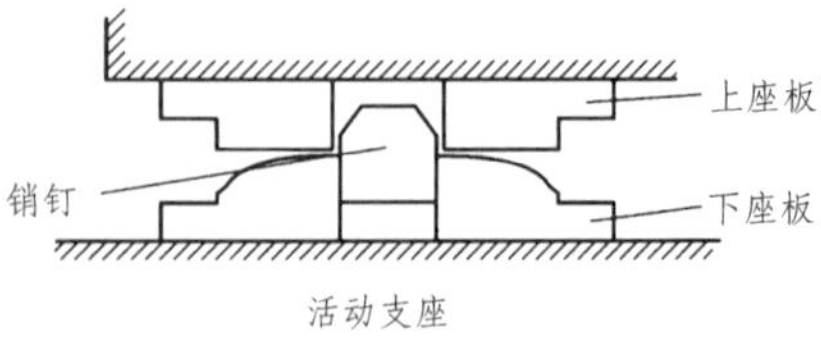 活动支座

续表

学习任务	学习内容	图 例
1. 认知桥梁的组成	（3）支座 支座的种类较多，主要包括铸钢支座、球形支座、圆柱面钢支座、双曲面钢支座等。橡胶支座可分为板式橡胶支座和盆式橡胶支座两种	 铸钢弧形支座 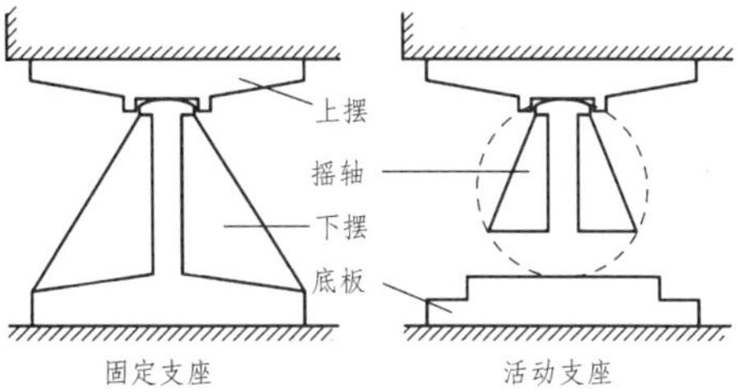  铸钢摇轴支座 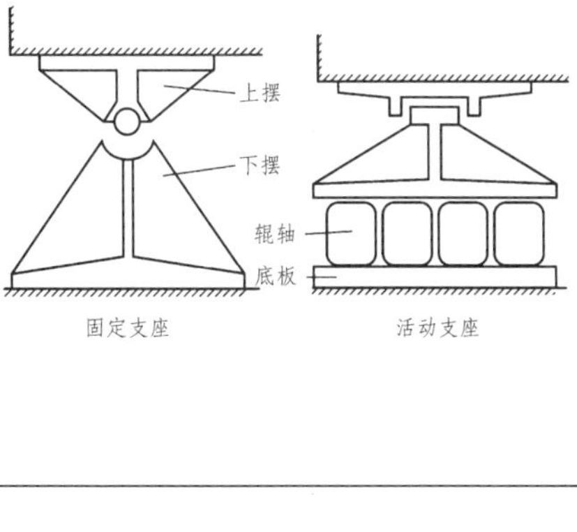

学习任务	学习内容	图 例
1. 认知桥梁的组成	（3）支座 支座的种类较多，主要包括铸钢支座、球形支座、圆柱面钢支座、双曲面钢支座等。橡胶支座可分为板式橡胶支座和盆式橡胶支座两种	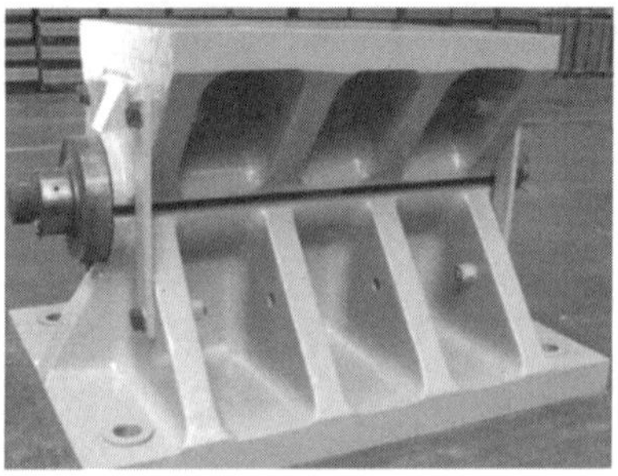 铸钢辊轴支座 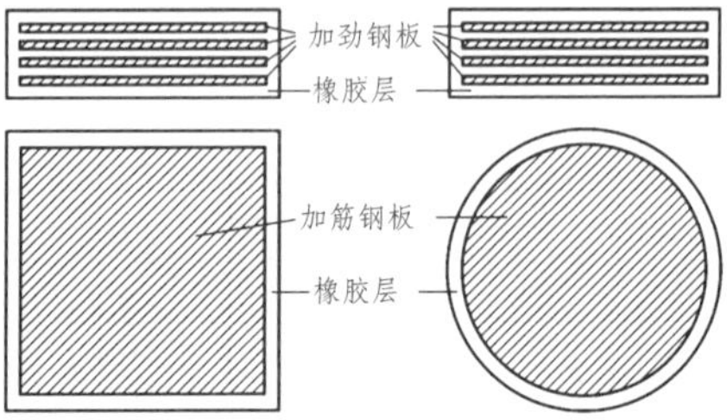 矩形板式橡胶支座　圆形板式橡胶支座  板式橡胶支座 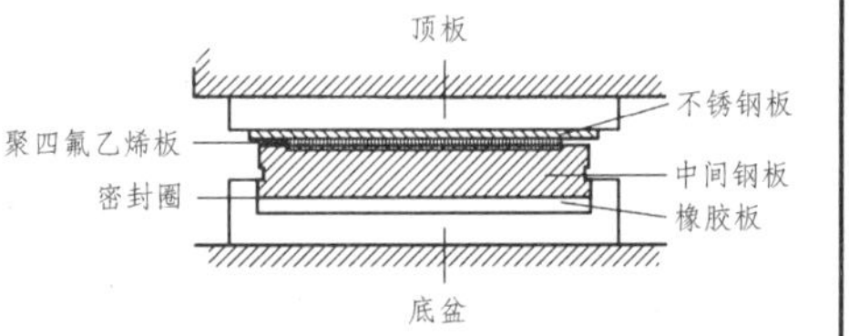  盆式橡胶支座

续表

<table>
<tr><th>学习任务</th><th>学习内容</th><th>图　例</th></tr>
<tr><td rowspan="2">1. 认知桥梁的组成</td><td>（4）桥墩及桥台
桥墩是支撑相邻桥跨结构，并将其荷载传给基础的建筑物。桥台是连接桥跨结构和路基的支挡建筑物</td><td>
桥墩
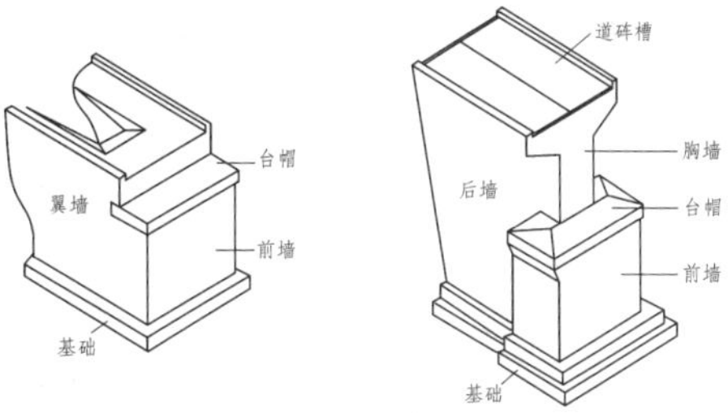

U 形和 T 形桥台</td></tr>
<tr><td>（5）基础
基础是位于桥梁墩台下方，将荷载传递到持力层等构造物，主要形式有扩大基础、沉井基础和桩基础等。
扩大基础一般用于地质情况较好，持力层较浅的位置，是建筑物最常用的基础类型。沉井基础是井筒状的结构物，以人工或机械清除井内土石，依靠自身重力克服井壁摩擦力后下沉到设计标高，然后经过混凝土封底并填塞净孔，使其成为桥梁墩台基础。
桩基础是通过承台把若干根桩的顶部联结成整体，共同承受动静荷载的一种深基础</td><td>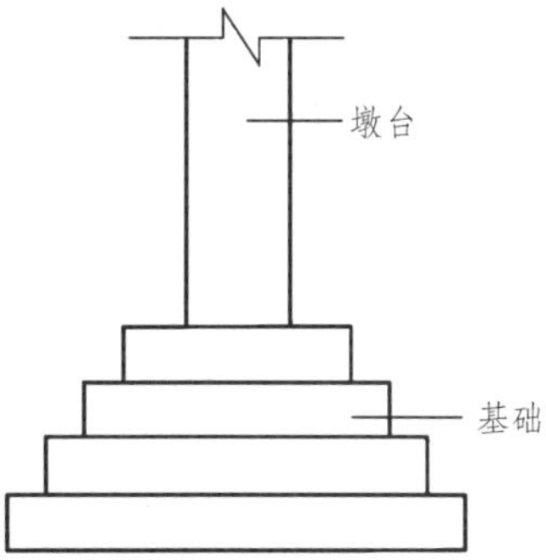

扩大基础</td></tr>
</table>

学习任务	学习内容	图例
1. 认知桥梁的组成	（5）基础 基础是位于桥梁墩台下方，将荷载传递到持力层等构造物，主要形式有扩大基础、沉井基础和桩基础等。 扩大基础一般用于地质情况较好，持力层较浅的位置，是建筑物最常用的基础类型。沉井基础是井筒状的结构物，以人工或机械清除井内土石，依靠自身重力克服井壁摩擦力后下沉到设计标高，然后经过混凝土封底并填塞净孔，使其成为桥梁墩台基础。 桩基础是通过承台把若干根桩的顶部联结成整体，共同承受动静荷载的一种深基础	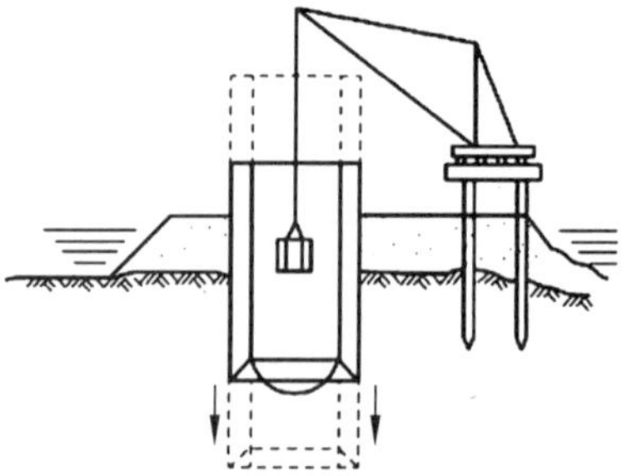  沉井基础 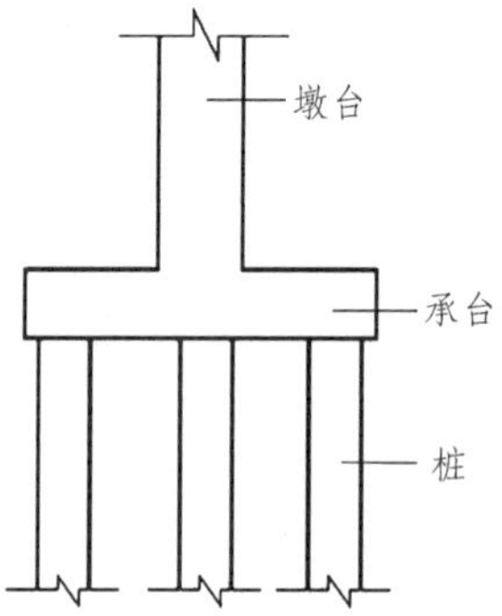  桩基础

续表

学习任务	学习内容	图　例
1. 认知桥梁的组成	（6）其他附属设施 梁的跨度大于 10 m，墩台顶帽面至地面的高度大于 2 m 或经常有水的河流，墩台顶应设置吊篮和围栏等。跨线铁路桥梁梁体防撞是在立交桥梁行车方向前端合适位置设置桥梁限高防护架，防止汽车直接冲撞桥梁梁体。桥梁声屏障是安设在桥梁地段用以降低列车运行噪声对声环境产生影响的构筑物	 桥梁吊篮和围栏  铁路限高防护架  桥梁声屏障
2. 认知桥梁分类	（1）按桥长分类 特大桥：桥长 500 m 以上。 大桥：桥长 100 m 以上至 500 m。 中桥：桥长 20 m 以上至 100 m。 小桥：桥长 20 m 及以下。 （2）按桥跨结构材质分类 钢桥：以钢材作为桥跨结构主要建筑材料的桥。 圬工桥：以石、砖、混凝土、钢筋混凝土、预应力钢筋混凝土作为桥跨结构主要建筑材料的桥。 混合桥：以多种材料共同作为桥跨结构建筑材料的桥	 钢桥  混凝土桥

学习任务	学习内容	图 例
2. 认知桥梁分类	（3）按桥面位置分类 按桥面位置分类是根据桥面和桥跨结构相对位置来分类，可分为以下三种： 上承式桥：桥面位于桥跨结构上部的桥。 中承式桥：桥面位于桥跨结构中部的桥。 下承式桥：桥面位于桥跨结构下部的桥。 （4）按桥梁受力特征分 铁路桥梁按受力特征分类主要可分为梁桥、刚构桥、拱桥和斜拉桥等，根据铁路桥梁跨径和所处地质情况不同，选择修建合适的桥梁。 梁桥设有支座，在竖直荷载作用下，只产生竖向反力。 刚构桥外形与梁桥相似，其桥跨结构和墩台连成整体，结构刚度比梁桥更高，跨越能力更大。 拱桥在受竖直荷载作用下，桥跨结构主要以受压为主，在支座位置，支座除了提供竖向反力还有水平推力。 斜拉桥是以斜拉索连接索塔和主梁作为桥跨结构的桥，它是由承压的塔、受拉的索与承弯的梁体组合起来的一种结构体系	 圬工桥（石桥）  混合桥  梁 桥  刚构桥  拱 桥  斜拉桥

6. 质量要求

能够正确认知铁路桥梁各个组成部分，掌握各个结构的特点及作用，能正确区分各类型铁路桥梁。

7. 安全注意事项

（1）必须在“天窗”内进行，严禁“天窗”点外作业。
（2）未设防护，严禁上道作业。
（3）来车时，按规定及时下道避车。
（4）邻线来车时，应停止作业。
（5）作业时，严禁伤手伤脚。

任务 4.2　铁路隧道构造

铁路隧道是修建在地层中或水下，供机车车辆通行的建筑物。隧道可以克服平面或高程的障碍，以免线路展线过长或用来绕避地质不良地段，人口密集地区。修建铁路隧道还可以改善线路质量，提高运输能力，降低运营成本。

4.2.1　隧道的组成

铁路隧道结构由主体建筑物和附属建筑物两部分组成，隧道主体建筑物包括洞身衬砌、洞门和明洞，隧道附属建筑物包括防排水设施、避车洞和通风照明设备等。

1. 洞身衬砌

隧道开挖以后，为了保持围岩的稳定性，一般需要进行支护（衬砌），隧道衬砌的构造与围岩的级别和施工方法是密切相关的。常见的衬砌类型有整体式衬砌、喷锚式衬砌、复合式衬砌和装配式衬砌。

2. 洞　门

洞门在隧道进出口位置，主要用来引离地表流水，把流水引入侧沟，保证了洞口的正常干燥状态。同时稳定边坡、仰坡修建洞门就可以减小引线路堑的边坡高度，缩小正面仰坡的坡面长度，从而使边坡及仰坡得以稳定。此外，设置洞门还可以减少洞口开挖量，起到装饰作用。

3. 明　洞

以明挖法施工修建的隧道或在露天修建而有回填土覆盖的衬砌结构，称为明洞。

4. 防排水设施

隧道防排水一般应采取“防、排、截、堵相结合，因地制宜，综合治理”的原则，达到防水可靠、排水通畅、线路基床底部无积水、经济合理的目的。

5. 避车洞

避车洞分为小避车洞和大避车洞，单线隧道每侧每隔 60 m 设置一个小避车洞，双线隧道每侧每隔 30 m 设置一个小避车洞，碎石道床每侧每隔 300 m 设置一个大避车洞，整体道床每侧每隔 420 m 设置一个大避车洞。

6. 通风及照明设备

列车通过隧道时，会排出大量有害气体，同时还会散发出许多热量。为加快隧道洞内外空气更换，配置通风设备，即在一端用机械吹入新鲜空气，沿隧道纵向冲淡并挤出污浊空气。

4.2.2　隧道的分类

隧道的分类方式较多，主要可根据长度、隧道埋置深度、洞身横断面积、隧道所处位置和瓦斯浓度等分类。

实战任务：铁路隧道认识

1. 学习任务

每人正确完成铁路隧道的组成和分类，并正确描述分类方法和原因。

2. 任务分析

铁路隧道认识学习旨在培养学员对隧道工程结构的全面理解与掌握，使其掌握隧道相关专业知识和技能，通过学习铁路隧道构造知识，能为后续铁路隧道工程实践奠定更坚实的基础。

3. 任务准备

工器具准备：签字笔、安全帽、手套、安全绳，激光测距仪器（见表 4.3）。

表 4.3　工器具清单

名　称	单位	数量	图　例
安全帽	顶	1	
手套	副	1	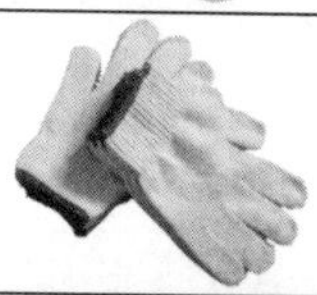
安全绳	副	1	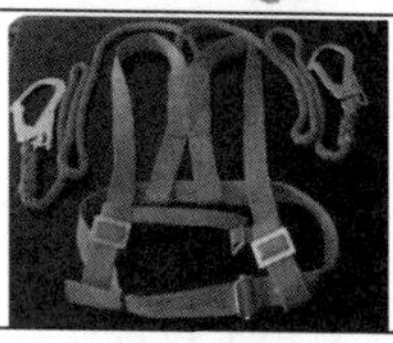
激光测距仪	台	1	

4. 任务实施条件

（1）普速铁路隧道认知可与“维修天窗”“施工天窗”时间共用，或利用列车间隔时间。高速铁路隧道认知必须安排在天窗时间。

（2）在“运统-46”《行车设备施工登记簿》登记，设驻站联络员和现场防护员进行防护。

5. 学习内容

本实战任务的学习内容如表 4.4 所示。

表 4.4　铁路隧道认知

学习任务	学习内容	图　例
1.认知隧道的组成	铁路隧道的主体建筑物是为了保持隧道的稳定，保证列车的安全运行而修建的，它由洞身衬砌和洞门组成，在洞口容易坍塌或有落石的危险时，还需要加筑明洞。	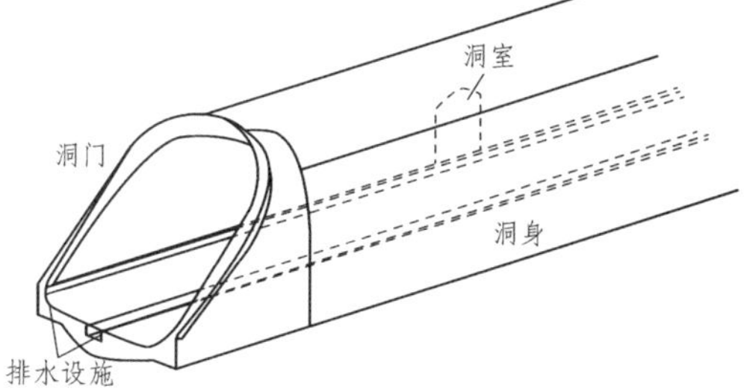 隧道构造图

续表

<table>
<tr><th>学习任务</th><th>学习内容</th><th>图　例</th></tr>
<tr><td>1. 认知隧道的组成</td><td>（1）隧道主体结构
① 衬砌
整体式混凝土衬砌是指就地灌筑混凝土（钢筋混凝土）衬砌，它又有直墙式和曲墙式两种形式。喷锚衬砌采用混凝土喷射机，将掺有速凝剂的混凝土干拌料和水高速喷射到清洗干净的岩石表面凝结，当围岩不够稳定时，可加设锚杆或钢筋网，构成的一种支护形式，简称“喷锚支护”。复合式衬砌目前大都采用外衬和内衬两层，最常用的外衬是喷锚支护，内衬是整体式混凝土衬砌，在两层间设置防水层的一种永久性防水结构。装配式衬砌由预制的混凝土或钢筋混凝土构件在隧道内拼装而成</td><td>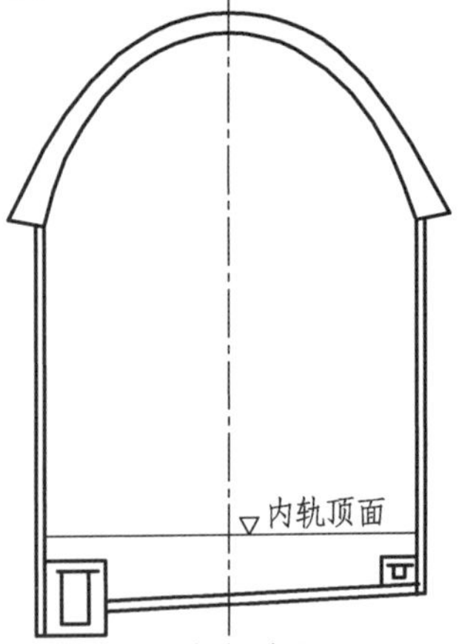

直墙式衬砌
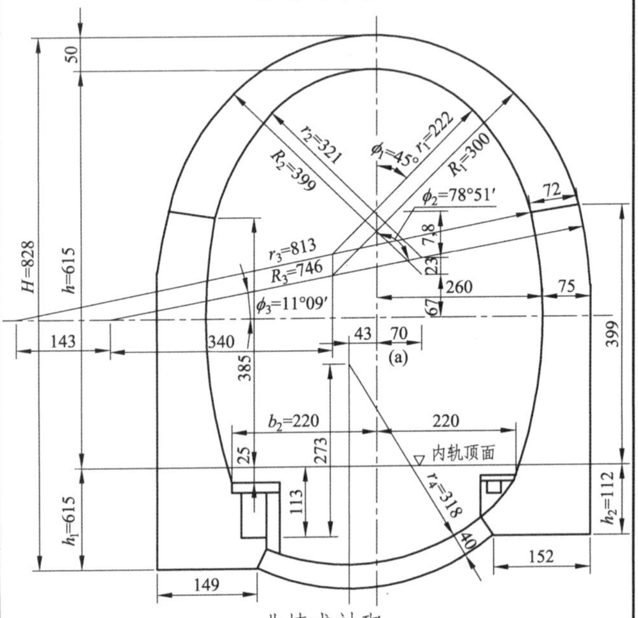

曲墙式衬砌
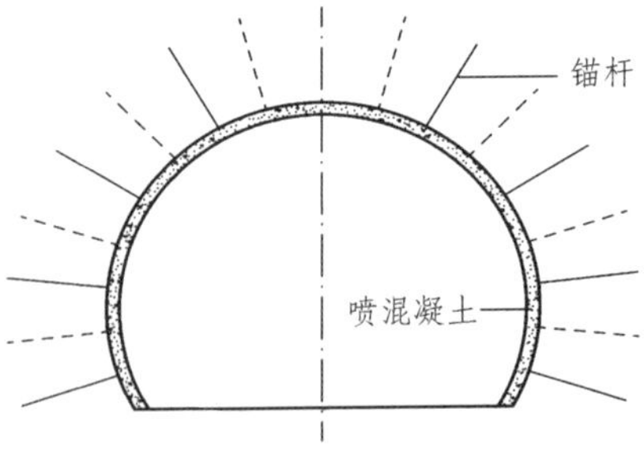
</td></tr>
</table>

学习任务	学习内容	图　例
1. 认知隧道的组成	（1）隧道主体结构 ① 衬砌 整体式混凝土衬砌是指就地灌筑混凝土（钢筋混凝土）衬砌，它又有直墙式和曲墙式两种形式。喷锚衬砌采用混凝土喷射机，将掺有速凝剂的混凝土干拌料和水高速喷射到清洗干净的岩石表面凝结，当围岩不够稳定时，可加设锚杆或钢筋网，构成的一种支护形式，简称“喷锚支护”。复合式衬砌目前大都采用外衬和内衬两层，最常用的外衬是喷锚支护，内衬是整体式混凝土衬砌，在两层间设置防水层的一种永久性防水结构。装配式衬砌由预制的混凝土或钢筋混凝土构件在隧道内拼装而成	 喷锚衬砌 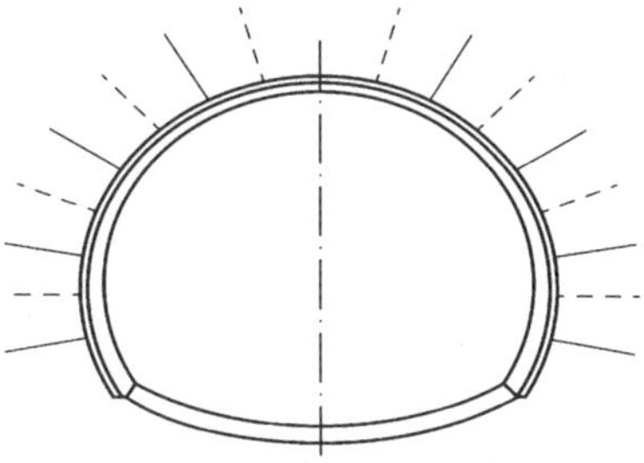  复合式衬砌 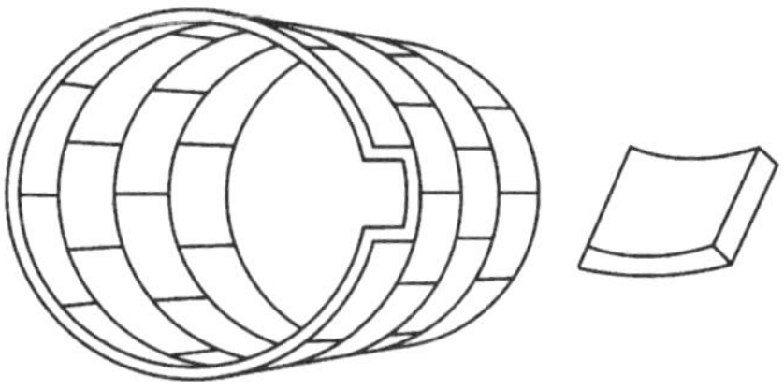  装配式衬砌

续表

学习任务	学习内容	图　例
1. 认知隧道的组成	② 洞门 隧道两端洞口处应设置洞门，据隧道周围地质情况和隧道构造，洞门可设置为以下形式： 环框式洞门适用于洞口石质坚硬稳定，Ⅰ级围岩，且地形陡峻无排水要求时，起到加固洞口和减少洞口雨后滴水的作用。 端墙式洞门包括端墙和洞门顶排水沟。适用于较为稳定的Ⅰ~Ⅲ级石质围岩。 翼墙式（八字式）洞门由端墙、翼墙、排水沟组成。适用于洞口地质条件较差Ⅳ~Ⅵ级围岩。 柱式洞门适用于地形较陡，Ⅲ、Ⅳ级围岩，仰坡有下滑的可能，设置翼墙式洞门又受地形、地质条件的限制。台阶式洞门适用于洞门位于靠山侧坡地区，洞门一侧边仰坡较高时。可减少洞门圬工及仰坡开挖数量，起美化作用。	 环框式洞门  端墙式洞门  翼墙式（八字式）洞门  柱式洞门  台阶式洞门

学习任务	学习内容	图　例
1. 认知隧道的组成	为减缓高速列车的空气动力学效应，一般设喇叭口洞口缓冲段，同时兼作隧道洞门。 ③明洞 拱式明洞的结构形式与一般隧道基本相似，也是由拱圈、边墙和仰拱或铺底组成。 山坡的塌方，落石数量较少，山坡路堑外侧低下，不能适当地安置拱形明洞的庞大外墙时，可以修建棚洞	 喇叭口式洞门  拱式明洞  棚式明洞
	（2）隧道的附属设施 隧道的附属建筑物包括防排水设施、大小避车洞、照明设备和长大隧道的通风设施等，排水是将地下水引入隧道内，再经由洞内水沟排到洞外。截水是指截断地表水和地下水流入隧道的通路，主要采取的措施有洞顶天沟和泄水洞。	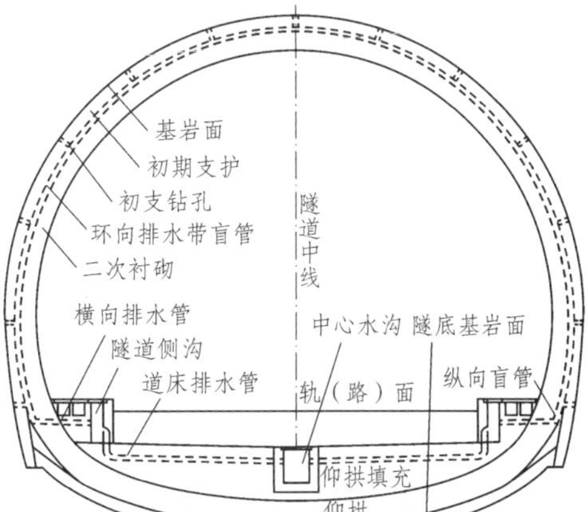 图 15　隧道排水沟

续表

学习任务	学习内容	图 例
1. 认知隧道的组成	避车洞分为小避车洞和大避车洞，小避车洞是为保证隧道内行人和维修人员的安全而设置的，大避车洞是为存放一些必要的维修材料、工具及轨道小车避让列车而设置的。 机械通风是指利用风机通风，一般采用纵向通风方式，即利用风机把空气从隧道一端吹向另一端。 隧道照明是保障设备维修，提高设备质量，保证运输安全的重要设施	 隧道洞顶天沟  泄水洞  隧道避车洞  隧道机械通风设备  隧道照明设备

续表

学习任务	学习内容	图　例
2. 认知隧道分类	（1）按长度分类 短隧道：$L \leqslant 500$m 中长隧道：$500<L \leqslant 3000$m 长隧道：3000 m$<L \leqslant 10000$m 特长隧道：$L>10000$m （2）按隧道埋置深度分类 按隧道埋置深度分类可分为浅埋隧道和深埋隧道。 浅埋隧道：当地表水平或接近水平，且隧道拱顶以上覆盖层厚度小于2.5 倍的深埋隧道垂直荷载计算高度时，为浅埋隧道。 深埋隧道：当地表水平或接近水平，且隧道拱顶以上覆盖层厚度大于2.5 倍的深埋隧道垂直荷载计算高度时，为深埋隧道。 （3）按隧道洞身横断面面积分类 极小断面隧道：横断面面积 2～3 m^2 小断面隧道：横断面面积 3～10 m^2 中等断面隧道：横断面面积 10～50 m^2 大断面隧道：横断面面积 50～100 m^2 特大断面隧道：横断面面积 >100 m^2 （4）按隧道所处位置分类 山岭隧道：指为缩短距离和避免大坡道而从山岭或丘陵下穿越的隧道。 水下隧道：指为穿越河流或海峡而从河下或海底通过的隧道。 城市隧道：指为适应铁路通过大城市的需要而在城市地下穿越的隧道	 山岭隧道  水下隧道  城市隧道

6. 质量要求

能够正确认知铁路隧道各个组成部分，掌握各个结构的特点及作用，能正确区分各类型铁路隧道及其组成部分的使用特点。

7. 安全注意事项

（1）必须在“天窗”内进行，严禁“天窗”点外作业。

（2）未设防护，严禁上道作业。

（3）来车时，按规定及时下道避车。

（4）邻线来车时，应停止作业。

（5）作业时，严禁伤手伤脚。

第二部分

提 高 篇

项目 5 铁路工务安全

项目描述

随着客运列车高速化、货运列车重载化的发展，对营业线的施工、维修工作要求进一步提高，工务部门作业标准化的落实如果存在差距，就有可能造成不良后果甚至引发事故。为了确保行车安全，在营业线作业、组织管理、防护及突发故障的处置等过程中都要落实标准化作业的要求。

工务作业人员的人身安全必须得以切实保障，这是我们一切工作的前提和基础。在进行线路、桥隧、路基、搬运、装卸等作业以及使用机具时，一定要严格按照各项安全要求进行，防止人身伤亡事故的发生。

教学目标

1. 知识目标

（1）掌握工务防护基本知识。

（2）掌握常用防护用品的构造和使用。

（3）掌握线路作业安全防护方法。

（4）掌握线路作业人身安全相关知识。

2. 能力目标

（1）具备正确使用防护用品的能力。

（2）具备线路作业安全防护设置的能力。

（3）具有保障线路作业人身安全的能力。

3. 素质目标

（1）培养团队协作和组织能力。

（2）培养责任心与职业道德。

（3）注重安全、环保，具有自我保护能力。

任务 5.1　常用防护信号备品的使用

5.1.1　铁路信号分类

铁路信号分为视觉信号和听觉信号。

1. 视觉信号

视觉信号包括以信号机、信号牌、信号灯、信号旗、火炬发出的光色以及徒手动作表示的信号。视觉信号分为昼间、夜间及昼夜通用信号。在昼间遇降雾、暴风雨雪及其他情况，致使停车信号显示距离不足 1000 m，注意或减速信号显示距离不足 400 m，调车信号及调车手信号显示距离不足 200 m 时，应使用夜间信号。隧道内只采用夜间或昼夜通用信号。

视觉信号的基本颜色：红色表示停车；黄色表示注意或减低速度；绿色表示按规定速度运行。

2. 听觉信号

听觉信号为号角、口笛、响墩发出的音响和机车、自轮运转特种设备的鸣笛声。

5.1.2　铁路工务的防护信号及通信设备

（1）铁路工务防护中使用的移动信号及信号备品主要有：移动停车信号牌、双面信号灯、口笛（喇叭）、红色信号旗、黄色信号旗、短路铜线等。

（2）铁路工务的通信设备主要有 GSM-R 手持台、手持无线电台（对讲机）。驻调度所（站）联络员应采用具有录音回放功能的通信工具。

实战任务 1：防护信号设备的认知

1. 学习任务

掌握各种安全防护设备的功能和使用方法。

2. 任务分析

安全防护设备种类多，功能专一，是确保作业安全的重要设备，应正确理解和掌握各种安全防护设备的功能和使用方法，按规范要求设置好作业防护，从而确保行车和人身安全。

3. 防护信号设备的认知

本实战任务的学习内容如表 5.1 所示。

表 5.1　防护信号设备认知

<table>
<tr><th colspan="2">对讲机</th></tr>
<tr><td>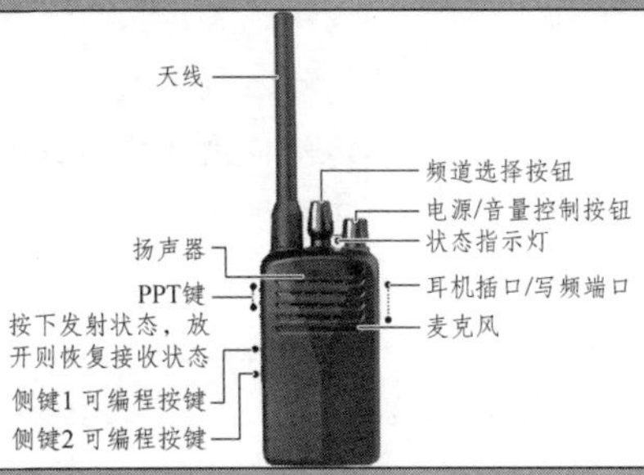
</td><td>对讲机是作业负责人、防护员、道口工、巡守工使用的通信设备</td></tr>
<tr><th colspan="2">喇叭</th></tr>
<tr><td>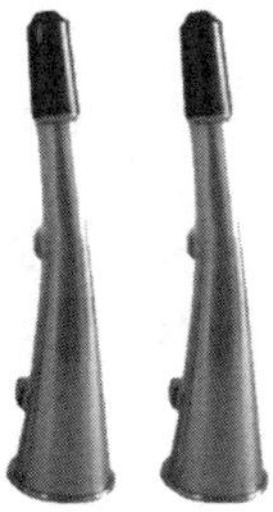</td><td>喇叭是铁路工务部门常用的一种听觉信号。号角发出信号时，必须清晰、准确。在天气不良及防护距离较远时应加强复示与确认，以防出现差错，造成不良后果。吹出音响的标准时间是：一长声（3 s）；一短声（1 s）；音响间隔（1 s）；重复鸣示：间隔 5 s 以上</td></tr>
<tr><th colspan="2">短路铜线</th></tr>
<tr><td></td><td>短路铜线主要用于线路突发紧急情况时，短路铁路轨道电路，人为形成红光带，阻止其他机车进入此段线路</td></tr>
<tr><th colspan="2">GSM-R 手机</th></tr>
<tr><td></td><td>GSM-R 通信系统包括交换机、基站、机车综合通信设备、手机等设备。GSM-R 手机具有通话距离长、信号好、可通过 PC 端编辑并导入铁路电话等优点，可用于铁路通信专用、铁路紧急呼叫</td></tr>
<tr><th colspan="2">红色信号旗</th></tr>
<tr><td></td><td>红色信号旗表示要求列车停车。昼间为展开的红色信号旗，夜间为红色灯光</td></tr>
</table>

<table>
<tr><th colspan="2">黄色信号旗</th></tr>
<tr><td></td><td>黄色信号旗表示注意或要求列车降低到要求的速度。昼间为展开的黄色信号旗，夜间为黄色灯光</td></tr>
<tr><th colspan="2">移动停车信号牌</th></tr>
<tr><td></td><td>移动停车信号牌为表面有反光材料的红色方牌，设在施工地点两端各 20 m 或 50 m 的线路中心处，区间高度为 1.85 m，站内高度为 1 m</td></tr>
<tr><th colspan="2">移动减速信号牌</th></tr>
<tr><td>
</td><td>移动减速信号牌为表面有反光材料的黄底黑字圆牌，标明列车限制速度；设在施工地点两端各 800 m 处的列车运行左侧路肩上</td></tr>
<tr><th colspan="2">减速防护地段终端信号</th></tr>
<tr><td>
</td><td>减速防护地段终端信号昼间与夜间均为表面有反光材料的绿色圆牌。在单线区段，司机应看线路右侧减速信号牌背面的绿色圆牌。在有 1 万 t 或 2 万 t（含 1.5 万 t）货物列车运行的线路增设的 1 万 t、2 万 t（含 1.5 万 t）减速防护地段终端信号牌为表面有反光材料的绿底黑字“W”（1 万 t）或黑字“L”（1.5 万 t 和 2 万 t）圆牌</td></tr>
</table>

作业标	
	作业标设在施工线路及其邻线距施工地点两端 500 ~ 1000 m 处，司机见此标志须长声鸣笛，注意瞭望。
减速地点标	
 	减速地点标设在需要减速地点的两端各 20 m 处。正面表示列车应按规定限速通过地段的始点，背面表示列车应按规定限速通过地段的终点
“T”字减速信号	
	允许速度 120 km/h<v<200 km/h 的线路，施工及其限速区段，按不同速度等级列车的紧急制动距离，在移动减速信号牌外方增设带“T”字的移动减速信号牌，昼间与夜间均为表面有反光材料的黄底黑“T”字圆牌

实战任务 2：防护手信号显示

1. 学习任务

掌握各种安全防护各种手信号显示的方法。

2. 任务分析

手信号是一种铁路移动信号，由人直接挥动信号旗和信号灯来下达各种命令，通过手信号的不同显示来达到指挥列车、调车列运行等目的。

3. 防护手信号显示

本实战任务的学习内容如表 5.2 所示。

表 5.2　防护手信号显示

<table>
<tr><th colspan="2">停车信号：要求列车停车</th></tr>
<tr><td> </td><td>昼间——展开的红色信号旗；
夜间——红色灯光</td></tr>
<tr><td> </td><td>昼间无红色信号旗时，两臂高举头上向两侧急剧摇动；
夜间无红色灯光时，用白色灯光上下急剧摇动</td></tr>
<tr><th colspan="2">减速信号：要求列车降低到要求速度</th></tr>
<tr><td> </td><td>昼间——展开的黄色信号旗；
夜间——黄色灯光</td></tr>
<tr><td> </td><td>昼间无黄色信号旗时，用绿色信号旗下压数次；
夜间无黄色灯光时，用白色或绿色灯光下压数次</td></tr>
</table>

4. 手信号显示要求

（1）铁路列车人员及有关人员在显示手信号时，必须严肃认真，横平竖直，灯展示正圆圈。

（2）在显示手信号时，凡昼间持有手信号旗的人员，应将信号旗拢起，左手持红旗，右手持绿旗（黄旗），不持信号旗的人员徒手按规定方式显示信号。

任务 5.2 线路作业安全防护

5.2.1 线路作业安全防护一般要求

（1）凡影响行车、人身安全的施工和维修作业及发生线路故障地点，均应设置防护。

（2）封锁或慢行施工作业应办理施工手续，按规定设置移动停车或移动减速信号防护。已纳入 LKJ 基础数据的长期限制慢行地段，不设置移动减速信号防护。

（3）施工和维修作业必须设置防护员（驻站联络员、现场防护员），日作业计划下达后不得擅自调换，特殊情况需调换时，由车间主任（副主任）批准，报段指挥中心核备，并通知所在作业组负责人、驻站联络员、现场防护员等。

（4）施工（维修）负责人、驻站联络员、现场防护员必须携带列调对讲设备，并做好音频记录。作业期间任何人不得随意占用列车无线调度电话频点。现场防护员或驻站联络员改变通信工具、通信方式时，必须经施工（维修）负责人同意，通知相关人员后方可改变。

（5）每名现场防护员应只承担一个防护单元的防护任务，每个防护单元长度原则上不超过 100 m，瞭望不良地段应适当缩短，垂直天窗、单线天窗点内无作业车辆及两线间已设置隔离的无缝线路应力放散和调整、成段更换钢轨、成段更换轨枕、道床清筛等施工可适当延长。

（6）在通信不畅或瞭望条件不良地段作业时，应增设中间联络防护员。

（7）现场防护员应根据作业现场地形条件、列车运行特点、作业人员和机具布置等情况确定站位及移动路径，并做好自身防护。

（8）在区间线路、站内线路、道岔上维修时，现场防护员应站在维修地点附近且瞭望、通信信号、监听条件较好的安全地点进行防护，在天窗内作业时，显示停车手信号。

（9）现场防护员应以瞭望防护为主，并掌握驻站联络员通报的信息，每 3 ~ 5 min 联系确认一次；垂直天窗、单线天窗点内无作业车辆时，防护员应加强瞭望，保持通信畅通，严禁擅自离岗或从事与防护无关工作。

（10）驻站联络员负责与车站值班员办理施工（维修）登销记手续；向施工（维修）负责人、现场防护员传达调度命令；向现场防护员通报列车运行情况。

（11）施工（维修）负责人负责下达设置或撤除防护、开始或停止作业、下道避车等命令。

（12）如防护联系中断，驻站联络员应向车站值班员报告，请求拦停列车；现场防护员应立即通知施工（维修）负责人停止作业；施工（维修）负责人应立即采取防护措施，并组织人员、机具、材料撤离至安全地点。

（13）铁路局集团公司应制定施工（维修）负责人、驻站联络员、现场防护员之间的联控办法，对联控时机、联控内容、联控对象、联控标准用语及复诵确认等环节进行规范。建立音（视）频采集设备管理、回放分析制度。

5.2.2 设置或撤除移动停车防护程序

线路上作业设置或撤除移动停车信号防护的程序如下。

1. 设置移动停车信号

（1）驻站联络员确认作业调度命令，并向施工（维修）负责人、现场防护员传达。

（2）施工（维修）负责人向现场防护员下达设置移动停车信号命令。

（3）施工（维修）负责人确认已按规定设置好移动停车信号后，发出作业命令。

2. 撤除移动停车信号

（1）施工（维修）负责人组织确认线路达到放行列车条件（外单位施工的还需工务段安全监督员确认）。

（2）施工（维修）负责人向现场防护员下达撤除移动停车信号命令，并确认已经撤除。

（3）施工（维修）负责人通知驻站联络员办理线路开通手续。

5.2.3 设置、更换、撤除移动减速信号程序

线路慢行地段设置、更换、撤除移动减速信号程序如下。

1. 设置移动减速信号

（1）施工负责人确认慢行地段具备放行列车条件后，通知驻站联络员办理线路开通手续，同时向移动减速信号设置人员下达设置命令。

（2）移动减速信号设置人员按防护示意图设置移动减速信号，并向施工负责人报告，同时通知驻站联络员。

2. 更换移动减速信号

（1）施工负责人组织确认慢行地段具备提速条件后，通知驻站联络员。

（2）驻站联络员向车站值班员确认后，向施工负责人传达更换命令。

（3）移动减速信号设置人员根据施工负责人的命令更换移动减速信号，更换后，向施工负责人报告，并通知驻站联络员。

3. 撤除移动减速信号

（1）施工负责人确认慢行地段具备恢复常速条件后，通知驻站联络员办理销记手续，调度命令下达后，向移动减速信号设置人员下达撤除命令。

（2）移动减速信号设置人员撤除移动减速信号后，向施工负责人报告，并通知驻站联络员。

实战任务1：移动停车信号防护设置（单线）

1. 实训任务

单人使用防护备品完成线路移动停车信号防护（双线）。

2. 任务分析

移动停车信号防护设置是保障行车安全、人身安全和设备安全的重要举措，是防护员作业的一项重要基本技能。

3. 工具和材料准备（见表5.3）

表5.3　工具和材料清单

名称	单位	数量	图例
移动停车信号牌	块	4	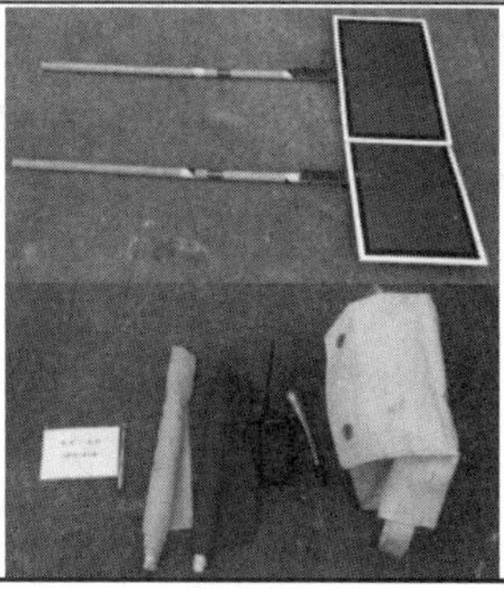
红色信号旗	面	2	
黄色信号旗	面	2	
喇叭	个	2	
对讲机	台	3	
防护用挎包	个	2	

4. 任务实施条件

（1）防护员必须会使用对讲机，防护员应视力和听力良好，说话吐字清楚，熟悉本区段内列车运行情况。

（2）防护员应具有担任防护员的基本知识和基本技能，能根据工作的性质和内容、作业地点和作业负责人的指令，正确地设置、撤除和显示各种防护信号。

5. 作业程序

本实战任务的作业程序如表5.4所示。

表 5.4　移动停车信号防护设置

作业流程	作业内容	图　例
1.领取防护备品并检查	检查信号牌：逐一检查移动停车信号牌，是否稳固，漆面是否完好。 检查信号旗：分别展红旗、黄旗，检查旗面有、无破损、污染。 检查喇叭：喇叭应试吹 1 次，确认其状态良好。 检查对讲机：检查天线是否连接到天线插座上；旋转电源旋钮，打开对讲机，进行试通话	
2.设置防护	防护员使用喇叭发出设置防护信号（“一短一长”声）后开始设置防护	
	设置移动停车信号牌：移动停车信号牌应设置在距离作业地点 20 m 的线路中心处，信号牌正面面向来车方向，信号牌高度距离地面 1.25 m 以上	
	现场防护员显示移动停车手信号：现场防护人员在距离作业地点 800 m 处，行车方向左侧（双线两线间严禁站人），手持展开的红色信号旗，显示停车手信号	
3. 撤除防护	撤出防护：防护员使用喇叭，发出撤销防护信号（“一长一短”声）后按插牌的倒序，依次撤除信号牌及信号标志。人员和所有信号备品撤到限界以外	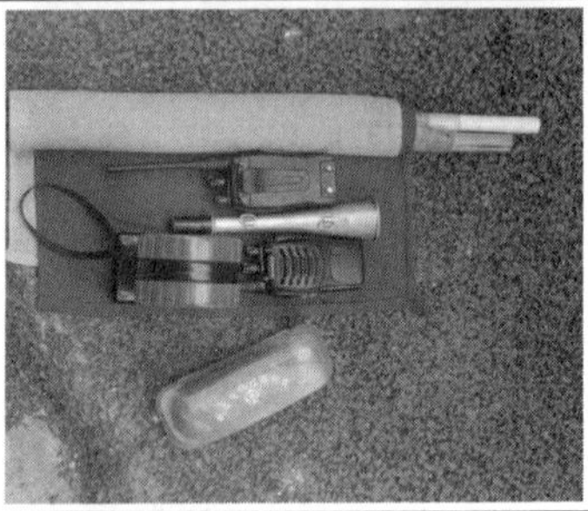
	防护用品整理：将信号牌及信号标志按要求摆放整齐并整理好	

6. 作业质量要求

（1）现场防护员站位合适，信号显示正确，联控用语标准规范，正确使用通信设备。

（2）驻站联络员作业登、销记应及时、正确，联控用语标准规范，正确使用通信设备。

（3）信号牌应设置牢固，位置正确。

7. 安全注意事项

（1）现场防护员应合理确定站位及移动路径，并做好自身防护。在防护时除掌握驻站联络员通报信息外，应以瞭望为主；如联系中断，现场防护员应立即通知作业负责人停止作业。

（2）驻站联络员根据作业计划提前到达行控室（信号楼），及时办理作业登销记手续；随时与作业负责人、现场防护员保持联系，及时准确传达调度命令，通报列车运行情况。

（3）接车时应面朝来车方向，作业时不碰伤手脚和损坏防护用品。

（4）跨越线路应执行“一站，二看，三通过”和“眼看、手比、口呼”。

实战任务 2：移动减速信号防护设置（单线）

1. 实训任务

单人使用防护用品设置线路移动减速信号防护（单线）。

2. 任务分析

移动减速信号防护设置是保障行车安全、人身安全和设备安全的重要举措，是防护员作业的一项重要基本技能。

3. 工具和材料准备（见表 5.5）

表 5.5　工具和材料清单

名称	单位	数量	图例
“T”字减速信号牌	块	2	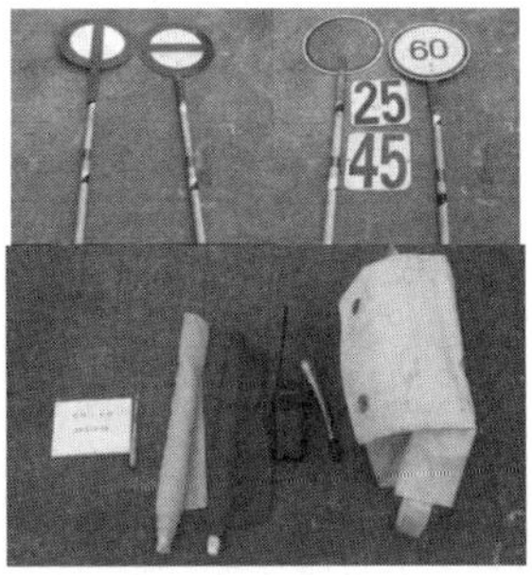
带“减速”字的移动减速信号牌	块	2	
减速地点标	块	2	
红色信号旗	面	1	
黄色信号旗	面	1	
喇叭	个	1	
对讲机	台	2	
防护用挎包	个	1	

4. 任务实施条件

（1）防护员必须会使用对讲机，防护员应视力和听力良好，说话吐字清楚，熟悉本区段内列车运行情况。

（2）防护员应具有担任防护员的基本知识和基本技能，能根据工作的性质和内容、作业地点和作业负责人的指令，正确地设置、撤除和显示各种防护信号。

5. 作业程序

本实战任务的作业程序如表 5.6 所示。

表 5.6　移动停车信号防护设置

作业流程	作业内容	图　例
1.领取防护备品并检查	检查信号牌：逐一检查移动减速信号牌，是否稳固，漆面是否完好。 检查信号旗：分别展红旗、黄旗，检查旗面有、无破损、污染。 检查喇叭：喇叭应试吹 1 次，确认其状态良好。 检查对讲机：检查天线是否连接到天线插座上；旋转电源旋钮，打开对讲机，进行试通话	
2. 设置防护	防护员使用喇叭，发出设置防护信号（“一短一长”声）后开始设置防护	
	设置减速地点标：减速地点标应设置在距离作业地点 20 m 处，距最外股钢轨不小于 2 m，信号牌正面面向来车方向，信号牌高度距离地面 1.9 m 以上	
	设置带“减速”字移动减速信号牌：带“减速”字移动减速信号牌应设置在距离作业地点 800 m 处，距最外股钢轨不小于 2 m，信号牌正面面向来车方向，信号牌高度距离地面 1.9 m 以上	

续表

作业流程	作业内容	图　例
2. 设置防护	设置带“T”字移动减速信号牌：带“T”字移动减速信号牌应设置在距离作业地点 1400 m 处，距最外股钢轨不小于 2 m，信号牌正面面向来车方向，信号牌高度距离地面 1.9 m 以上	
	设置测速地点标和测速仪：在减速地点标（起点）处设置测速地点标和测速仪，防护人员显示减速手信号。	
3. 撤除防护	撤出防护：防护员使用喇叭，发出撤销防护信号（“一长一短”声）后按插牌的倒序，依次撤除信号牌及信号标志。人员和所有信号备品撤到限界以外	
	防护用品整理：将信号牌及信号标志按要求摆放整齐并整理	

6. 作业质量要求

（1）现场防护员站位合适，信号显示正确，联控用语标准规范，正确使用通信设备。

（2）驻站联络员作业登销记应及时、正确，联控用语标准规范，正确使用通信设备。

（3）信号牌应设置牢固，位置正确。

7. 安全注意事项

（1）现场防护员应合理确定站位及移动路径，并做好自身防护。在防护时除掌握驻站联络员通报信息外，应以瞭望为主；如联系中断，现场防护员应立即通知作业负责人停止作业。

（2）驻站联络员根据作业计划提前到达行控室（信号楼），及时办理作业登销记手续；随时与作业负责人、现场防护员保持联系，及时准确传达调度命令，通报列车运行情况。

（3）接车时应面朝来车方向，作业时不碰伤手脚和损坏防护用品。

（4）跨越线路应执行“一站，二看，三通过”和“眼看、手比、口呼”。

任务 5.3　人身安全

5.3.1　人身安全基本要求

1. 安全技术培训要求

工务单位（部门）应按规定对从业人员进行劳动安全培训，组织开展人身安全教育和安全法治教育。铁路职工在新入职、转岗前，必须经过段或段以上单位安全技术教育培训，考试合格后，持《铁路岗位培训电子合格证书》上岗。

防护员必须由经培训考试合格的人员担任，持证上岗。驻站联络员必须由从事现场防护工作满 6 个月及以上的现场防护员中选出，经培训合格、跟班学习后方可独立上岗。

2. 从事特种作业要求

从事自轮运转车辆驾驶的人员其驾驶资格必须符合相关规定。从事自轮运转车辆操作、钢轨探伤、钢轨焊（熔）接工作及特种设备操作人员，必须经专业培训、考试或鉴定合格，取得铁路岗位培训合格证书及相应资格，方可上岗。持有国家铁路局颁发的理论考试合格证明的自轮运转车辆驾驶证申请人，练习操纵必须符合相关规定。

3. 遭遇恶劣天气要求

野外作业遇雷雨时，作业人员应放下手中的金属器具，迅速到安全处所躲避，严禁在大树下、电杆旁、停留的列车底部和涵洞内躲避。酷暑、严寒季节，应采取措施防止中暑、溺水、冻伤和煤气中毒。

4. 接触有毒易燃易爆物品要求

作业人员接触职业病危害因素的，应按照国家规定开展职业病防治工作。接触粉尘、有毒、易燃、易爆物品的作业，使用电器、机械，以及有限空间、高空作业等，必须按规定采取相应保护措施并使用劳动保护用品。

易燃、易爆及有毒物品必须由专人保管，储存时应与建筑物、烟火及水源隔离；搬运装卸及使用时，应严格按规定程序操作，严防起火、爆炸和中毒。

5.3.2　避　车

线路作业和巡检人员，必须熟悉管内的线桥设备情况、列车运行速度、密度和各种信号显示方法，作业和巡检时应注意瞭望，及时下道避车。

步行上下工时，不得在道床范围内行走，注意前后瞭望；通过桥梁、道口或横越线路时，应与驻站联络员联控确认，执行“手比、眼看、口呼”，做到“一停、二看、三通过”，严禁来车时抢越。必须走道心时，应设置专人防护。进路信号辨认不清时，应及时下道避车。

作业人员下道避车时，应遵守相关规定。

实战任务：线路作业（巡检）人员下道避车演练

1. 实训任务

单人作业，完成各种情况下的避车。

2. 任务分析

工务作业人员的人身安全必须得以切实保障，这是一切工作的前提和基础。在进行线路、桥隧、路基、搬运、装卸等作业以及使用机具时，一定要严格按照各项安全要求进行，防止人身伤亡事故的发生。

通过本实训任务，学员应掌握下道避车的基本方法和流程，能熟练掌握普速铁路及高速铁路对人身安全的要求。

3. 任务准备

工具准备：防护服（带反光条）、对讲机、喇叭、信号旗（红色、黄色各一面）等（见表 5.7）。

表 5.7　工具清单

名　称	单位	数量	图　例
防护服（带反光条）	套	1	
对讲机	台	1	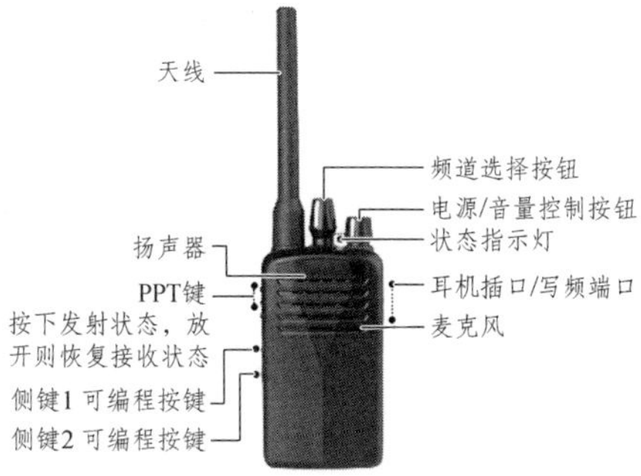

续表

名　称	单位	数量	图　例
喇叭	个	1	
信号旗	面	2	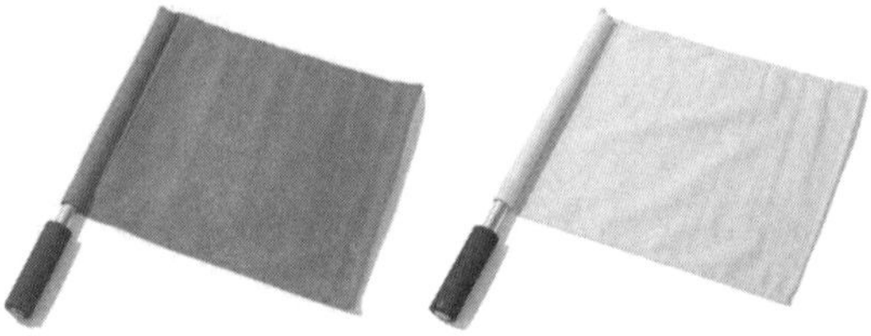

4. 任务实施条件

（1）线路作业和巡检人员，必须熟悉管内线桥设备情况、列车运行速度、密度和各种信号显示方法，作业和巡检时注意瞭望，及时下道避车。

（2）在“运统-46”《行车设备施工登记簿》登记，设驻站联络员和现场防护员进行防护。

5. 作业程序

本实战任务的作业程序如表 5.8 所示。

表 5.8　线路作业（巡检）人员下道避车演练

作业流程	作业内容	图　例
1. 作业人员下道避车时应遵守的要求	距钢轨头部外侧距离不小于 2 m，设有避车台（洞）的桥梁（隧道）应进入避车台（洞）避车	 作业人员下道避车  

续表

<table>
<tr><th>作业流程</th><th>作业内容</th><th>图　例</th></tr>
<tr><td rowspan="2">1. 作业人员下道避车时应遵守的要求</td><td>本线来车按下列距离下道完毕：
①v_{max}≤60 km/h 时，不小于 500 m；
②60 km/h<v_{max} ≤ 120 km/h 时，不小于 800 m；
③120 km/h<v_{max} ≤ 160 km/h 时，不小于 1400 m；
④160 km/h<v_{max} ≤ 200 km/h 时，不小于 2000 m</td><td>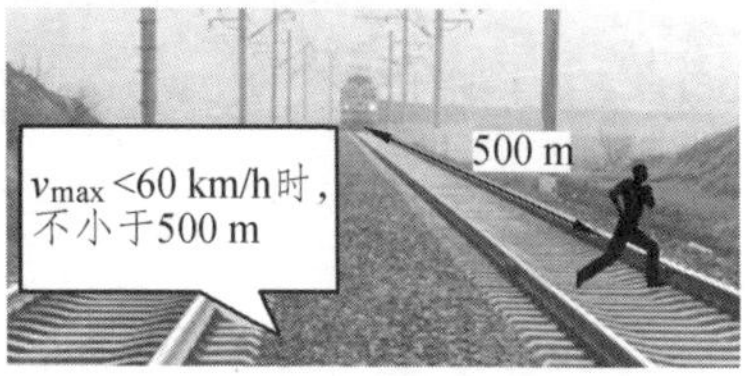

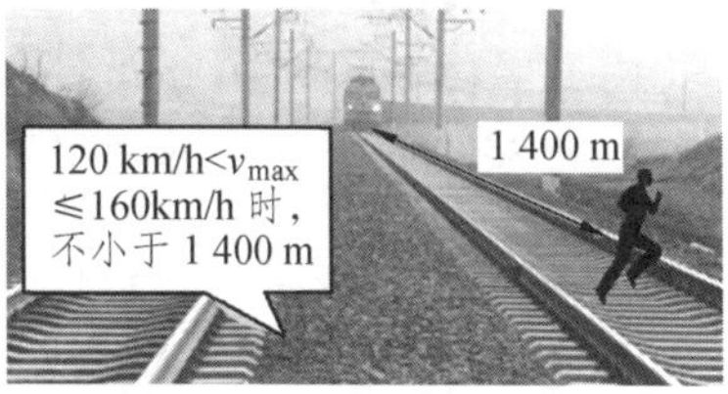

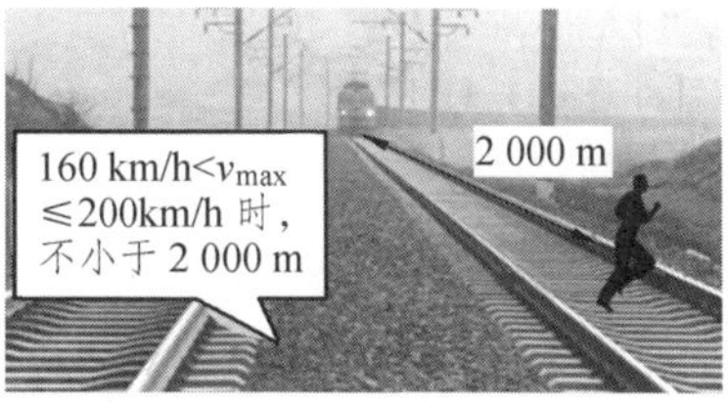
</td></tr>
<tr><td>邻线（线间距小于 6.5 m）来车下道规定：
①本线不封锁时：
a. 邻线速度 v_{max}≤60 km/h 时，本线可不下道；
b. 60 km/h<邻线 v_{max}≤120 km/h 时，来车可不下道，但本线必须停止作业；
c. 邻线 v_{max} >120 km/h 时，下道距离不小于 1400 m；
d. 瞭望条件不良，邻线来车时本线必须下道。</td><td>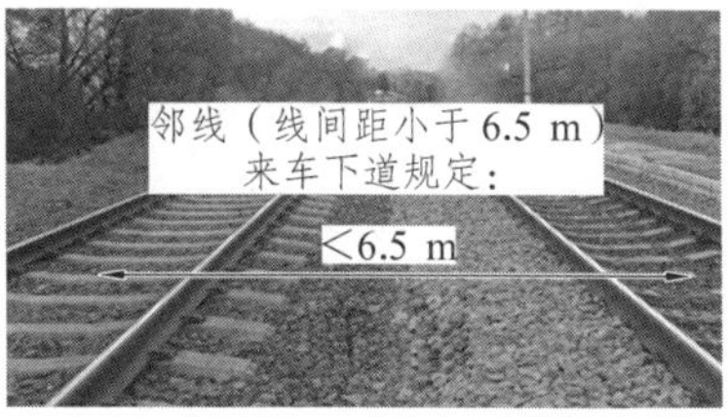

</td></tr>
</table>

续表

<table>
<tr><th>作业流程</th><th>作业内容</th><th>图　例</th></tr>
<tr><td rowspan="2">1. 作业人员下道避车时应遵守的要求</td><td>②本线封锁时：
a. 邻线 v_{max}≤120 km/h 时，本线可不下道；
b. 120 km/h<邻线 v_{max}≤160 km/h 时，本线可不下道，但本线必须停止作业；
c. 邻线 v_{max}>160 km/h 时，本线必须下道，距离不小于 2000 m</td><td>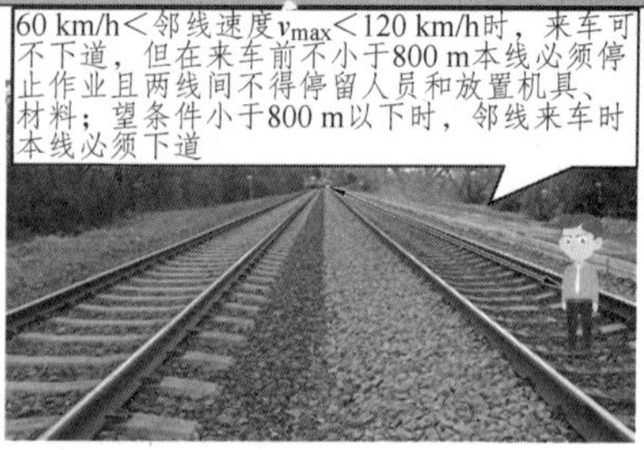

</td></tr>
<tr><td>在站内其他线路作业，躲避本线列车时，下道距离不小于 500 m，与本线相邻的正线来车时，按普速铁路避车要求中第 1 条第（1）（3）项办理，与本线相邻的其他站线来车时可不下道，但必须停止作业。列车进路不明时必须下道避车</td><td>
</td></tr>
</table>

续表

作业流程	作业内容	图例
1. 作业人员下道避车时应遵守的要求	速度小于 120 km/h 区段，瞭望条件大于 2000 m 以上时，钢轨探伤仪、轨道检查仪作业，邻线来车可不下道。 人员下道避车的同时，必须将作业机具、材料移出线路，并放置、堆码牢固，不得侵入建筑限界；两线间距离小于 6.5 m 不得停留人员和放置机具、材料。人员下道避车时应面向列车认真瞭望，防止列车上的抛落、坠落物或绳索伤人	 钢轨探伤仪作业   工机具放置  作业人员下道避车
2. 普速铁路走行、绕行等相关安全要求	步行上下工时，区间应在路肩或路旁集中走行；在双线区间，应面迎列车方向走行；通过桥梁、道口或横越线路时，应“手比、眼看、口呼”，做到“一停、二看、三通过”，严禁来车时抢越。必须走道心时，应设置专人防护。进路信号辨认不清时，应及时下道避车。	 “手比、眼看、口呼”  “一停、二看、三通过”

作业流程	作业内容	图例
2. 普速铁路走行、绕行等相关安全要求	严禁作业人员跳车、钻车、扒车和由车底下、车钩上传递工具材料。休息时不准坐在钢轨、轨枕头及道床边坡上。绕行停留车辆时其距离应不小于 5 m，并注意车辆动态和邻线上开来的列车。 遇有降雾、暴风雨（雪）、扬沙等恶劣天气影响瞭望时，应停止线上作业和上道检查。必须作业时，应采取特殊安全措施，保证来车之前按规定的距离及时下道。线路 v_{max}>120 km/h 的区段，巡道、巡守人员应在路肩上行走，并注意察看线路状态	 严禁钻车  严禁坐卧钢轨、轨枕、道床边坡  绕行停留车辆时其距离应不少于 5 m  巡守人员接车

续表

作业流程	作业内容	图　例
3.线桥作业人身安全	作业前，机具使用人员应对机具进行检查，机具状态不良或安全附件失效的机具严禁上线使用。 线路作业必须在符合规定的作业负责人领导下进行。作业负责人应根据人员、作业项目、天气等情况，具体布置安全事项。作业地段不宜过长，并不得指派人员到防护区段以外的线路上作业。 在线路上进行下列作业时的要求： ①天窗点外严禁使用齿条式起道机，齿条式起道机。 ②多人在一起作业时应统一指挥，相互间应保持一定的安全距离，防止工具碰撞伤人。 ③分组人工捣固时，前后距离应不小于 3 根轨枕，作业人员前脚不得伸出轨枕边缘。多组捣固机械同时捣固时，前后距离应不小于 3 m，走行应保持同步。 ④翻动钢轨作业必须使用翻轨器，严禁使用撬棍翻动钢轨。使用撬棍拨道时，撬棍应插牢，听从指挥，统一行动，严禁骑压或肩扛撬棍拨道。 ⑤改道打道钉时严禁锤击钢轨，不准用捣镐打道钉。分组打道钉时，前后距离应不小于 6 根木枕。在无人行道的桥面上作业时，起钢轨外口道钉，应站在道心内侧并使用专用起钉器或弯头撬棍等特制工具	 点外严禁使用齿条式起道机  分组人工捣固  多组捣固机械同时捣固 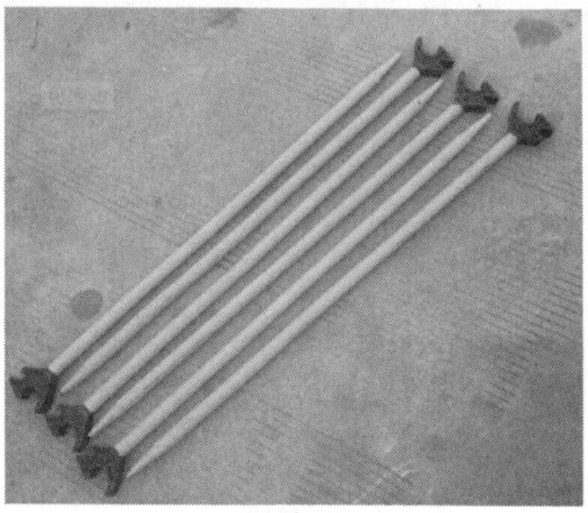 翻轨器  严禁使用撬棍翻动钢轨

6. 质量要求

（1）按规定要求完成作业人员下道避车模拟。

（2）按规定要求完成普速铁路走行、车辆绕行等模拟。

（3）按规定要求完成线桥作业人身安全模拟。

项目 6 铁路线路修理

项目描述

为了确保列车能以规定的最高速度，安全、平稳和不间断地运行，就必须对轨道在运营过程中出现的各种变形采取相应的修养措施，包括对轨道的周期性维修和状态性维修，借以保持和提高线路设备的质量，使轨道经常处于良好的工作状态，符合规定的技术标准，并最大限度地延长各设备的使用寿命。为了排除轨道在行车过程中产生的病害，需要通过检查、计划、作业、验收等环节，使线路经常处于良好的状态。

教学目标

1. 知识目标

（1）掌握工务防护基本知识。

（2）掌握轨道维修养护的程序要领及要求。

（3）掌握轨道常见病害预防和整治方法。

（4）掌握对线路设备状态进行评定的方法。

2. 能力目标

（1）具备有工务作业安全防护设置的能力。

（2）具备轨道维修养护的基本作业能力。

（3）具有轨道常见病害预防和整治能力。

（4）具有对线路设备状态进行评定的能力。

3. 素质目标

（1）培养团队协作和组织能力。

（2）培养责任心与职业道德。

（3）注重安全、环保，具有自我保护能力。

任务 6.1　铁路维修组织管理

6.1.1　线路维修天窗作业管理

6.1.1.1　天　窗

天窗是指列车运行图中不铺画列车运行线或调整、抽减列车运行线为施工和维修作业预留的时间，按用途分为施工天窗和维修天窗。维修天窗作业项目是指作业开始前不需要限速，结束后须达到正常放行列车条件，并且在维修天窗时间内能完成的项目。纳入月度施工计划（含补充电文）的维修项目，在施工计划下达后，按施工项目管理程序组织实施。普速铁路维修按照作业复杂程度和设备影响范围，维修项目分为Ⅰ级维修和Ⅱ级维修，Ⅰ级维修作业负责人由车间主任（副）担当（Ⅰ级维修较多时，车间主任可委托车间干部担当），Ⅱ级维修作业负责人由工（班）长担当。凡影响营业线行车设备稳定、正常使用、行车安全的各种维修作业项目均应在天窗时间内进行。

6.1.1.2　维修作业要求

维修作业，双线 V 形天窗区段一线作业时不得影响另一线行车设备的正常使用，涉及上下行渡线时由铁路局集团公司安排。同一区间当日安排有施工天窗时，维修作业应在施工天窗内等时长套用，不再单独安排维修天窗。车站不办理接发列车（含到达场、出发场不办理接发列车一端）的行车设备，在确保安全的前提下，维修作业由车站负责安排。车站驼峰设备检修实行"停轮修"，应利用交接班、调车作业间休等时间进行。机务、车辆、动车（所）段内有关行车设备的维修作业，在确保安全和不影响机车（动车组）出入、车辆取送的前提下，由机务、车辆、动车（所）段负责安排。

6.1.1.3　维修天窗作业范围

维修天窗作业范围按单线铁路与双线铁路、电气化铁路与非电气化铁路划分为基本维修天窗作业区域和维修天窗作业单元。大站、多方向车站和运输较为繁忙的车站，按电务设备联锁关系并结合运输生产特性划分维修作业区域，维修作业在指定的维修作业区域内按规定进行。

6.1.1.4　维修计划

维修计划实行周计划。维修日期、天窗时间由运输调度部门在月度施工计划文件中公布，具体维修作业计划由设备管理单位向有关车务段（直属站）提报，由车务段（直属站）负责审核、编制后，报调度所安排实施。运输部门及单位应根据天窗时间、天窗次数及施工、维修作业量，统筹考虑各区段运能、运量，实现均衡、合理安排行车设备维修天窗。设备管理单位应根据运行图天窗时间和施工计划，避免维修计划与施工计划冲突，制订维修作业计划，合理提报天窗点内维修作业，内容应包括作业项目、作业内容、作业区域、作业地点（包括具体的起讫里程，站内相关股道、道岔）、维修等级、作业负责人、日程安排、时间、登记要点车站、配合作业单位、影响范围、作业车运行区段等。

大站场、枢纽地区天窗维修计划的制订、平衡、组织实施，应以综合实施为原则，统筹安排，集中组织。设备管理单位需根据维修项目、影响范围针对性制订综合天窗计划，设备管理单位应执行按需提报，计划安排充分考虑“大小阶梯、大小循环”原则。

（1）大阶梯：场间天窗阶梯安排，即充分利用枢纽站场内天窗时间不同步的有利条件，合理调配车间劳动力进行转场作业，实现对重点设备的集中整治。

（2）小阶梯：场内天窗阶梯安排，即利用同一场内多个维修区域阶梯给点的特点，合理安排工区劳动力，达到充分利用天窗资源连续作业的目的。

（3）大循环：全站维修周期循环，即对枢纽站场内的行车设备按修程修制及综合检查周期的要求，充分利用天窗资源对设备进行检查整治，对重点病害及欠修设备采取集中人力、优化天窗资源进行针对性整治的方式，实现行车设备检查、维修的周期循环全覆盖。

（4）小循环：每个维修区域周期循环，即根据每个维修区域内的设备分布并结合运输条件，细化设备的维修周期，对重点设备及运能紧张地段采取重点安排、集中整治的作业方式，延长区域内维修周期，实现每个维修区域维修周期的相对固化。

车务站段根据设备管理单位维修周期需求，采用“区域大小结合、时间长短结合”的方式统筹安排维修天窗计划，实现设备检查维修周期性覆盖的目标，对作业量饱满的维修计划结合运输情况适当延长计划作业时间，通过“大小阶梯、大小循环”枢纽地区天窗组织方式，综合利用天窗对设备进行集中整治；对作业量较小的维修需求，由设备管理单位根据实际所需时间提报计划申请，减小运输干扰，综合考虑运输能力。

对突发性设备故障和灾害的紧急抢修及轨道状态超过临时补修标准和重伤设备处理等需临时封锁要点的施工，按下列程序办理：需临时封锁要点时，由设备管理单位向铁路局集团公司主管业务部门提出申请，主管业务部门审查，经分管运输副总经理（总调度长）批准后，由调度所安排施工；危及行车安全需立即抢修时，设备管理单位按规定采取措施，在“行车设备检查登记簿”内登记，通过车站值班员报告铁路局集团公司列车调度员，经调度所值班主任批准，发布调度命令进行抢修，设备管理单位同时通知配合单位和铁路局集团公司主管业务部门。

6.1.2 应急处置

6.1.2.1 处置原则

对各种故障及突发情况，应按照“以人为本、安全第一、预防为主，统一领导、集中指挥、归口负责、分级管理、分工协作、快速反应、紧急处置”的原则，在确保应急作业安全的前提下，进行快速、有效的处置，最大限度地减少损失和对铁路运输生产的影响。为此，一是要建立健全应急管理组织体系，明确各级管理职责，完善应急处置的工作制度和处置方案；二是要加强应急演练，增强职工应急处理能力，提高故障处理质量和效率；三是配齐相关应急备品及专用工具并做好日常管理，以备应急使用。确保能迅速、有序、有效地开展各项应急处置工作。

6.1.2.2 基本要求

（1）设备管理单位接到行车设备故障的通知后，应在“行车设备检查登记簿”内签认，尽快组织修复。对暂时不能修复的，应登记停用内容和影响范围，并注明行车限制条件。

（2）沿线工务人员发现线路设备故障危及行车安全时，应立即连续发出停车信号和以停车手信号防护，还应迅速通知就近车站和工长或车间主任，并采取紧急措施修复故障设备；如不能立即修复，应封锁区间或限速运行。必要时进入该区间的第一趟列车由工务部门工长或车间主任随乘。

（3）线路发生危及行车安全故障或自然灾害时的防护办法。

① 应立即使用列车无线调度通信设备通知车站值班员或列车司机紧急停车，同时在故障地点设置停车信号。

② 当确知一端先来车时，应急速奔向列车，用手信号旗（灯）或徒手显示停车信号。

③ 如不知来车方向，应在故障地点注意倾听和瞭望，发现来车，应急速奔向列车，用手信号旗（灯）或徒手显示停车信号。

设有固定信号机时，应先使其显示停车信号。

站内线路、道岔发生故障或自然灾害时，应立即通知车站值班员采取措施，防止机车、车辆通往该故障或自然灾害影响地点，同时按规定设置停车信号防护。

6.1.2.3 处置程序

1. 当工务人员发现线路设备故障或自然灾害时

当工务人员发现线路设备发生故障或自然灾害时，应立即按照《普速铁路工务安全规则》要求进行防护。迅速通知工长或车间主任，并采取紧急措施修复故障设备。必要时工务部门工长或车间主任随乘第一趟列车去故障现场，以便迅速组织和指挥抢修工作。工长或车间主任根据故障判断影响行车的程度，确定运行办法，并报告车站值班员或列车调度员。在工长或车间主任到达故障地点之前，列车运行办法由现场工务人员确定。

故障、自然灾害处置后，由现场负责人确定放行列车条件。

2. 接到列车调度员（车站值班员）设备故障或自然灾害通知时

铁路局集团公司工务调度接到设备故障、自然灾害通知时，应及时通知相关领导及设备管理单位；设备管理单位接到铁路局集团公司或车站值班员设备故障、自然灾害通知时，应立即通知有关车间（班组），并向单位相关领导汇报。

车间（班组）按通知的故障、自然灾害类别或领导要求，携带工机具和材料赶赴现场，同时设置驻站防护、办理相关手续。

作业负责人确认设备故障或自然灾害后，立即向车站值班员（列车调度员）报告故障或自然灾害主要情况及影响范围、处置方案、行车限制条件。

故障或自然灾害得到处置后，由现场作业负责人确定放行列车条件。

6.1.3 线路维修管理信息化

工务信息化是铁路信息化的重要组成部分，是工务部门科学养护工务设备，有效分配资金、材料、人力和作业时间，实时动态监测工务设备，保持工务设备处于良好使用状态，确保行车安全，提高效率和改善管理的保障。当前我国铁路正处于快速发展的时期，不断提高工务信息化水平，实现工务管理信息化，建设铁路工务管理信息系统，是适应铁路科学技术快速发展，实现铁路发展方式转变的客观需要，也是实现铁路安全发展的内在需要。

本项目主要介绍广州铁路局集团有限公司的铁路工务安全生产管理信息系统。

2017 年 6 月，铁路工务安全生产管理信息系统（以下简称安全生产管理信息系统），作为铁路工务管理信息系统（2.0 版）的重要组成部分，通过了中国铁路总公司组织的总体方案评审。依据评审通过的《铁路工务管理信息系统 2.0 总体方案》，全路工务系统规划建设包括工务基础数据管理、工务安全生产管理、工务检测监测数据管理、工务地理信息应用和工务修理辅助决策管理五大子应用的系统平台，并实现子应用间互联互通与信息共享，如图 6.1 所示。

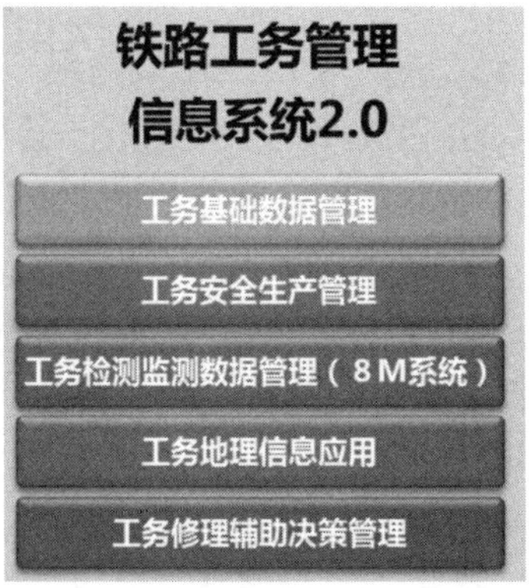

图 6.1　铁路工务管理信息系统

同月，广州铁路局集团有限公司工务部与安全生产管理信息系统研发项目组正式签订合作意向协议，在安全生产管理信息系统的基础上，合作研发工务 8M 监控监测系统（以下简称工务 8M 系统），作为对工务安全生产管理系统定制开发的新增功能和特色应用模块。

6.1.3.1 系统简介

（1）工务安全监测系统：基于《广铁集团信息化专项规划》（广铁信息发〔2017〕238 号），作为集团工务系统牵头建设的三大系统之一。经集团工务部统筹研究，包括安全生产管理信息系统、工务 8M 系统和工务地理信息应用三个子应用。

（2）铁路工务信息管理系统（2.0 版）：铁路工务信息管理系统（Permanent Way Management Information System，PWMIS），基于《铁路工务管理信息系统 2.0 总体方案》，2017 年 6 月通过了总公司组织的总体方案评审。规划建设包括工务基础数据管理、工务安全生产管理、工务检测监测数据管理、工务地理信息应用和工务修理辅助决策管理五大子应用的系统平台，并实现子应用间互联互通与信息共享。

（3）安全生产管理信息系统：全称铁路工务安全生产管理信息系统，基于《铁路工务管理信息系统 2.0 总体方案》，作为铁路工务管理信息系统（2.0 版）的重要组成部分，通过了总公司组织的总体方案评审。2017 年 12 月，总公司工电部发布了《中国铁路总公司工电部关于印发铁路工务大数据应用工作方案暨铁路工务安全生产管理信息系统推广应用的通知》（工电函〔2017〕34 号），要求全路各铁路局集团公司全面应用安全生产管理信息系统，保证数据采集的完整性和准确性，强化计划管理和过程关键环节卡控管理，科学指导工务生产，及时消除故障隐患，确保设备质量良好、安全可靠，促进工务管理水平提升，推进工务管理标准化、规范化、流程化、智能化、精细化。各铁路局集团公司根据推广应用计划，切实抓好运行环境保障和系统实施工作，务必做到期到必成。2018 年 8 月，中国铁路总公司工电部发布了《中国铁路总公司工电部关于铁路工务安全生产管理信息系统桥隧子系统推广应用的通知》（工电〔2018〕405 号），要求全路各铁路局集团公司全面应用安全生产管理信息系统桥隧子系统。

（4）工务 8M 系统：全称工务 8M 监控监测系统，在铁路总公司工电部指导下，贯彻《工务安全检测监测系统技术发展规则》（运工线路函〔2014〕470 号）的战略定位和发展方向，广州铁路局集团有限公司按照工务安全生产过程控制“人防、物防、技防”三位一体管理理念，结合该局工务实际和过程管控的主要风险，坚持问题导向，将用于过程管控的监控监测模式固化为“施工作业监控（1M）、防护联络监控（2M）、防洪过程监控（3M）、自轮运转特种设备监控（4M）、设备静态监测（5M）、设备动态监测（6M）、自然灾害监测（7M）、周边环境监控（8M）”8 个板块，命名为 8M 监控监测系统（简称工务 8M 系统，M 取监控、监测英文单词“Monitor”首字母），其中 1M ~ 4M 突出管控人的不安全行为，5M ~ 6M 突出管控设备的不安全状态，7M ~ 8M 突出管控环境的不安全因素。2017 年 6 月，该局工务部与系统研发单位正式签订合作意向协议，在工务安全生产管理信息系统的基础上，合作研发工务 8M 监控监测系统，作为在工务安全生产管理系统定制开发的新增功能和特色应用模块。

6.1.3.2 功能介绍

1. 工务安全生产管理系统

工务安全生产管理主要实现以“检测检查、状态分析、生产计划、现场作业、质量评价”为主线的安全生产闭环管理。

工务安全生产管理系统包含首页面管理、检测检查管理、状态分析管理、生产计划管理、现场作业管理、质量评价管理、大机生产应用、安全管理、调度管理、物资管理、综合管理 11 个功能模块，如图 6.2 所示。

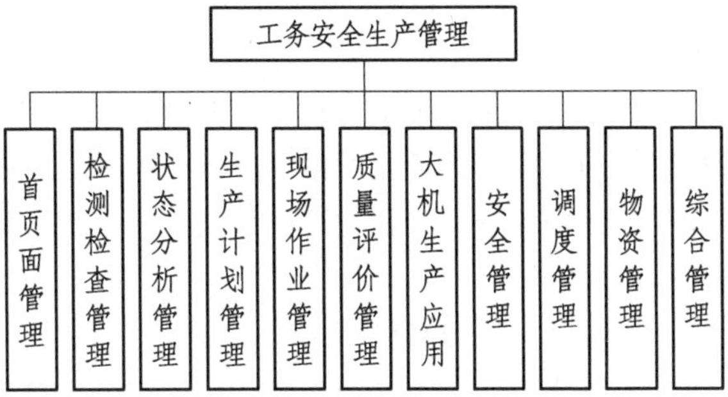

图 6.2　工务安全生产管理功能结构

（1）首页面管理：分别为集团、站段、车间、工区提供不同的首页面展示功能，为各级用户分别展示各自关注模块中的重点信息或者提示信息，主要包括安全信息、生产信息、调度信息、通知信息、报警信息、钢轨伤损信息等。

（2）检测检查管理：系统提供多种动态检测计划制订、检测计划兑现查询功能；系统提供对线路、桥隧、路基及防护设备进行周期性和日常检查，系统支持人工录入、数据文件整体导入、手持采集设备现场采集等多种方式收集动、静态检测数据，并对各种检查进行标准量化记录，对检查的问题进行汇总管理的功能；系统提供综合展示动静态检测检查病害信息的功能和动静态检测超限数据报警功能。

（3）状态分析管理：状态分析主要分为线路设备状态分析、桥隧设备状态分析、路基设备状态分析三部分。系统提供 C/S 模式的分析软件和 B/S 模式的分析软件。C/S 模式的分析软件，通过轨道状态分析软件，辅助分析人员专项分析轨道各项状态指标，分析设备病害的成因，综合分析轨道状态变化，筛选出线路重点病害地段，为制订作业计划提供决策依据。B/S 模式的分析软件，包括超限病害分析、均值病害分析、设备病害库分析、周期性维修分析和大修周期管理等功能，辅助分析人员制定作业计划，并对作业的效果进行评价。周期性维修分析以设备的上次大修完成为维修作业信息记录起点，共享作业计划中大机捣固、钢轨打磨、道岔捣固、道岔打磨、边坡清筛及人工综合维修等作业数据，按照起止时间、指定区段等查询条件，按照时间轴生成电子表格和示意图。

（4）生产计划管理：在状态分析功能的基础上，经过现场核实，再结合工务设备修程、修制，提出养护维修作业建议。实现各级单位生产年计划、月计划、周计划、日计划的上报、审批、授令、下达和执行处理流程。主要提供计划综合统计及兑现查询、高铁作业日计划、既有线作业日计划、施工作业日计划、年月周计划及轨道车运行计划管理功能模块。计划管理提供了四套日计划作业流程，每套作业流程实现了作业计划上报、审批、授令、下达和执行处理流程，实现了作业计划过程安全、关键人员、关键岗位等安全环节的卡控。实现了工务日常施工及维修作业过程的标准化及数字化管理。

（5）现场作业管理：通过为段、车间、工区人员配备定位智能终端设备，综合利用无线电通信、卫星定位、电子传感等技术，对现场作业点进行实时监控，全程跟踪作业过程，对作业关键环节进行控制。该功能基于 GIS 地图开发，结合铁路专用地图，实时显示各站段当日作业情况、作业人员的位置、运行轨迹、现场图片，人员上下道情况等，对违规上道作业予以报警提示。

（6）质量评价管理：根据生产作业工单，对该作业质保期内此作业区段的病害情况进行综合展示。提供在质保期内病害信息复发情况的分析统计，根据查询条件，找出符合条件的所有计划，按照质保期评分标准，为这些计划评分，展示计划列表，计划的里程范围内的病害详情信息及病害散点图。

（7）大机生产应用：实现对大型养路机械的施工作业计划、实施方案、作业标准、设备报废、更新、配件、油料消耗、设备养护和检修、运用等信息分级化管理，实现大型养路机械运用信息采集、共享、查询、运用分析等功能，具有设备管理规章、文件、使用条件、安全操作规程等管理、查询功能，利用无线接入通过铁路安全平台，实时掌握确定设备地理位置，接入大机作业状态信息，为业务管理和决策提供服务。

（8）安全管理：在工务生产过程中，需要对安全问题库管理、应急管理库、干部动态信息、重点工作和接合部进行集中管理。系统提供安全问题库管理功能，能够实现对各类安全信息的登记、上报、分析和统计功能，实现安全问题“登记→整改→销号→安全考核”的闭环管理。系统建立应急管理数据库（含设备故障、灾害、机械故障等案例及应急处置方案），辅助应急管理决策，制定应急预案，提高工务设备维修、应急处置辅助决策智能化程度，为科学开展工务设备维修提供技术支持。

（9）调度管理：安全生产信息是工务调度人员需要全面了解、掌握的综合信息，调度人员应该掌握下级单位当日重点施工情况，全路封锁、慢行区段，当日事故故障情况、重点病害情况等信息。系统提供调度日报管理、重点病害管理、事故故障及安全天数、应急预案管理功能。

（10）物资管理：对各级单位的物资物料建立对应级别的库管账，对物资物料的入库和出库进行记录和管理，系统提供物资库存管理、作业器具管理、物资库存汇总及物资目录管理功能。

（11）综合管理：包括人员资质、单位管界管理、检修作业标准、规章制度管理、数据字典管理、业内台账及文件传达管理、权限管理等模块，是系统综合业务模块。

2. 工务 8M 监控监测管理系统

工务 8M 监控监测管理（见图 6.3）主要是通过信息化技术的手段，逐步实现各类检测、监测、监控、警戒信息和生产信息、病害处置信息、监控问题信息的系统数字化集成，通过开展综合分析、趋势研判，研究安全管理和设备质量状态变化规律，为强化过程管控、优化修程修制、科学合理安排生产任务和设备修理提供数据支撑。

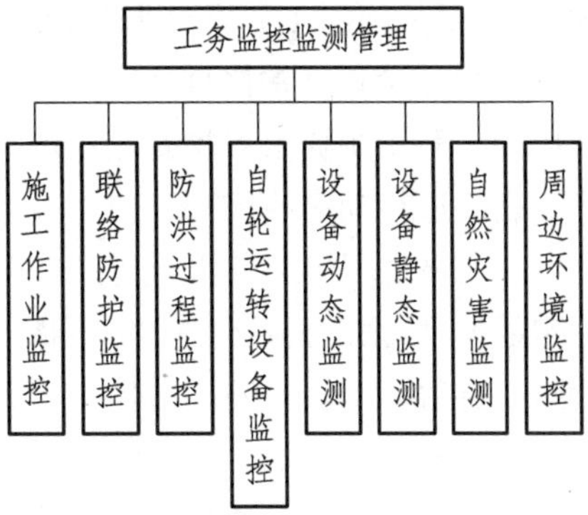

图 6.3　工务 8M 监控监测管理功能结构

工务 8M 监控监测管理以管控“人的不安全行为、设备的不安全状态、环境的不安全因素”为主线，按照过程管控的主要安全风险项点，划分为施工作业监控（1M）、联络防护监控（2M）、防洪过程监控（3M）、自轮运转设备监控（4M）、设备动态监测（5M）、设备静态监测（6M）、自然灾害监测（7M）、周边环境监控（8M）8 个板块。

（1）施工作业监控（1M）：主要是利用固定式、便携式视频监工务监控监测管理测控设备，对营业线施工、维修等作业过程进行音视频实时监控和回放分析；利用视频监控等设备对道口作业进行实时监控和回放分析。

（2）联络防护监控（2M）：主要是利用在普铁信号楼安装的语音采集仪（语音监听系统），对联络防护通话语音进行实时监听和回放分析；利用录音笔对普铁现场防护员防护通话语音进行回放分析；利用手持终端对高铁联络防护通话语音进行实时监听和回放分析。

（3）防洪过程监控（3M）：主要是利用在手持终端对防洪冒雨出巡、添乘检查、防洪重点地点巡查看守、巡山巡河作业进行实时监控和回放分析；利用固定式视频监控设备对 I 级防洪点标准化作业情况进行实时监控和回放分析。

（4）自轮运转设备监控（4M）：主要是利用列车运行监控装置（LKJ）、轨道车运行控制设备（GYK），对机车以及轨道车等自轮运转特种设备运行速度、车况、地面信号等行车数据记录以及司乘人员在运行操作期间标准化作业行为进行监控；利用固定布设在自轮运转特种设备前、后端司机驾驶室、车顶头部、尾部以及动力间内的视频装置，对自轮运转特种设备车辆运行、作业期间尾部防脱落和线路状况、驾驶室内司机和操作手作业、地面人员配合作业及动力间设备运转状态进行监控；利用视频手电筒，对车组负责人在高铁作业期间检查自轮运转特种设备关键部件运行前、后的整备状况进行监控；利用固定布设在自轮运转特种设备前、后端司机驾驶室内的轴温报警装置，对自轮运转特种设备自运行和附挂期间的轴温状态进行实时监控、报警；利用录音笔对值乘司机运行作业期间的标准化作业相关通话语音进行全过程监控；利用酒精测试仪监控、抽查值乘司机是否有酒驾行为；利用网络版大机远程参数监测设备，对大型养路机械作业参数、数据模块、设备故障、作业信息等进行实时远端监控、查询，并指导故障处理。

（5）设备动态监测（5M）：主要是利用工务安全生产管理系统对线路设备动态检查、检测数据进行综合分析、评价，指导设备日常修理；利用巡检系统对钢轨伤损、轨枕、道床及零配件状态进行动态检测；利用桥隧限界检查车，或在轨检车、探伤车上加装检测仪对桥隧限界、拱顶和侧墙裂纹进行动态检测。

（6）设备静态监测（6M）：主要是利用工务安全生产管理系统、探伤管理系统对线桥设备病害等静态检查、检测数据进行综合分析、评价，指导设备日常修理；利用钢轨防断监测设备，对半自闭区段、道岔、钢轨伸缩调节器进行钢轨完整性实时监测，实现钢轨折断报警；利用轨温报警装置和手持终端，对普铁实时监测轨温，对高温进行报警和出巡监控；利用高铁道岔折断监测系统，对道岔区域钢轨裂纹、折断进行实时监测，并对异常状态报警。

（7）自然灾害监测（7M）：主要是利用高铁自然灾害监测设备对高铁沿线的风、雨、雪、地震进行实时监测和统计分析；利用普铁雨量监测设备对普铁沿线的降雨情况进行实时监测和统计分析；利用危岩落石监控系统对崩塌落石进行实时监控及报警；利用铁路北斗防灾系统对土体含水率及沉降、地表及地下位移、泥石流、危石位移及倾斜等进行实时监控及预防报警；利用铁路受地震台风等自然灾害影响预测评价系统实现地震数据与实时台风数据即时采集、协同管理。

（8）周边环境监控（8M）：主要是利用高铁异物侵限监测设备对高铁沿线异物侵限进行实时监测；利用固定式摄像仪对邻近营业线施工进行实时监控，利用架设红外线装置对侵入铁路限界的人员和物体进行实时报警；利用防撞监控装置对跨大江大河桥梁进行防撞实时拍摄、预警，对违法船只实施及违法证据留存；利用行车记录仪定期对沿线安防设备设施、路外邻近施工进行回放分析。

6.1.3.3 业务流程

工务安全监测系统涉及工务安全生产流程、安全问题库流程、生产作业组织业务流程、大机检修业务流程等主要业务流程。

1. 工务安全生产流程

工务安全生产流程覆盖工务安全生产过程中检测检查、状态分析、生产计划、现场作业和质量评价等所有业务功能。其业务流程如图 6.4 所示。

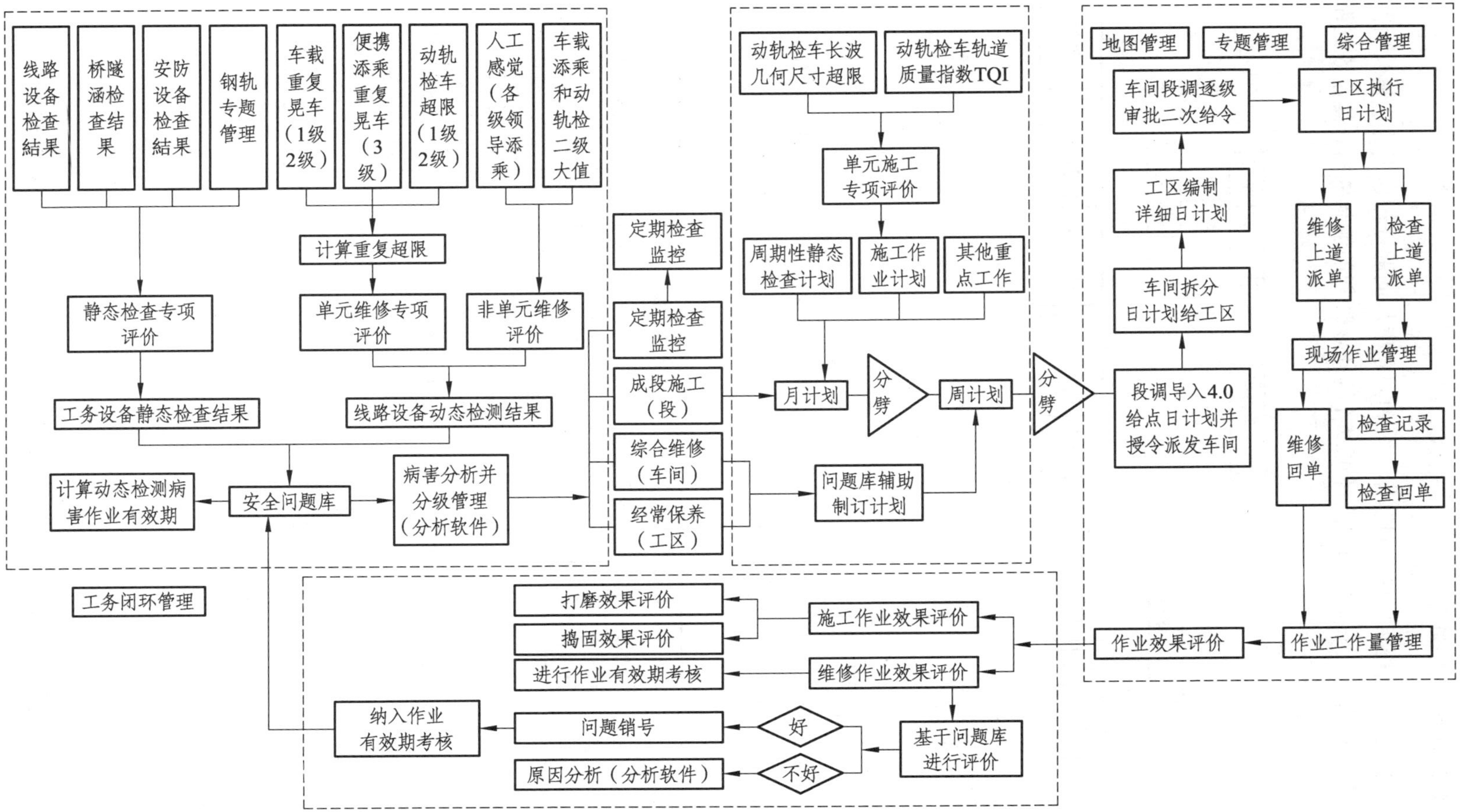

图 6.4 工务安全生产管理流程

2. 安全问题库业务流程

安全问题库业务流程实现设备问题库、管理问题库从问题登记、下达、整改到销号的全过程追踪，所有安全病害库的缺陷都可以作为作业计划的编制依据。其业务流程如图 6.5 所示。

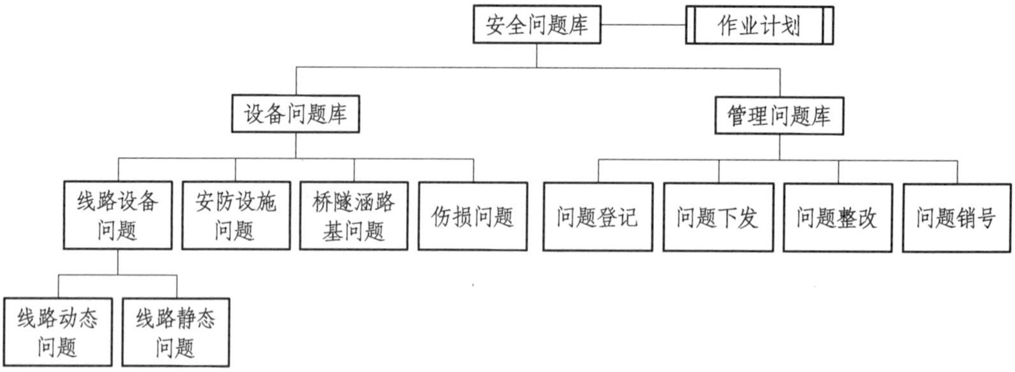

图 6.5　安全问题库流程

3. 生产作业组织业务流程

生产作业组织业务流程实现日常生产计划的编制和执行，生产计划包括年计划、月计划、周计划和日计划，对各级工务部门生产进行计划组织。其业务流程如图 6.6 所示。

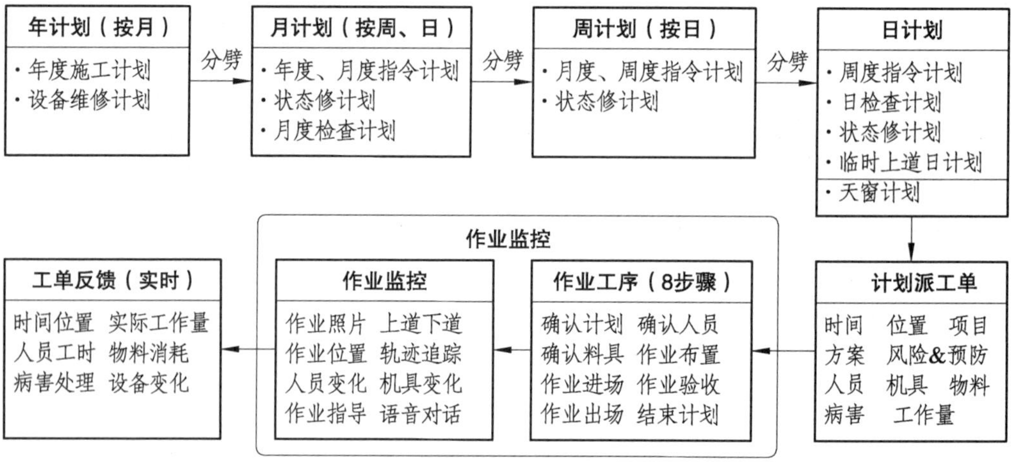

图 6.6　生产作业组织业务流程

6.1.3.4　数据采集

1. 系统数据分类

1）生产业务数据

生产业务数据主要包括以下工务安全生产管理系统中涉及的生产业务数据。

（1）工务设备信息：包括工务的设备基础数据，如线路、桥梁、隧道、涵渠、钢轨、轨枕等信息。

（2）工务施工维修作业信息：包括工务段下属车间、工区每日作业信息，如调度天窗数据、作业年计划、月计划、周计划、上道日计划等。

（3）工务设备检测信息：包括工务部门使用的各种监测设备产生的数据，如动态检测的动轨检车数据、便携式添乘仪数据、人工添乘检查数据，静态检查的轨检仪小车检查数据、人工巡检线路检查数据等。

2）监控监测数据

监控监测数据主要包含以下工务 8M 监控监测系统中涉及的数据。

（1）视频数据：各种工务单位在生产过程中产生的各种格式的视频数据，包括固定式摄像头视频数据、移动式摄像头（视频手电筒）视频数据、执法记录仪视频数据、手持终端视频数据。

（2）语音数据：各种工务单位在生产过程中产生几种格式的音频数据，包括大功率电台音频数据、录音笔音频数据、手持终端音频数据。

（3）图片数据：各种工务单位在生产过程中产生几种格式的图片数据，包括照相机图片数据、执法记录仪图片数据、手持终端图片数据。

（4）报文信息：包括系统运行过程中通过系统界面收集到的各种文本数据。

2. 数据采集

根据数据种类的不同，采用不同的数据采集方案，分别采用数据库链接提取数据、页面段用户手工填报、用户利用 Excel 固定格式数据导入、视频图片数据上传、检测设备数据转换接入、系统间信息交换、地理信息人工标注、专题图软件自动生成、条码识别接入、监测设备数据有线或无线接入、手持终端录入等手段进行数据采集。

任务 6.2　铁路线路检测

6.2.1　线路检测的意义

铁路线路设备是铁路运输业的基础设备。它常年裸露在大自然中，经受着风雨冻融和列车荷载的作用，轨道几何尺寸不断变化，路基及道床不断产生变形，钢轨、联结零件及轨枕不断磨损，因而使线路设备技术状态不断地发生变化，这就要求工务部门按设备的变化规律及时执行各项检测制度。因此，线路检测对铁路运输业的发展起着关键的作用。

6.2.2　线路设备的检测方式

1. 静态检查

线路静态检查是指在无列车动荷载的情况下对线路进行的检查。目前采用的主要手段有两种：一种是用轨距尺、支距尺等传统量具进行的检查，另一种是用轨道检查仪进行的检查。

工务段段长、副段长、指导主任、检测监控车间主任、线路车间主任和线路工长应定期检测线路、道岔和其他线路设备，并重点检测薄弱处所。

线路静态检查的内容主要包括轨距、水平、前后高低、方向、空吊板、钢轨接头、防爬设备、联结零件、轨枕及道口设备、线路标志标识等。

线路静态检查是各工区、车间对线路进行检查的主要方式之一。

2. 动态检测

线路动态检测是在列车车轮荷载作用下通过添乘仪、车载式线路检查仪、轨道检查车等设备对线路进行的检测。

线路动态检测是提速和高速铁路线路的主要检测方式，也是我国线路检测技术发展的主要方向。

6.2.3　线路检测对养护维修工作的指导作用

安全生产是铁路运输永恒的主题，其关键就是确保设备、行车和人身安全。铁路线路设备是铁路运输业的基础设备，线路维修养护贯彻“修理标准与线路等级匹配，投入产出经济合理”的理念，经常保持线路设备完整和质量均衡，保证列车能以规定速度安全、平稳和不间断地运行，并尽量延长设备的使用寿命是铁路工务部门的职责。因此，合理养护线路，确保线路质量是保证工务部门安全生产的前提，也是保证铁路运输安全的基础，对企业经济效益的增长、人民生命财产的保障和国内生产总值的提高都有很重要的意义。而线路的检测决定着线路的设备技术状态的变化规律及程度，所以线路检测技术水平直接决定着线路的养护和维修工作的进行。没有线路检测就不能确保线路质量状态，也就没有铁路运输的安全生产。

6.2.4　线路设备静态检查的要求

检查工区应有计划地对线路车间管辖线路设备进行月度周期性检查和重点病害的调查、复核，线路工区参加月度周期性检查。轨道几何尺寸以仪器检查为主，人工主要进行轨道结构检查。应积极采用先进的线路检查设备，提高线路检查质量，加强线路设备状态分析，指导线路维修作业。

线路设备周期性检查的内容及周期如下。

1. 正线线路检查

轨道检查车每月检查的正线：无砟轨道、混凝土枕线路轨道结构及几何状态每季检查不少于 1 次（轨道结构未检查的月份，当月设备巡检不少于 1 次）；轨道检查车未检查的月份，线路轨道结构及几何状态当月检查不少于 1 次。木枕线路轨道结构及几何状态每月检查不少于 1 次，轨道结构薄弱地段、重点地段应增加检查次数。

轨道检查车每季检查的正线：线路轨道结构及几何状态每月检查不少于 1 次。

2. 正线道岔、调节器检查

正线混凝土枕道岔、混凝土枕或明桥面调节器轨道结构及几何状态每月检查不少于 1 次，正线木枕道岔、有砟木枕调节器轨道结构及几何状态每月检查不少于 2 次。

3. 站线线路和道岔检查

站线线路和道岔检查一般每 6 个月不少于 1 次，其中到发线、客车径路道岔检查比照正线道岔检查周期，具体由铁路局集团公司规定。

4. 曲线正矢检查

正线、到发线、客车径路曲线及岔后连接曲线正矢检查每季不少于 1 次，其他线路曲线正矢检查每 6 个月不少于 1 次。

5. 无缝线路位移观测

无缝线路位移观测每 6 个月不少于 1 次，原则上春、秋季各 1 次，进行影响无缝线路稳定的作业后，应及时进行观测。

6. 其　他

对严重线路病害地段和薄弱处所，应加强检查。

实战任务 1：轨道检查仪检测线路作业

1. 实战任务

两名作业人员为一组，使用轨道检查仪完成 500 m 线路几何尺寸检查作业，并进行数据分析。

2. 任务分析

为了掌握线路状态，提高线路质量，快速、全面地获得线路检查资料，并对检查资料进行多种分析，及时了解线路状况，发现线路病害，提供线路修理工作计划、工作安排的详细资料，以满足线路高可靠性、高稳定性、高平顺性，保证列车以规定速度安全、平稳和不间断地运行，确保旅客乘车舒适度，需使用轨道检查仪对线路几何尺寸检查，为设备维修提供依据。

通过本实训任务，学员应掌握轨道检查仪的使用方法和流程，能熟练开展轨道检查仪检查线路作业，并能输出和识读轨道检查仪的检测数据和报表。

3. 任务准备

（1）工具准备：轨道检查仪、电子轨距尺、弦线、直钢尺、油漆、石笔等（见表 6.1）。

（2）其他准备：《线路检查记录本》。

表 6.1 工具清单

名 称	单位	数量	图 例
轨道检查仪	台	1	 轨道检查仪  电子轨距尺
电子轨距尺	把	1	
弦线	套	1	
直钢尺	把	1	
油漆	毫升	适量	
石笔	支	1	
《线路检查记录本》	本	1	

4. 任务实施条件

（1）普速铁路线路静态检查可与“维修天窗”“施工天窗”时间共用，或利用列车间隔时间。高速铁路静态检查必须安排在天窗时间。

（2）在“运统-46”《行车设备施工登记簿》登记，设驻站联络员和现场防护员进行防护。

5. 作业程序

本实战任务的作业程序如表 6.2 所示。

表 6.2 轨道检查仪检测线路作业

作业流程	作业内容	图 例
1. 计算机初始设置	（1）关闭杀毒软件。 （2）计算机不设置屏幕保护（屏幕保护选项设置为“无”）；在桌面单击鼠标右键→选择“属性”→选择“屏幕保护程序”→设置“无”。 （3）电源选项属性设置为“一直开着”。在桌面单击鼠标右键→选择“属性”→选择“屏幕保护程序”→点击“电源”→电源使用方案选择“一直开着”→关闭监视器选择“从不”→关闭硬盘选择“从不”→系统待机选择“从不”→点击“确定”	

续表

作业流程	作业内容	图　例
2. 软件设置	（1）核对密码：选择“核对密码”，输入小写字母 asdfasdf。 （2）从设置菜单进入“标准与规范”设置。 （3）操作员管理设置：输入检测人员姓名。 （4）基本约定设置：查看和输入结构病害、曲线特征点、道岔起点和终点。 （5）更新线路参数：输入平面及纵断面线型等资料	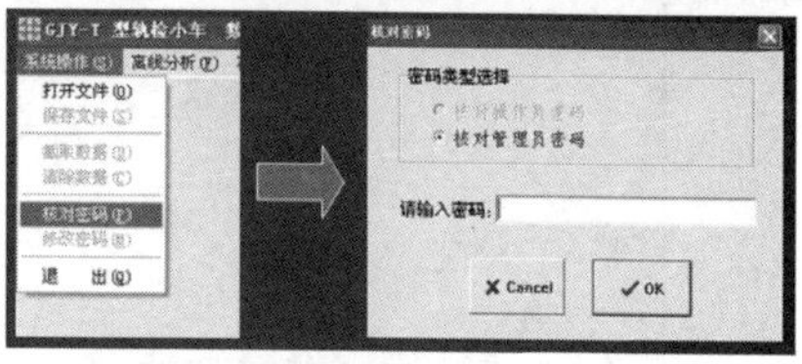 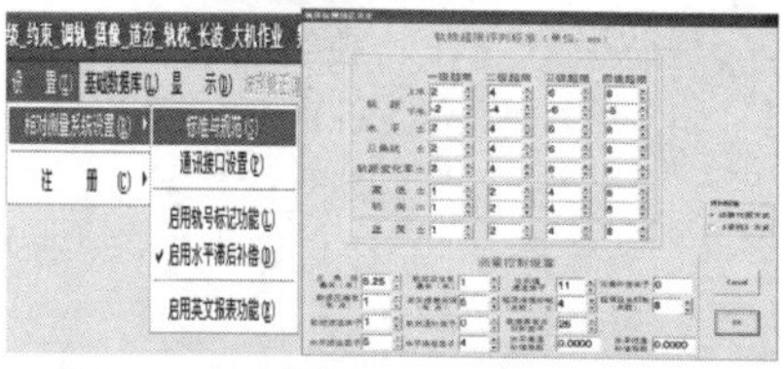 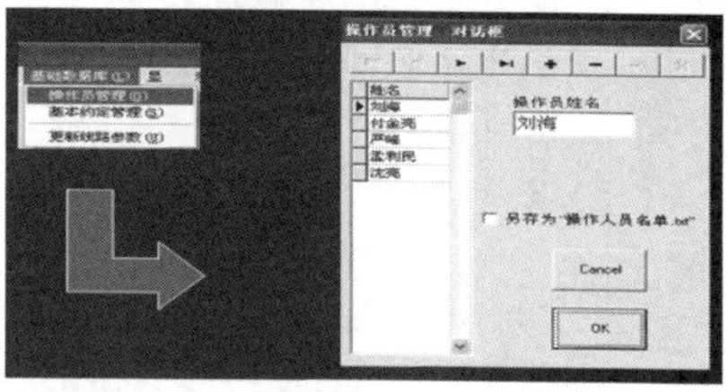 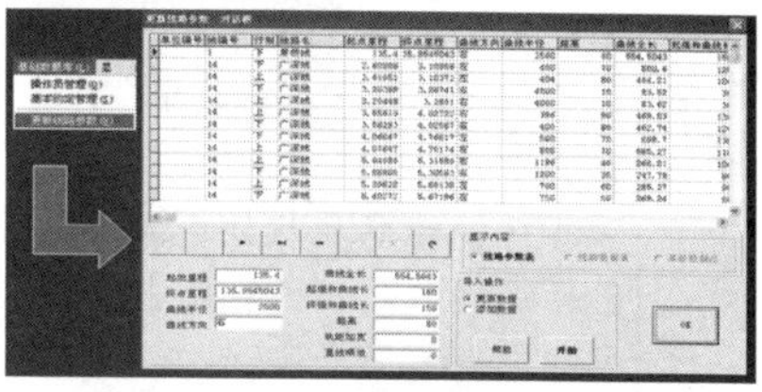
3. 轨检仪组装	（1）检查各轮系和拼装端面是否干净无泥沙；否则应擦拭干净。 （2）将两块电池分别插入侧臂的电池座，电池字体正面朝上，并盖上电池盖板。 （3）组装侧臂和大梁。测量主轴（大梁）插入侧臂定位销孔，将两手轮旋转锁紧。 （4）组装大梁上的推杆和笔记本电脑。对准开槽，将推杆插入大梁中部的推杆底座，旋紧手轮。再将笔记本电脑装入推杆上的电脑托架。确认前后卡托已插入电脑的槽中。 （5）连接数据传输线和笔记本电脑充电线。连接航空插头（电脑与大梁数据线），连接充电模块和电脑；将充电模块粘贴在小车侧臂上	 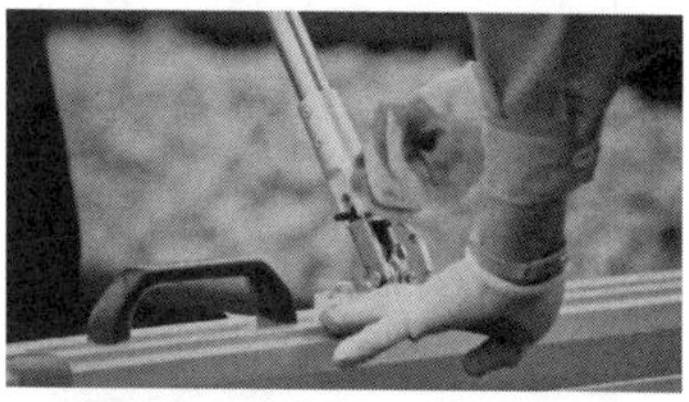 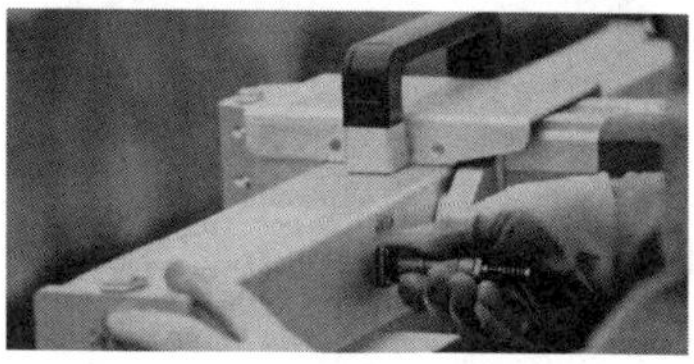

作业流程	作业内容	图　例
4.轨检仪上道	（1）两人抬起轨道检查仪，平稳地放在轨道上，使侧臂在右轨上。 （2）开启主机电源，打开检测软件，核对密码后，打开标定界面，选择“水平传感器”“标定零点”，按程序提示进行零点标定。 ①点击“在线测量”→“标定”，打开标定界面，选择【水平传感器】【标定零点】，点击“启动”。 ②点击【记录】，屏幕提示“请将小车调头”，请按提示将小车调头。 ③小车放置平稳后，点击【再记录】，如图所示的提示（此时已标定好零点，无需更改实际值文本框中的水平零点偏差值），单击【确认】，完成精标零点。 ④任何传感器校定完成后，如要退出标定界面，一定要点击【ok】，软件才会保存标定，如点击【Cancel】则放弃标定操作，软件不进行标定保存 （3）创建测量文件，设置线路名称、起始里程、检测人员，并根据速度等级设置超限报警值。文件命名规则：线路名＋行别＋起点公里数。 （4）输入辅助信息。当仪器左右侧放置方向与轨道里程增方向的左右一致时无需勾选；反之，勾选左右调向。 （5）将轨检仪推行到起始里程，点击开始检测后，保证仪器处于绝对静止状态，等待陀螺仪完成初始化。	  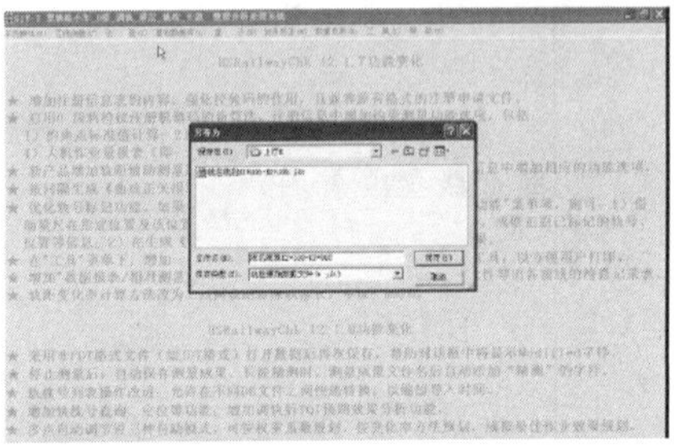 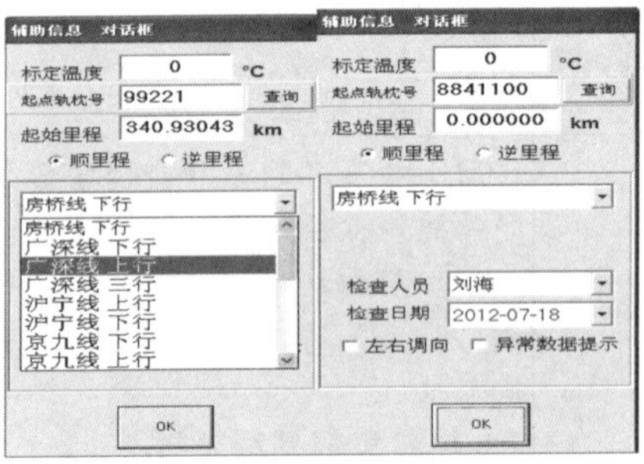 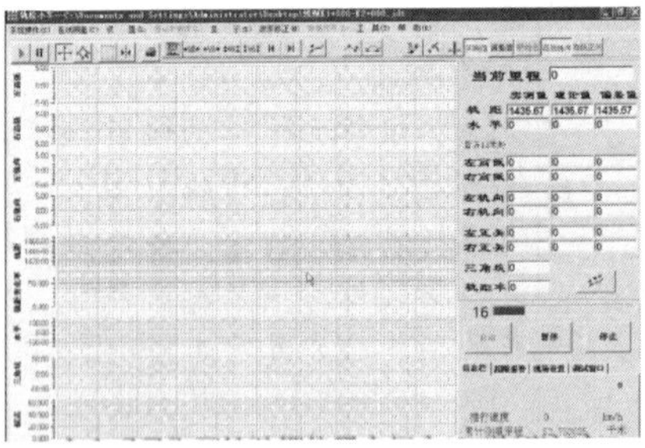

续表

作业流程	作业内容	图　例
5. 线路检测	（1）推行轨检仪检测线路，轨检仪检测时须匀速推行，且推行速度不得大于 8 km/h，最佳推行速度为 3～5 km/h 左右；检测过程中注意记录曲线特征点和线路缺陷，并按规定进行里程修正。 （2）检测过程中发现超限报警，检测人员须暂停推行，使用轨距尺、弦线等对超限处所进行人工复核及现场标记，并详细记录复核情况。 （3）如需下道避车，按下“暂停”键，并在大梁中心对应的轨底或轨腰做标记。下道避车后在原位置上道，按下“恢复”键，继续推行，不影响数据连续采集	  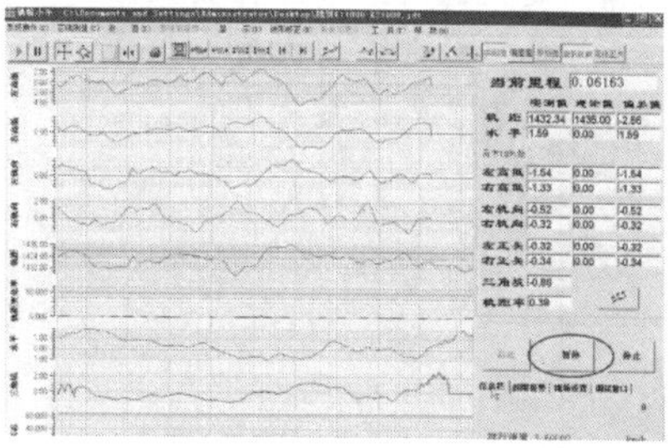
6. 检测结束	（1）推行到终点，结束检测，并保存文件；退出分析软件系统，并关闭电脑电源和仪器电源。 （2）将仪器抬下放置在平坦地面上，拆卸各部分，横梁与纵横解体的同时松开航空插头，以防止将连接线拉断。清除各走形轮、测量轮、导向轮上的污物。 （3）按要求正确装箱，防止运输过程中陀螺仪与其他部件发生碰撞	
7. 数据分析	（1）打开检测数据。 （2）波形操作与修正。 ①如在曲线数据内无设计曲线，点击“设计曲线导入”快捷键，按线路的实际曲线参数输入设计曲线。 ②里程修正：当路线的标示里程与实测里程不一致时，用里程修正功能，使小车实测里程与现场里程一致。	

续表

作业流程	作业内容	图　例
7. 数据分析	（3）导出公里小结报表、TQI 报表、超限报表、线路检查记录簿、线路维修记录簿、曲线检查记录、曲线波形报表、缺陷报表等	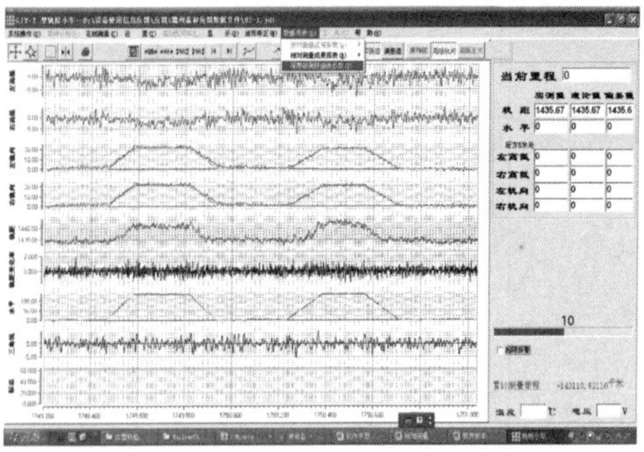  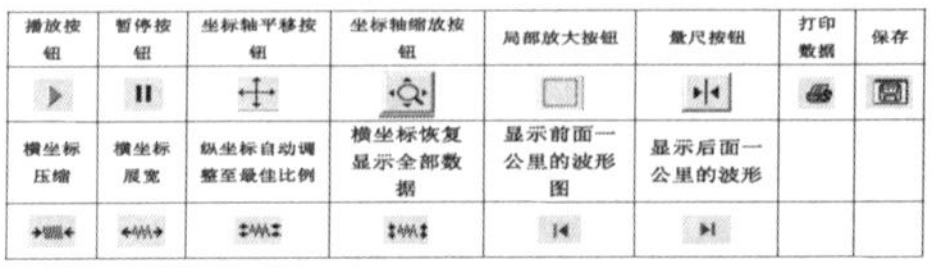 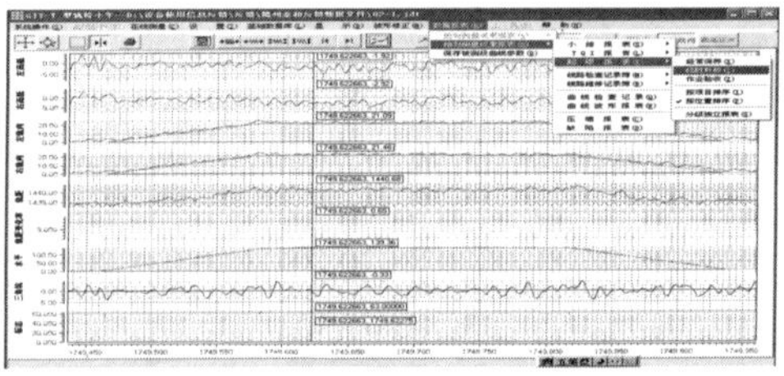 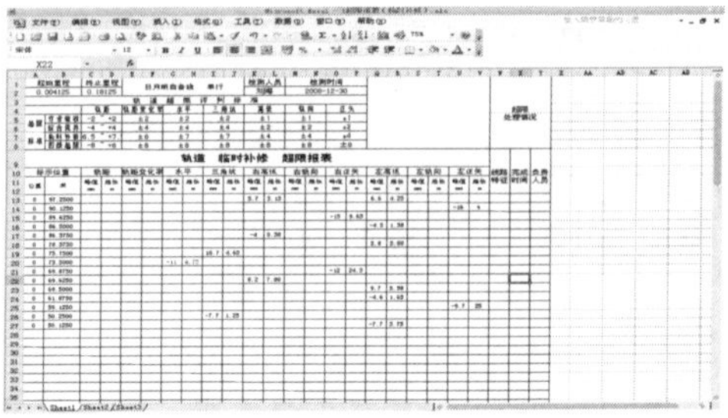

6. 质量要求

（1）横梁插入测量臂定位销孔时应小心轻推，严禁用其他工具用力敲击。对接后必须用两锁紧手轮将其锁紧，不允许在未锁紧的情况下上道作业。

（2）轨检仪检测在遇接头、道岔有害空间、焊缝及钢轨肥边、侧磨较大等处所时应降速推行，特别是观察显示屏一出现较大数据时，操作人员应回拉检测并进行现场复核、判断，提高检测数据的准确性。

（3）轨检仪推行中严禁急骤变速，应细查慢检。

（4）修正里程应在直线段进行，轨检仪经过百米标处、曲线四大桩点和长短链处，应进行里程修正，误差不得超过 1 m，并进行特征点标记。

（5）不允许在本设备上施加重物，否则会严重地影响测量精度，甚至损坏仪器。

（6）轨检仪每次使用完后必须擦净轨检仪上的污物，尤其是对各走行轮、测量轮、导向轮，一定要处理干净。

（7）无论上道或下道，设备搁放位置到地上时，不得碰撞纵梁中部的测量装置。

（8）轨道检查仪有效期应在规定范围内，并近期进行标定和检定。

（9）数据处理结果准确、真实、及时，无差错，发现危及行车安全的超限处所，及时处理。

7. 安全注意事项

（1）必须在天窗内进行，严禁在天窗点外作业。

（2）未设防护，严禁上道作业。

（3）通过道岔前做好与驻站联络员联系，确认道岔无操动时方可推行检测并快速通过。

（4）来车时，按规定及时下道避车

（5）作业时，严禁伤手伤脚。

实战任务 2：轨道动态检测资料识读与分析作业

1. 实训任务

熟练掌握动态检测分析软件，能独立、准确识读图纸信息并完成现场病害的查找。

2. 任务分析

轨道检查车是对各轨道几何尺寸及舒适度的全面检测，是对线路动态质量的系统评估，是铁路工务维修管理部门获取动态轨道状态信息、指导现场进行养护维修与施工作业、评估新线施工和既有线养护维修作业质量、实施轨道科学管理的重要手段。

通过本实训任务，学员应掌握轨道动态检测波形识读分析软件，能准确识读波形图信息，并现场查找病害。

3. 任务准备（见表 6.3）

（1）室内准备：计算机、打印机、Wavers 软件、设备履历书一本、轨检车检测数据。

（2）量具准备：轨道检查仪、道尺、钢直尺、弦线等。

表 6.3　实训准备清单

名　称	单位	数量	图　例
计算机	台	1	 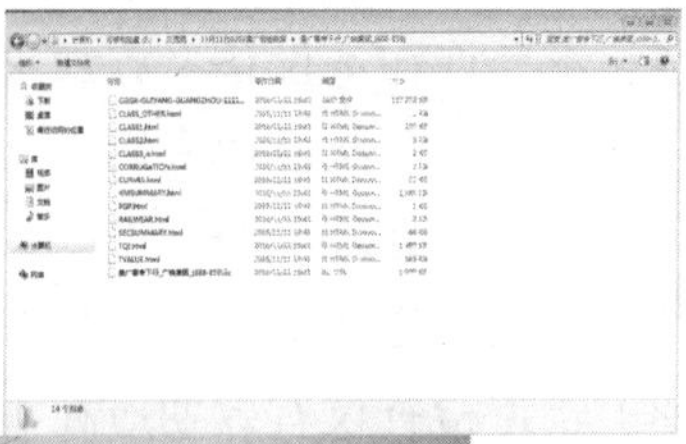 
打印机	台	1	
Wavers 软件	个	1	
设备履历书	本	1	
轨道检查仪	台	1	
道尺	把	1	
钢直尺	把	1	
弦线	组	1	

4. 任务实施条件

（1）普速铁路现场病害复核可与“维修天窗”“施工天窗”时间共用，或利用列车间隔时间。高速铁路现场病害复核必须安排在天窗时间。现场病害整治必须在天窗内进行。

（2）在“运统-46”《行车设备施工登记簿》登记，设驻站联络员和现场防护员进行防护。

5. 作业程序

本实战任务的作业程序如表 6.4 所示。

表 6.4　轨道动态检测资料识读与分析作业

作业流程	作业内容	图　例
1. 认识轨检车报表	动态检测资料一般包括：.geo 原始文件（波形图）、PGP、SECSUMMARY、CLASS_OTHER、CLASS1、CLASS2、CLASS3_4、KMSUMMARY、TQI、TVALUE、CURVES、RAILWEAR、iic 文件等	
	PGP（汇总表）：对整个检测区段简洁明了的概况	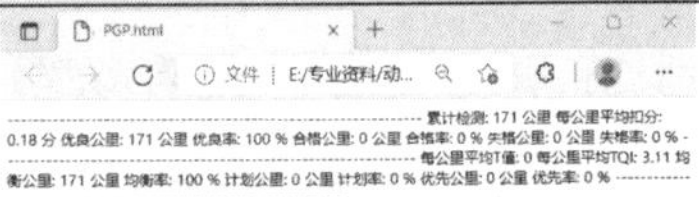
	SECSUMMARY（区段总结表）：对 PGP 表的进一步描述。通过表格可以了解到检测区段的主要病害类型、超限个数、扣分、TQI 指标等信息	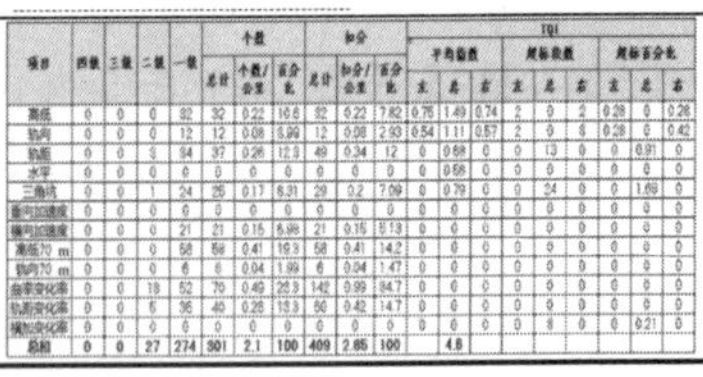

项目	四级	三级	二级	一级	个数 总计	个数 个数/公里	个数 百分比	扣分 总计	扣分 扣分/公里	扣分 百分比	TQI 平均指数 左	TQI 平均指数 总	TQI 平均指数 右	TQI 超标数量 左	TQI 超标数量 总	TQI 超标数量 右	TQI 超标百分比 左	TQI 超标百分比 总	TQI 超标百分比 右
高低	0	0	0	32	32	0.22	16.6	32	0.22	7.82	0.75	1.49	0.74	2	0	2	0.28	0	0.28
轨向	0	0	0	12	12	0.08	3.99	12	0.08	2.93	0.54	1.11	0.57	2	0	3	0.28	0	0.42
轨距	0	0	3	34	37	0.26	12.3	49	0.34	12	0	0.68	0	0	13	0	0	0.91	0
水平	0	0	0	0	0	0	0	0	0	0	0	0.58	0	0	0	0	0	0	0
三角坑	0	0	1	24	25	0.17	8.31	29	0.2	7.09	0	0.79	0	0	24	0	0	1.68	0
垂向加速度	0	0	0	0	0	0	0	0	0	0	0	0	0	0	0	0	0	0	0
横向加速度	0	0	0	21	21	0.15	6.98	21	0.15	5.13	0	0	0	0	0	0	0	0	0
高低70 m	0	0	0	58	58	0.41	19.3	58	0.41	14.2	0	0	0	0	0	0	0	0	0
轨向70 m	0	0	0	6	6	0.04	1.99	6	0.04	1.47	0	0	0	0	0	0	0	0	0
曲率变化率	0	0	18	52	70	0.49	23.3	142	0.99	34.7	0	0	0	0	0	0	0	0	0
轨距变化率	0	0	5	36	40	0.28	13.3	60	0.42	14.7	0	0	0	0	0	0	0	0	0
横加变化率	0	0	0	0	0	0	0	0	0	0	0	0	0	0	8	0	0	0.21	0
总和	0	0	27	274	301	2.1	100	409	2.85	100		4.8							

续表

<table>
<tr><th>作业流程</th><th>作业内容</th><th>图例</th></tr>
<tr><td rowspan="8">1. 认识轨检车报表</td><td>超限及公里小结表：包含 CLASS_OTHER、CLASS1、CLASS2、CLASS3_4、KMSUMMARY 五个表，是对 PGP 和 SECSUMMARY 两个表格的详细描述。
KMSUMMARY（公里小结表）：该表提供了每公里各个项目分级别的超限个数、总扣分及最高检测速度等信息</td><td>
<table>
<tr><th rowspan="2">公里</th><th rowspan="2">检测长度</th><th colspan="4">高低</th><th colspan="4">轨向</th><th colspan="4">轨距</th><th colspan="4">水平</th><th colspan="4">三角坑</th><th colspan="4">垂向加速度</th><th colspan="4">横向加速度</th></tr>
<tr><th>4</th><th>3</th><th>2</th><th>1</th><th>4</th><th>3</th><th>2</th><th>1</th><th>4</th><th>3</th><th>2</th><th>1</th><th>4</th><th>3</th><th>2</th><th>1</th><th>4</th><th>3</th><th>2</th><th>1</th><th>4</th><th>3</th><th>2</th><th>1</th><th>4</th><th>3</th><th>2</th><th>1</th></tr>
<tr><td>688</td><td>1000</td><td>0</td><td>0</td><td>0</td><td>0</td><td>0</td><td>0</td><td>0</td><td>0</td><td>0</td><td>0</td><td>0</td><td>0</td><td>0</td><td>0</td><td>0</td><td>0</td><td>0</td><td>0</td><td>0</td><td>0</td><td>0</td><td>0</td><td>0</td><td>0</td><td>0</td><td>0</td><td>0</td><td>0</td></tr>
<tr><td>689</td><td>1000</td><td>0</td><td>0</td><td>0</td><td>0</td><td>0</td><td>0</td><td>0</td><td>0</td><td>0</td><td>0</td><td>0</td><td>0</td><td>0</td><td>0</td><td>0</td><td>0</td><td>0</td><td>0</td><td>0</td><td>1</td><td>0</td><td>0</td><td>0</td><td>0</td><td>0</td><td>0</td><td>0</td><td>0</td></tr>
<tr><td>690</td><td>1000</td><td>0</td><td>0</td><td>0</td><td>0</td><td>0</td><td>0</td><td>0</td><td>0</td><td>0</td><td>0</td><td>0</td><td>0</td><td>0</td><td>0</td><td>0</td><td>0</td><td>0</td><td>0</td><td>0</td><td>0</td><td>0</td><td>0</td><td>0</td><td>0</td><td>0</td><td>0</td><td>0</td><td>0</td></tr>
<tr><td>691</td><td>1000</td><td>0</td><td>0</td><td>0</td><td>0</td><td>0</td><td>0</td><td>0</td><td>0</td><td>0</td><td>0</td><td>0</td><td>0</td><td>0</td><td>0</td><td>0</td><td>0</td><td>0</td><td>0</td><td>0</td><td>0</td><td>0</td><td>0</td><td>0</td><td>0</td><td>0</td><td>0</td><td>0</td><td>0</td></tr>
<tr><td>692</td><td>1000</td><td>0</td><td>0</td><td>0</td><td>0</td><td>0</td><td>0</td><td>0</td><td>0</td><td>0</td><td>0</td><td>0</td><td>0</td><td>0</td><td>0</td><td>0</td><td>0</td><td>0</td><td>0</td><td>0</td><td>0</td><td>0</td><td>0</td><td>0</td><td>0</td><td>0</td><td>0</td><td>0</td><td>0</td></tr>
<tr><td>693</td><td>1000</td><td>0</td><td>0</td><td>0</td><td>0</td><td>0</td><td>0</td><td>0</td><td>0</td><td>0</td><td>0</td><td>0</td><td>0</td><td>0</td><td>0</td><td>0</td><td>0</td><td>0</td><td>0</td><td>0</td><td>0</td><td>0</td><td>0</td><td>0</td><td>0</td><td>0</td><td>0</td><td>0</td><td>0</td></tr>
<tr><td>694</td><td>1000</td><td>0</td><td>0</td><td>0</td><td>0</td><td>0</td><td>0</td><td>0</td><td>0</td><td>0</td><td>0</td><td>0</td><td>0</td><td>0</td><td>0</td><td>0</td><td>0</td><td>0</td><td>0</td><td>0</td><td>0</td><td>0</td><td>0</td><td>0</td><td>0</td><td>0</td><td>0</td><td>0</td><td>0</td></tr>
</table>
<table>
<tr><th colspan="4">带通车体横加</th><th colspan="4">长波长高低</th><th colspan="4">长波长轨向</th><th colspan="2">曲率变化率</th><th colspan="2">轨距变化率</th><th colspan="2">横加变化率</th><th colspan="2">复合不平顺</th><th rowspan="2">公里扣分</th><th rowspan="2">通过速度</th></tr>
<tr><th>4</th><th>3</th><th>2</th><th>1</th><th>4</th><th>3</th><th>2</th><th>1</th><th>4</th><th>3</th><th>2</th><th>1</th><th>2</th><th>1</th><th>2</th><th>1</th><th>2</th><th>1</th><th>2</th><th>1</th></tr>
<tr><td>0</td><td>0</td><td>0</td><td>0</td><td>0</td><td>0</td><td>0</td><td>0</td><td>0</td><td>0</td><td>0</td><td>0</td><td>0</td><td>0</td><td>0</td><td>0</td><td>0</td><td>0</td><td>0</td><td>0</td><td>0</td><td>131</td></tr>
<tr><td>0</td><td>0</td><td>0</td><td>0</td><td>0</td><td>0</td><td>0</td><td>0</td><td>0</td><td>0</td><td>0</td><td>0</td><td>0</td><td>0</td><td>0</td><td>0</td><td>0</td><td>0</td><td>0</td><td>0</td><td>1</td><td>72</td></tr>
<tr><td>0</td><td>0</td><td>0</td><td>0</td><td>0</td><td>0</td><td>0</td><td>0</td><td>0</td><td>0</td><td>0</td><td>0</td><td>0</td><td>0</td><td>0</td><td>0</td><td>0</td><td>0</td><td>0</td><td>0</td><td>0</td><td>71</td></tr>
<tr><td>0</td><td>0</td><td>0</td><td>0</td><td>0</td><td>0</td><td>0</td><td>0</td><td>0</td><td>0</td><td>0</td><td>0</td><td>0</td><td>0</td><td>0</td><td>0</td><td>0</td><td>0</td><td>0</td><td>0</td><td>0</td><td>73</td></tr>
<tr><td>0</td><td>0</td><td>0</td><td>0</td><td>0</td><td>0</td><td>0</td><td>0</td><td>0</td><td>0</td><td>0</td><td>0</td><td>0</td><td>0</td><td>0</td><td>0</td><td>0</td><td>0</td><td>0</td><td>0</td><td>0</td><td>95</td></tr>
<tr><td>0</td><td>0</td><td>0</td><td>0</td><td>0</td><td>0</td><td>0</td><td>0</td><td>0</td><td>0</td><td>0</td><td>0</td><td>0</td><td>0</td><td>0</td><td>0</td><td>0</td><td>0</td><td>0</td><td>0</td><td>0</td><td>112</td></tr>
<tr><td>0</td><td>0</td><td>0</td><td>0</td><td>0</td><td>0</td><td>0</td><td>0</td><td>0</td><td>0</td><td>0</td><td>0</td><td>0</td><td>0</td><td>0</td><td>0</td><td>0</td><td>0</td><td>0</td><td>0</td><td>0</td><td>144</td></tr>
</table>
</td></tr>
<tr><td>CLASS1、CLASS2、CLASS3_4 是各个等级的超限明细表</td><td>
<table>
<tr><th colspan="2">位置</th><th rowspan="2">超限类型</th><th rowspan="2">峰值(mm或g)</th><th rowspan="2">长度(m)</th><th rowspan="2">超限等级</th><th rowspan="2">线形(直/缓/曲)</th><th rowspan="2">速度(km/h)</th><th rowspan="2">检测标准</th></tr>
<tr><th>公里</th><th>米</th></tr>
<tr><td>9</td><td>214</td><td>大轨距</td><td>12.97</td><td>4</td><td>2</td><td>直</td><td>60</td><td>(0,120]</td></tr>
<tr><td>9</td><td>239</td><td>大轨距</td><td>11.48</td><td>2</td><td>2</td><td>直</td><td>60</td><td>(0,120]</td></tr>
<tr><td>35</td><td>230</td><td>三角坑</td><td>-6.44</td><td>2</td><td>2</td><td>缓</td><td>142</td><td>(120,160]</td></tr>
<tr><td>145</td><td>974</td><td>大轨距</td><td>10.25</td><td>2</td><td>2</td><td>直</td><td>28</td><td>(0,120]</td></tr>
</table>
</td></tr>
<tr><td>CLASS_OTHER 为舒适度指标（具体是长波高低、长波轨向、曲率变化率、轨距变化率和横加变化率五个超限项目）</td><td>
文件 | E:/专业资料/动检车/原始数据及病害分析...
<table>
<tr><th colspan="2">位置</th><th rowspan="2">超限类型</th><th rowspan="2">峰值(mm或g)</th><th rowspan="2">长度(m)</th><th rowspan="2">超限等级</th><th rowspan="2">线形(直/缓/曲)</th><th rowspan="2">速度(km/h)</th><th rowspan="2">检测标准</th></tr>
<tr><th>公里</th><th>米</th></tr>
</table>
</td></tr>
<tr><td>TQI 明细表：该表是对检测区段每 200 m 区段 TQI 的详细描述。包含各个单项 TQI、区段 TQI 值及其是否超过管理值、检测速度及标准等信息</td><td>
<table>
<tr><th rowspan="2">里程</th><th rowspan="2">超限</th><th colspan="2">轨向</th><th colspan="2">高低</th><th rowspan="2">水平</th><th rowspan="2">轨距</th><th rowspan="2">三角坑</th><th colspan="2">TQI</th><th rowspan="2">速度</th><th rowspan="2">标准</th></tr>
<tr><th>左</th><th>右</th><th>左</th><th>右</th><th>数值</th><th>超标</th></tr>
<tr><td>3</td><td>有</td><td>0.51</td><td>0.4</td><td>0.98</td><td>1.29</td><td>0.93</td><td>2.41</td><td>1.32</td><td>7.83</td><td>未超过</td><td>56.94</td><td>(100,120]</td></tr>
<tr><td>3.2</td><td>无</td><td>0.92</td><td>0.83</td><td>0.88</td><td>0.89</td><td>0.83</td><td>0.75</td><td>1.09</td><td>6.2</td><td>未超过</td><td>57.66</td><td>(100,120]</td></tr>
<tr><td>3.4</td><td>无</td><td>0.84</td><td>0.77</td><td>1.83</td><td>2.09</td><td>1.09</td><td>0.75</td><td>1.53</td><td>8.9</td><td>未超过</td><td>57.65</td><td>(100,120]</td></tr>
<tr><td>3.6</td><td>有</td><td>0.58</td><td>0.47</td><td>1.84</td><td>2.46</td><td>1.47</td><td>2.07</td><td>1.85</td><td>10.73</td><td>未超过</td><td>57.52</td><td>(100,120]</td></tr>
<tr><td>3.8</td><td>有</td><td>0.68</td><td>0.61</td><td>2.18</td><td>2.5</td><td>1.47</td><td>2.06</td><td>1.96</td><td>11.45</td><td>未超过</td><td>57.48</td><td>(100,120]</td></tr>
</table>
</td></tr>
<tr><td>TVALUE（公里 T 值明细）</td><td>
<table>
<tr><th rowspan="2">公里</th><th rowspan="2">标准</th><th colspan="4">段数</th><th rowspan="2">T值</th><th rowspan="2">评价</th></tr>
<tr><th>未超标</th><th>超标</th><th>超标10</th><th>超标20</th></tr>
<tr><td>687</td><td>[200,250]</td><td>1</td><td>0</td><td>0</td><td>0</td><td>0</td><td>均衡</td></tr>
<tr><td>688</td><td>[200,250]</td><td>4</td><td>0</td><td>0</td><td>0</td><td>0</td><td>均衡</td></tr>
<tr><td>689</td><td>[200,250]</td><td>3</td><td>0</td><td>0</td><td>0</td><td>0</td><td>均衡</td></tr>
<tr><td>690</td><td>[200,250]</td><td>4</td><td>0</td><td>0</td><td>0</td><td>0</td><td>均衡</td></tr>
<tr><td>691</td><td>[200,250]</td><td>5</td><td>0</td><td>0</td><td>0</td><td>0</td><td>均衡</td></tr>
<tr><td>692</td><td>[200,250]</td><td>4</td><td>0</td><td>0</td><td>0</td><td>0</td><td>均衡</td></tr>
<tr><td>693</td><td>[200,250]</td><td>5</td><td>0</td><td>0</td><td>0</td><td>0</td><td>均衡</td></tr>
<tr><td>694</td><td>[200,250]</td><td>5</td><td>0</td><td>0</td><td>0</td><td>0</td><td>均衡</td></tr>
</table>
<table>
<tr><td>评价定义</td><td>均衡</td><td>计划</td><td>优先</td></tr>
<tr><td>每公里 T 值</td><td>T=0</td><td>0<T≤100</td><td>T>100</td></tr>
</table>
</td></tr>
<tr><td>CURVES（曲线表）：提供曲线起终点、长度、75 mm 欠超高值等信息</td><td>
<table>
<tr><th colspan="2" rowspan="2">曲线起点</th><th colspan="2" rowspan="2">曲线终点</th><th rowspan="3">曲线长度(m)</th><th colspan="4">平均</th><th colspan="5">限速(75mm欠超高计算)</th></tr>
<tr><th rowspan="2">半径(m)</th><th rowspan="2">超高(mm)</th><th rowspan="2">加宽(mm)</th><th rowspan="2">速度(km/h)</th><th rowspan="2">最高允许速度(km/h)</th><th colspan="2">极限点</th><th rowspan="2">半径(m)</th><th rowspan="2">超高(mm)</th></tr>
<tr><th>公里</th><th>米</th><th>公里</th><th>米</th><th>公里</th><th>米</th></tr>
<tr><td>689</td><td>914</td><td>689</td><td>837</td><td>77</td><td>3030</td><td>-1.9</td><td>1</td><td>45</td><td>95</td><td>689</td><td>914</td><td>1205</td><td>14.7</td></tr>
<tr><td>694</td><td>236</td><td>693</td><td>143</td><td>1092</td><td>5263</td><td>111.9</td><td>0</td><td>105</td><td>239</td><td>693</td><td>190</td><td>3846</td><td>100.7</td></tr>
<tr><td>705</td><td>461</td><td>704</td><td>360</td><td>1101</td><td>5263</td><td>119.8</td><td>0</td><td>243</td><td>244</td><td>704</td><td>411</td><td>3846</td><td>107.8</td></tr>
<tr><td>721</td><td>440</td><td>720</td><td>5</td><td>1435</td><td>5263</td><td>120.6</td><td>0</td><td>243</td><td>244</td><td>720</td><td>223</td><td>3846</td><td>108.5</td></tr>
<tr><td>741</td><td>991</td><td>741</td><td>43</td><td>948</td><td>5882</td><td>117</td><td>0</td><td>242</td><td>270</td><td>741</td><td>517</td><td>4762</td><td>105.2</td></tr>
<tr><td>764</td><td>663</td><td>762</td><td>808</td><td>1855</td><td>5263</td><td>-156.7</td><td>0</td><td>242</td><td>265</td><td>763</td><td>735</td><td>3846</td><td>-141</td></tr>
<tr><td>770</td><td>993</td><td>770</td><td>632</td><td>361</td><td>8334</td><td>-132</td><td>0</td><td>243</td><td>342</td><td>770</td><td>813</td><td>7143</td><td>-118.8</td></tr>
<tr><td>781</td><td>72</td><td>778</td><td>996</td><td>2082</td><td>4762</td><td>108.5</td><td>0</td><td>202</td><td>228</td><td>779</td><td>534</td><td>3571</td><td>97.6</td></tr>
<tr><td>787</td><td>411</td><td>785</td><td>840</td><td>1571</td><td>5263</td><td>95.1</td><td>1</td><td>207</td><td>228</td><td>786</td><td>626</td><td>3846</td><td>85.6</td></tr>
</table>
</td></tr>
<tr><td>RAILWEAR（钢轨磨耗表）</td><td>
<table>
<tr><th colspan="2">位置</th><th rowspan="2">超限类型</th><th rowspan="2">峰值(mm)</th><th rowspan="2">长度(m)</th><th rowspan="2">超限等级</th><th rowspan="2">线形(直/缓/曲)</th><th rowspan="2">速度</th><th rowspan="2">检测标准</th></tr>
<tr><th>公里</th><th>米</th></tr>
</table>
</td></tr>
<tr><td>iic 文件需要用数据查看工具打开 数据查看工具V1.1</td><td>
文件 打印
超限数据 | 曲线数据 | TQI数据 | 公里总结 | 区段总结
超限等级 1
<table>
<tr><th>公里</th><th>米</th><th>长度</th><th>超限类型</th><th>超限等级</th><th>峰值</th><th>速度</th><th>检测标准</th><th>分数</th><th>线形</th></tr>
<tr><td>689</td><td>881</td><td>10</td><td>三角坑</td><td>1</td><td>-8.34</td><td>50</td><td>120</td><td>1</td><td>曲</td></tr>
<tr><td>784</td><td>641</td><td>2</td><td></td><td>1</td><td>7.58</td><td>206</td><td>250</td><td>1</td><td>直</td></tr>
<tr><td>784</td><td>638</td><td>2</td><td>垂直加速度</td><td>1</td><td>-0.15</td><td>206</td><td>250</td><td>1</td><td>直</td></tr>
<tr><td>784</td><td>631</td><td>6</td><td>垂直加速度</td><td>1</td><td>-0.13</td><td>206</td><td>250</td><td>1</td><td>直</td></tr>
<tr><td>784</td><td>665</td><td>1</td><td></td><td>1</td><td>-6.64</td><td>206</td><td>250</td><td>1</td><td>直</td></tr>
<tr><td>784</td><td>778</td><td>4</td><td>垂直加速度</td><td>1</td><td>-0.12</td><td>206</td><td>250</td><td>1</td><td>直</td></tr>
<tr><td>784</td><td>793</td><td>1</td><td></td><td>1</td><td>6.36</td><td>206</td><td>250</td><td>1</td><td>直</td></tr>
<tr><td>784</td><td>793</td><td>1</td><td></td><td>1</td><td>6.41</td><td>206</td><td>250</td><td>1</td><td>直</td></tr>
<tr><td>793</td><td>679</td><td>1</td><td>三角坑</td><td>1</td><td>4.19</td><td>207</td><td>250</td><td>1</td><td>直</td></tr>
<tr><td>794</td><td>900</td><td>1</td><td>三角坑</td><td>1</td><td>-4.25</td><td>206</td><td>250</td><td>1</td><td>直</td></tr>
<tr><td>795</td><td>389</td><td>4</td><td>垂直加速度</td><td>1</td><td>-0.13</td><td>206</td><td>250</td><td>1</td><td>直</td></tr>
<tr><td>795</td><td>408</td><td>1</td><td></td><td>1</td><td>6.59</td><td>206</td><td>250</td><td>1</td><td>直</td></tr>
<tr><td>795</td><td>409</td><td>1</td><td>左高低</td><td>1</td><td>5.25</td><td>206</td><td>250</td><td>1</td><td>直</td></tr>
<tr><td>795</td><td>912</td><td>1</td><td></td><td>1</td><td>-1.06</td><td>206</td><td>250</td><td>1</td><td>直</td></tr>
<tr><td>802</td><td>430</td><td>1</td><td></td><td>1</td><td>-1.21</td><td>206</td><td>250</td><td>1</td><td>直</td></tr>
<tr><td>808</td><td>256</td><td>1</td><td></td><td>1</td><td>1.04</td><td>192</td><td>250</td><td>1</td><td>直</td></tr>
<tr><td>826</td><td>447</td><td>2</td><td></td><td>1</td><td>6.8</td><td>146</td><td>250</td><td>1</td><td>直</td></tr>
<tr><td>827</td><td>302</td><td>2</td><td></td><td>1</td><td>6.29</td><td>146</td><td>250</td><td>1</td><td>直</td></tr>
</table>
欢迎拷贝 任意传播 | 有问题请联系 vizon@rails.com.cn | 铁道部基础设施检测中心
</td></tr>
</table>

续表

作业流程	作业内容	图　例
	GEO 格式的波形图文件，可采用 WinDBC WinDBC 或者 Wavers Wavers 软件打开。目前，GJ-4、GJ-5、GJ-6 型轨检车和综合检测列车的数据基本上已经统一为 GEO 格式，而且都可采用 WinDBC 或者 Wavers 软件打开，只是打开时需要选择不同的通道文件	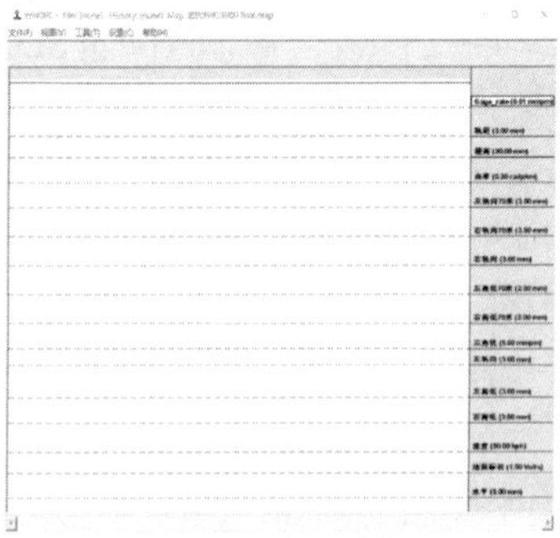 WinDBC 打开界面 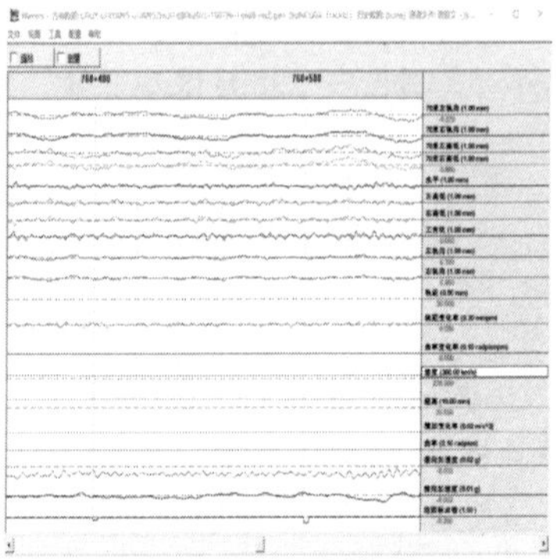 Wavers 打开界面 
2. 选择通道文件	通道文件扩展名为 map，通道名词、刻度等是可编辑的，把通道文件按照对应格式要求编辑并保存，然后打开前确定是什么类型的波形文件，再选择对应格式的通道文件	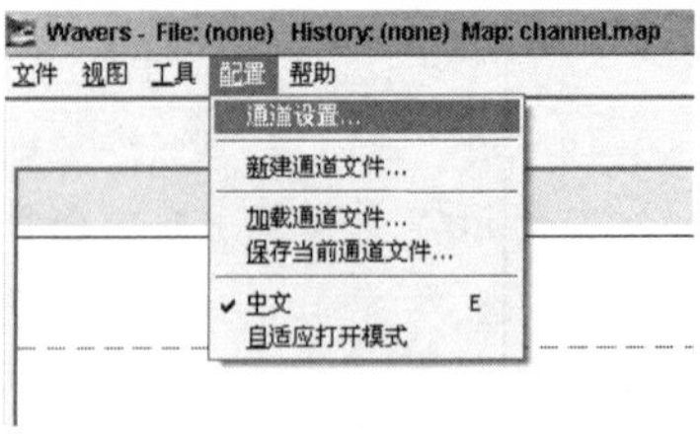

续表

作业流程	作业内容	图　例
3.识读波形图	（1）识读波形图通道。波形图右侧为检测项目名称，包括左高低、右高低、左轨向、右轨向、轨距、水平、三角坑、车体垂直振动加速度、车体水平振动加速度、左高低（70 m）、右高低（70 m）、左轨向（70 m）、右轨向（70 m）、轨距变化率、曲率变化率、横加变化率、超高、速度、ALD 等项目。括号内为该项目在图上显示比例，即每小格表示的数值。名称下面数值表示该项目当前值。 （2）里程定位。波形图上方为检测里程，根据两个里程的差值确定波形图里程比例，一般标示的两个里程相差 100 m（或 200 m），其间用虚线等距划分为 5 份，每份长度为 20 m（40 m），可根据图上位置计算出里程	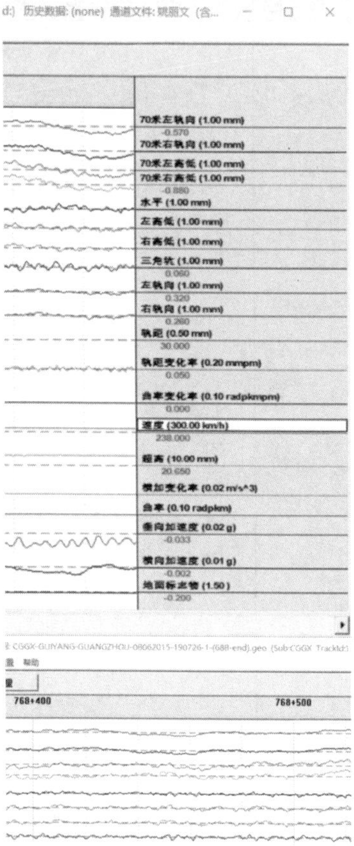
4. 超限判定	（1）判定各检测项目超限处所、峰值和超限等级。每个检测项目纵向比例不同。测量超限峰值时，根据该超限最大处所占小格数和对应比例，可计算出超限峰值。若超限峰值超过Ⅰ级限界但未达到Ⅱ级限界，即被定义为Ⅰ级超限。动态检测峰值超限等级分为Ⅰ级、Ⅱ级、Ⅲ级和Ⅳ级，其他超限等级以此类推。 （2）确定超限处所里程和超限长度。超限位置的里程为该处超限的最大峰值里程位置。长度为该处超限的延长里程。即为该病害超过Ⅰ级限界以后，又回到Ⅰ级限界以内所经过的线路长度。 （3）识别地面标志：轨道上的道岔、桥梁、道口等含有金属部件，安装于轨检梁上 ALD 传感器可以探测到这些金属部件。由于这些结构物的含有金属部件大小、形状、位置不同，ALD 信号反应就有所区别。以下是几种常见结构物的出图波形：	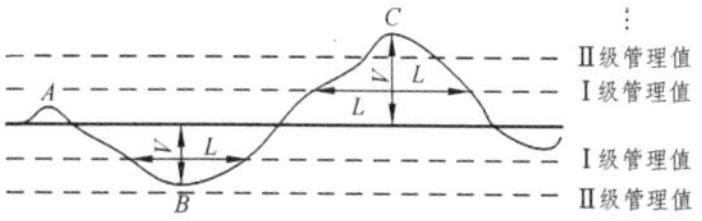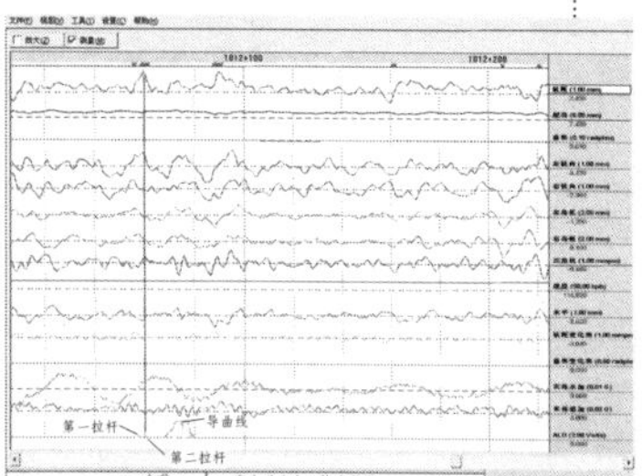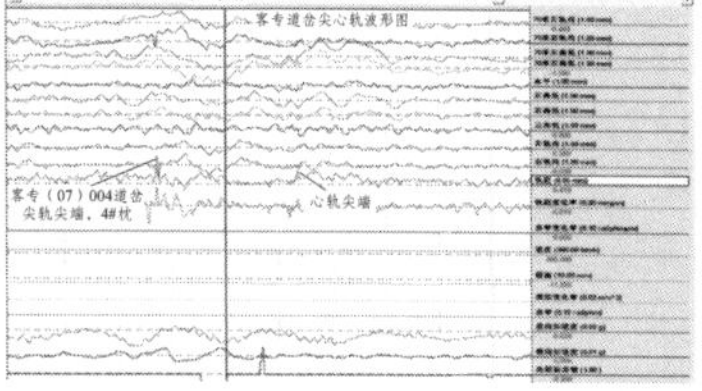

续表

作业流程	作业内容	图　例
4. 超限判定	①　道岔拉杆和导曲线钢轨波形特征。 ②　温调器波形特征。 ③　桥上护轨波形特征。 ④　电容枕波形特征。 ⑤　曲线超高波形特征。	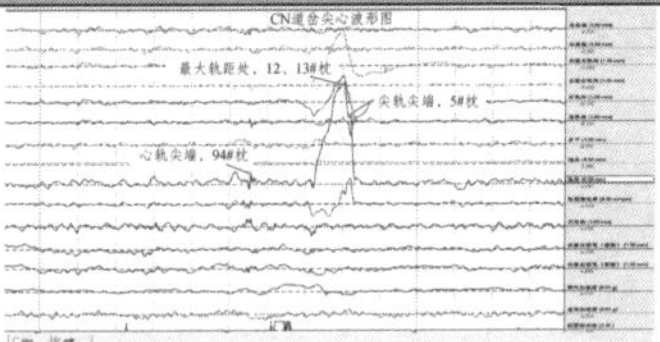 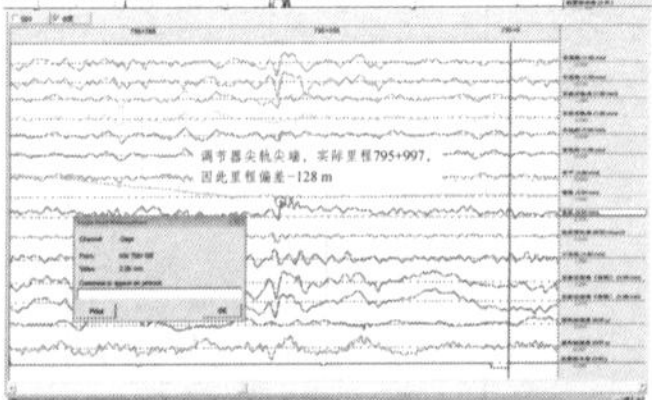 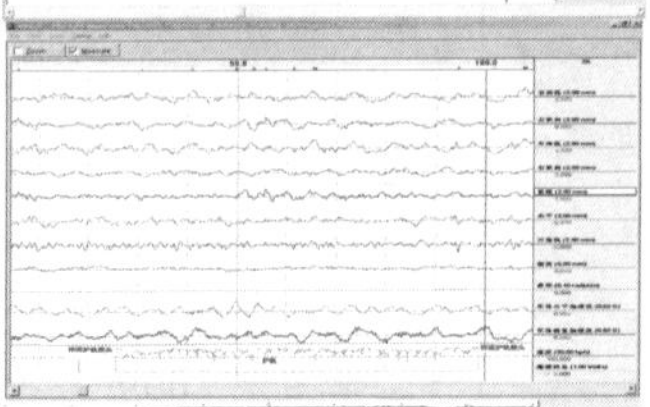 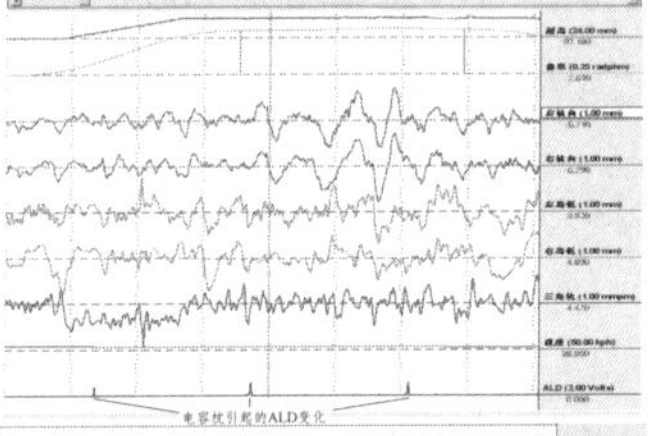 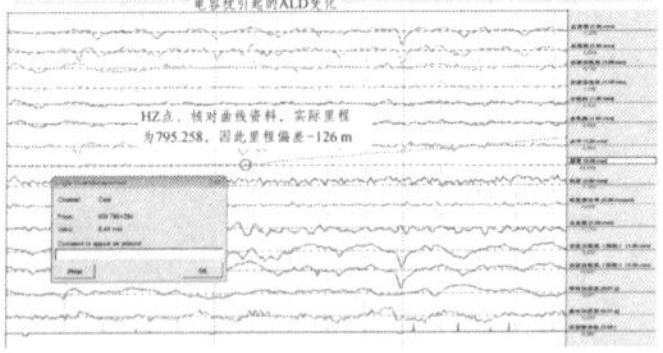
5. 病害现场复核	按照以下三种方法在现场快速找到病害位置。 （1）直接复核法：根据轨道状态波形图、超限报表等资料所提供的超限病害位置，按照里程信息查找病害。 （2）特征点复核法：利用轨道状态波形图提供的道岔、温调器、桥梁、超高、桥梁周期性徐变上拱、周期性焊缝不平顺等特征，推算出特征点波形图里程与实际里程的偏差值，再推算出病害的实际里程。 （3）参照复核法：在现场复核超限病害时，可以先找峰值大的、明显的病害，从而推算出里程偏差值，再查找其他病害。另外也可利用与周边有显著特征结构物的相对距离来查找病害。再者，还可以利用轨距、水平的走势来判定病害的确切位置	

续表

作业流程	作业内容	图　例
6.现场整治	（1）根据波形图分析出的病害实际里程，采用道尺、弦线、钢直尺、轨道检查仪、轨道测量仪，对病害处所进行检测。 （2）调查时，应重点留意：过渡段（含：有砟无砟过渡段、路桥过渡段等）、下沉地段、焊缝、梁缝、电容枕、曲线特征点、尖心轨位移不足等病害易出地段。 （3）整治时，应将轨检车与轨检仪结合起来运用，可以有效地提升整治的效率和质量	

6. 质量要求

（1）超限级别判断正确，无漏判；超限长度判断误差不得超过 0.5 m。

（2）各个检查项目实际幅值比例套用正确，无混淆。

（3）轨道动态质量容许偏差标准掌握准确。

（4）分析出的病害实际里程误差不得超过 2 m。

（5）操作计算机时，禁止将携带有病毒的移动存储设备插入计算机。

（6）杜绝一机两网的现象发生。

（7）病害整治后，轨道几何尺寸、扣件扭矩、道床外观应符合《高速铁路无砟/有砟轨道线路维修规则》的相关规定。

7. 安全注意事项

（1）现场病害查找必须在天窗内进行，严禁在天窗点外作业。

（2）未设防护，严禁上道作业。

（3）邻线来车时，应停止作业。

（4）作业时，严禁伤手伤脚。

拓展阅读

- 波形图项目含义
- 轨检车检测项目正负号定义
- 各个检测项目的关联性
- 轨道病害的危害及成因分析

拓展阅读 1

任务 6.3　无缝线路养护维修

6.3.1　无缝线路养护维修的基本原则

无缝线路养护维修工作的实质，除保持轨道几何尺寸经常处于良好状态外，还要最大限度地提高和保持线路的各种阻力，防止胀轨跑道和钢轨折断，确保列车安全运行。因此，在安排养护工作时，必须掌握以下原则：

（1）无缝线路应在设计锁定轨温范围内锁定。线路锁定后，则养护维修作业不应当改变其锁定轨温。

（2）实际锁定轨温如与设计锁定轨温范围不符，或实际锁定轨温变动后，若超过设计锁定轨温范围，应调整或放散应力，使实际锁定轨温在设计锁定轨温范围内。

（3）安排养护维修工作时，必须按实际锁定轨温确定各项作业的轨温条件。

（4）无缝线路的伸缩区与固定区交界处、道口两端、钢桥桥台两端、机车制动地段、小半径曲线地段。变坡点附近等为容易出现温度力峰值的薄弱地段，应加强线路结构，对有关作业规定应从严要求。

（5）在进行综合维修、成段更换混凝土轨枕、破底清筛、应力放散与调整、更换缓冲轨、螺栓涂油、全面拨正曲线、拆开接头或其他冬季作业时，要注意钢轨长度的变化。

（6）要特别注意伸缩区和缓冲区的养护工作。

6.3.2　无缝线路维修作业要求

1. 作业前

（1）在维修地段按照需要备好石砟。

（2）测量钢轨位移，分析锁定轨温变化情况，并根据变化后的锁定轨温安排养护维修作业。

（3）拧紧扣件螺栓和接头夹板螺栓。

（4）拨直不良的轨向。

2. 作业中

（1）采用小起小拨，扒、起、捣、填、夯流水作业，实施“一准、二清、三测、四不超、五不走”作业制度，确保无缝线路的稳定。

一准：掌握实际锁定轨温要准。

二清：维修作业半日一清，临时补修作业一撬一清。

三测：作业前、作业中、作业后测量轨温。

四不超：作业不超温，抓砟不超长，起道不超高，拨道不超量。

五不走：扒开道床未回填不走，作业后道床未夯实不走，未组织回检不走，质量未达到作业标准不走，发生异状未处理不走。

（2）作业时应经常注意线路状态和行车情况，如发现起道省力、线路方向不良、碎弯增多拨道拨不动或拨好一处附近又鼓出、高低水平不好、连续空吊板、一端轨枕头石砟离缝等胀轨预兆，应立即停止作业，设置防护，采取必要降温措施，防止胀轨跑道。

（3）在维修地段按需要备足道砟，起道前要先拨正线路方向；起、拨道机具不得安放在铝热焊缝处；列车通过前，起道要顺坡捣固，拨道要拨顺；扒开的道床，要及时回填饱满和夯实。

（4）在伸缩区和薄弱地段进行作业，应由工班长领导施工。

3. 作业后

作业后要组织全面回检。在炎热天气或作业地段方向不良时，要留人看守，注意变化，发现异状及时采取措施。

实战任务 1：无缝线路胀轨跑道防治与处理作业

1. 实训任务

规范无缝线路胀轨跑道应急处置方法、程序与要领，提升应急处置能力，最大限度地减小对铁路运输生产的影响。

2. 任务分析

高温下，无缝线路容易出现胀轨跑道等隐患，影响铁路行车安全。胀轨跑道防治与处理是线路工必备技能之一。

通过实训，学员应熟悉无缝线路防胀知识要点、线路胀轨迹象判断方法，掌握无缝线路胀轨跑道的防治、应急处置方法、程序及安全注意事项，提高学员的风险意识和处置能力。

3. 任务准备

（1）工机具材料准备如表 6.5 所示。

表 6.5　工机具材料清单

名　称	单位	数量	图　例
道尺	把	1	
轨道检查仪	台	1	
弦线	套	1	
钢直尺（150 mm）	把	1	
拨道器	台	3	
起道机	台	1	
锯轨机	台	1	
钻孔机	台	1	
大耙、小耙	个	6	
套筒扳手	个	6	
轨温计	个	1	
捣镐、撬棍	根	8	
水桶、喷洒壶、海绵条	个	4	
平板车	台	1	
道砟	m	适量	

（2）劳动组织：3 ~ 10 人。

（3）接合部处置：若在接合部，还应同时联系电务（供电）人员等配合作业。

4. 任务实施条件

（1）发现无缝线路（普通线路连三以上瞎缝）胀轨跑道时，必须立即拦停列车。

（2）无缝线路轨向不良用 10 m 弦测量两股钢轨的轨向偏差，当平均值达到 10 mm 时，必须设置慢行信号。

（3）轨向不良用 10 m 弦测量两股钢轨的轨向偏差，当两股的轨向偏差平均值达到 12 mm 时，在轨温不变的情况下，过车后线路弯曲突然扩大时，必须设置停车信号防护。

5. 作业程序

本实战任务的作业程序如表 6.6 所示。

表 6.6 无缝线路胀轨跑道防治与处理作业

作业流程	作业内容	图 例
胀轨迹象		
1.判定胀轨迹象	巡查人员、现场作业人员、各级检查人员发现无缝线路连续出现碎弯并有胀轨迹象，以及养护维修作业中发现轨向、高低不良、拨道省力、枕端道砟离缝等现象时，应立即通知工区，并根据现场实际情况，采取看守、慢行或封锁防护	
2.设置慢行或封锁防护	（1）下列情况原则上必须设置慢行防护： ①线路连续出现碎弯，经观察继续扩大。 ②线路方向明显变化，用 10 m 弦测量两股钢轨的轨向偏差，平均值达到 10 mm。 ③现场人员根据线路情况判断有胀轨可能。 （2）下列情况必须设置封锁防护： ①无缝线路两股钢轨的轨向偏差平均值达到 12 mm，或在轨温不变情况下，过车后线路弯曲变形突然扩大。 ②现场人员根据线路状况判断有跑道可能。 ③明显已发生胀轨跑道	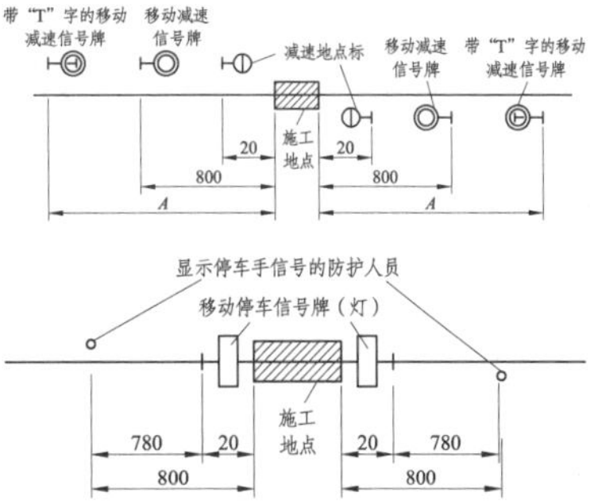
3. 组织抢修	（1）组织人员进行堆高砟肩、填满枕盒道砟、夯拍道床、复紧扣件，同时加强巡查或派人监视，观测轨温和无缝线路方向的变化，至轨温呈下降趋势且线路方向无扩大迹象时，派人看守。 （2）经采取以上措施，若碎弯继续扩大，应立即登记限速放行列车，并采取铺设防胀布浇水或喷洒液态二氧化碳等方法降温处理，线路稳定后且轨温呈下降趋势，恢复正常行车，并派人看守。	 

续表

作业流程	作业内容	图　例
3. 组织抢修	（3）当两股钢轨轨向偏差平均值达到12 mm，过车后线路弯曲变形突然扩大时，必须登记封锁线路，采取浇水或喷洒液态二氧化碳进行降温等紧急措施；降温措施效果不明显时，应立即利用氧割工具切割钢轨，释放应力，插入短轨，拨正线路方向，限速放行列车，线路稳定后，恢复正常速度运行，并派人看守。 经以上方法进行紧急处理后，次日应按照锁定轨温不明安排应力放散处理，彻底消除胀轨隐患	  
胀轨跑道处理		
1.封锁线路	线路发生胀轨跑道后，首先应立即通知调度扣停列车，同时封锁线路进行处理，并通知供电、电务部门做好应急配合处理。同时报告车间或工务段，并做好现场记录	 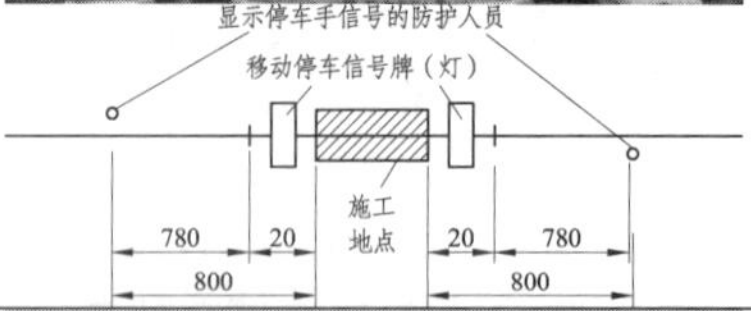
2. 堆砟夯实	相关车间尽快赶赴现场进行抢修，迅速组织人员在轨枕头堆砟夯实，将胀轨跑道地段两端各50 m范围内扣件拧紧，制止轨道变形进一步扩大	

作业流程	作业内容	图　例
3. 措施一：降温并拨顺线路	（1）在胀轨范围以外不小于 50～100 m 的距离，向中间轻浇慢淋，有条件时可用草袋浸水临时覆盖，也可采用喷洒液态二氧化碳的办法降温。 （2）轨温明显下降后，方可拨回线路，回填道砟。必要时及时补充道砟，适当增加道床断面。开通线路放行列车时，应限速慢行（5 km/h 放行列车）。 （3）现场派人监视线路，并不间断地采取降温措施，待轨温降至接近原锁定轨温时，再恢复线路和正常行车速度	 
4.措施二：截断钢轨放散应力	（1）无降温条件或降温无效时，应立即截断钢轨放散应力，整正线路，夯拍道床。截断钢轨前应按规定连接横向导线和纵向导线，确保电气回路畅通。 （2）确认无异状后方可限速开通线路，首列放行列车速度不得超过 5 km/h，并现场派人监视线路，并不间断地采取降温措施，待轨温降至接近原锁定轨温时，再恢复线路和正常行车速度	 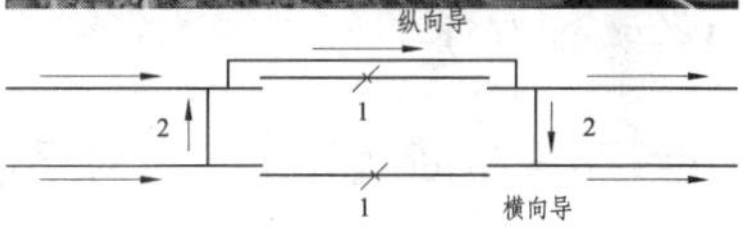 
5.做好记录和总结	（1）无缝线路发生胀轨跑道时，应对胀轨跑道情况按规定内容做好记录。 （2）分析总结胀轨跑道原因，提出整改措施	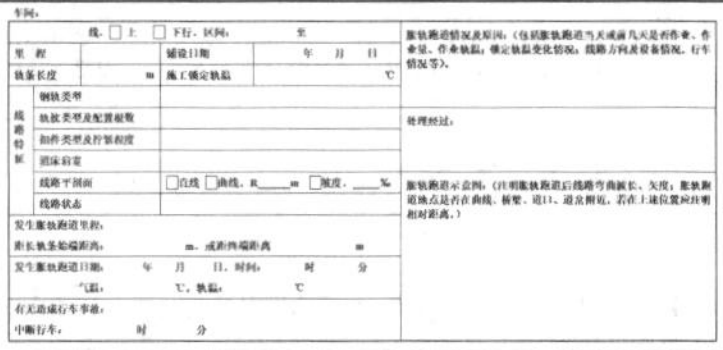 车间： 线，□上 □下行，区间： 至 里程 / 铺设日期 年 月 日 轨条长度 m / 施工锁定轨温 ℃ 线路特征：钢轨类型；轨枕类型及配置根数；扣件类型及拧紧程度；道床病害；线路平纵面 □直线 □曲线，R____m □坡度，____‰；线路状态 发生胀轨跑道里程： 距长轨条始端距离： m，或距终端距离 m 发生胀轨跑道日期： 年 月 日，时间： 时 分 气温： ℃，轨温： ℃ 有无造成行车事故： 中断行车： 时 分 胀轨跑道情况及原因：（包括胀轨跑道当天或前几天是否作业、作业量、作业轨温，锁定轨温变化情况，线路方向及设备情况，行车情况等）。 处理经过： 胀轨跑道示意图：（注明胀轨跑道后线路弯曲波长、矢度；胀轨跑道地点是否在曲线、桥梁、道口、道岔附近，若在上述位置应注明相对距离。）

6. 质量要求

（1）经过处理的胀轨迹象和胀轨跑道线路几何尺寸符合容许偏差管理值的规定。

（2）道床断面尺寸符合规范要求。

（3）扣件状态应该符合规范要求。

7. 安全注意事项

（1）应急处置必须在封锁点内进行，严禁臆测行车盲目上道。

（2）邻线来车时，应停止作业。跨线时应事先同驻站联络员或段调度联系，采取限速或封锁，并确认无车通过时，方可跨越。

（3）进出工作门，应做好人员、机具、材料的清点、登记以及作业门锁闭状态的确认。

（4）作业时，按规定穿戴好劳保用品，防止机具伤人。

（5）截断钢轨前应按规定连接横向导线和纵向导线，确保电气回路畅通。

（6）为防止截断钢轨时，钢轨弹出造成人身事故，与截断钢轨无关的人员应远离截断现场。

拓展阅读

- 胀轨迹象
- 胀轨跑道

拓展阅读 2

实战任务 2：断轨应急处置作业

1. 实训任务

在线路发生断轨处所，及时采取有效措施保证行车安全，减少故障延时，及时开通线路。

2. 任务分析

（1）发现线路钢轨（含焊缝、胶接绝缘接头、焊接辙叉）折断时，必须立即采取线路故障防护方法进行防护。

（2）作业人员或检查人员发现钢轨折断影响行车时，立即用红色信号旗或徒手信号沿来车方向防护，拦停列车，通知工区。

3. 任务准备

（1）工具准备：锯轨机、钢轨钻孔机、打磨机具、发电机、铜导线、焊接设备、扳手、钢轨保护器、夹板、长孔夹板、道镐、四齿耙、1 m 直钢尺、卷尺、测温仪、秒表、小钢尺、道尺等（见表 6.7）。

表 6.7　工具清单

<table>
<tr><th>名　称</th><th>单位</th><th>数量</th><th>图　例</th></tr>
<tr><td>锯轨机</td><td>台</td><td>1</td><td rowspan="17">
短路铜线

钢轨钻孔机

锯轨机

钢轨打磨机

焊接设备</td></tr>
<tr><td>钢轨钻孔机</td><td>台</td><td>1</td></tr>
<tr><td>打磨机具</td><td>台</td><td>1</td></tr>
<tr><td>发电机</td><td>台</td><td>1</td></tr>
<tr><td>铜导线</td><td>根</td><td>1</td></tr>
<tr><td>焊接设备</td><td>套</td><td>1</td></tr>
<tr><td>扳手</td><td>把</td><td>2</td></tr>
<tr><td>钢轨保护器</td><td>套</td><td>1</td></tr>
<tr><td>夹板</td><td>块</td><td>2</td></tr>
<tr><td>道镐</td><td>把</td><td>2</td></tr>
<tr><td>四齿耙</td><td>把</td><td>2</td></tr>
<tr><td>1 m 直钢尺</td><td>把</td><td>1</td></tr>
<tr><td>卷尺（5 m）</td><td>把</td><td>1</td></tr>
<tr><td>测温仪</td><td>个</td><td>1</td></tr>
<tr><td>秒表</td><td>个</td><td>1</td></tr>
<tr><td>小钢尺（30 cm）</td><td>把</td><td>1</td></tr>
<tr><td>道尺</td><td>把</td><td>1</td></tr>
</table>

（2）其他准备：

① 施工调查。检查钢轨伤损情况，确定处理方案。

② 书面通知电务等相关部门。

③ 劳动组织：作业负责人由职务不低于车间副主任的人员担任；作业人员：所在

车间织焊接作业人员 8 ~ 10 人/组，配合更换钢轨人员不少于 6 人，防护人员不少于 4 人。

4. 任务实施条件

（1）普速铁路、高速铁路均必须安排在天窗时间。

（2）在“运统-46”《行车设备施工登记簿》登记，设驻站联络员和现场防护员进行防护。

5. 作业程序

本实战任务的作业程序如表 6.8 所示。

表 6.8　断轨应急处置作业

作业流程	作业内容	图　例
1. 紧急处理	（1）当钢轨断缝不大于 50 mm 时，应立即进行紧急处理。 （2）在断缝处上好夹板或臌包夹板，用急救器固定，在断缝前后各 50 m 拧紧扣件，并派人看守，放行列车速度不超过 15 km/h。如断缝小于 30 mm 时，放行列车速度不超过 25 km/h。 （3）有条件时应在原位焊复，否则应在轨端钻孔，上好夹板或臌包夹板，拧紧接头螺栓，然后可适当提高行车速度	 断缝不大于 50 mm  上好臌包夹板，用急救器固定  派人看守  限速放行列车

续表

作业流程	作业内容	图　例
2.临时处理	（1）钢轨折损严重或断缝大于50 mm，以及紧急处理后不能立即焊接修复时，应封锁线路，切除伤损部分，两锯口间插入长度不短于 6 m 的同型钢轨，轨端钻孔，上接头夹板，用 10.9 级螺栓拧紧。在断轨前后各 50 m 范围内，拧紧扣件后，按正常速度放行列车，但不得大于160 km/h。 （2）临时处理或紧急处理时，应先在断缝两侧轨头非工作边做出标记，标记间的距离约为8 m，并准确丈量两标记间的距离和轨头非工作边一侧的断缝值，做好记录	 断缝大于 50 mm  切除伤损部分  轨端钻孔  拧紧前后 50 m 扣件  丈量断缝值

续表

作业流程	作业内容	图　例
3.永久处理	（1）对紧急处理或临时处理的处所，应及时插入短轨进行焊复，恢复无缝线路轨道结构。 （2）在线路上焊接时气温不应低于 0 °C。放行列车时，焊缝温度应低于 300 °C	 插入短轨进行焊复  焊缝温度低于 300 °C，可放行列车

6. 作业质量

（1）插入短轨的接头轨面、内侧错牙不超过 1 mm。

（2）伤轨处理地段前后 50 m 范围加强线路锁定， 钢轨接头螺栓扭力矩达到表的要求。

（3）焊接作业技术标准执行《现场铝热焊焊接作业技术标准》。

7. 安全注意事项

（1）紧急处理时必须按规定设置好防护。

（2）钢轨折断按《钢轨折断作业技术标准》要求处理。

（3）永久性处理执行《现场铝热焊焊接作业技术标准》规定。

任务 6.4　道岔及钢轨伸缩调节器养护维修

普速铁路要加快推进道岔简统化进程，规范道岔使用与管理，减少道岔图号及备品备件数量。道岔轨型应与线路钢轨轨型相同，轨型不同时应用异型轨过渡，43 kg/m、50 kg/m、60 kg/m、75 kg/m 钢轨道岔必须逐级过渡，且异型过渡段应设在道岔外。正线道岔的直向通过速度不应小于路段设计行车速度。用于侧向通过列车时单开道岔的辙叉号数应根据列车侧向通过的最高速度合理选用。新铺、更换道岔应采用无缝道岔，最大限度地减少钢轨接头。积极发展可靠性和耐久性好、长寿命、少维修的道岔结构和部件，提高道岔可靠性、可用性和经济性。

高速铁路线路维修的目的是满足线路高可靠性、高稳定性和高平顺性的要求，因此高速铁路道岔养护要遵循“长波测量”“单元管理”“系统精调”“光带控制”四大原则，充分利用精测网，确保岔位和线形正确；在同一行别同一车站咽喉区维修时，应将其与前后 200 m 的线路作为一个单元进行管理，保持轨下刚度均匀一致；进行几何尺寸调整要充分考虑各部件之间的关联，注重对道岔状态的综合分析，工电联合调整；保证尖轨、心轨降低值正确，接头处光带均匀过渡，光带应居中，连续均匀。

6.4.1 普速铁路道岔养护维修

普速铁路道岔养护维修应贯彻“预防为主，防治结合，修养并重”的原则，按照线路等级管理和设备单元管理的要求，开展道岔设备的等级修、状态修，提高道岔维护的科学性。积极采用大型养路机械进行道岔养护维修作业，不断提高道岔养护维修质量，延长道岔养护维修周期和使用寿命。

6.4.1.1 普速铁路道岔养护维修主要内容

1. 道岔维修

根据道岔及其各部件的变化规律和特点，按周期对道岔进行全面检查，结合修理周期和状态评估，合理安排道岔各结构部件的单项修理，以恢复道岔完好技术状态。道岔维修以大型养路机械为主要手段，主要包括对道岔进行大型养路机械全面捣固、钢轨预打磨、预防性或修理性打磨、联结零件的整正和涂油等。

大型养路机械捣固作业应包括对道岔及其前后线路平、纵断面进行全面测设和优化，通过全面起道、拨道、捣固稳定，调整几何形位，改善道床弹性，全面整正和更换胶垫等工作。

钢轨预防性打磨是指运用钢轨保护技术对钢轨进行廓形检测和设计，按照设计周期进行全面打磨，改善轮轨接触关系，消除表面裂纹源，恢复设计廓形。新道岔钢轨上道后累计通过总质量不超过 20 Mt 时进行预打磨，预防性打磨按照设计周期进行。

按周期对联结零件进行全面检查、整正、紧松补缺和除锈涂油等。

2. 道岔保养

根据道岔动静态检测，道岔状态变化情况及设备单元状态评价结果，对道岔进行有计划、有重点地养护，以保持道岔质量处于均衡状态。道岔保养作业以状态修为主，以养路机械为主要作业手段，主要包括以调整几何尺寸为主的局部起拨改道、扣件紧松补缺、钢轨焊缝和道岔轨件打磨修理等作业。

3. 道岔临时补修

对道岔几何尺寸超过临时补修允许偏差管理值处所或伤损失效的道岔部件进行临时性整修或更换，以保证行车安全和舒适。

6.4.1.2 普速铁路道岔养护维修主要标准（含 200 km/h）

1. 道岔轨道静态几何尺寸允许偏差管理标准

道岔静态几何状态应保持在保养管理值标准；道岔维修、保养和临时补修作业后的质量应达到作业验收管理值标准；超过临时补修管理值应及时进行整修。

2. 轨道动态不平顺管理标准

轨道动态检测是利用轨道检查车在运行情况下对轨道状态进行动态检测，目的是及时了解和掌握线路局部不平顺（峰值管理）和线路区段整体不平顺（均值管理）的动态质量，指导线路养护维修工作。轨道检查车对轨道动态局部不平顺（峰值管理）检查的项目为轨距、水平、高低、轨向、三角坑、车体垂向振动加速度和车体横向振动加速度七项。各项偏差等级划分为四级：Ⅰ级为保养标准，Ⅱ级为舒适度标准，Ⅲ级为临时补修标准，Ⅳ级为限速标准。线路区段整体不平顺（均值管理）的动态质量用轨道质量指数（TQI）评定。对轨道质量指数（TQI）超过管理值的线路，应有计划地安排维修或保养，对轨道检查车查出的Ⅲ级超限处所应及时处理，对查出的Ⅳ级超限处所立即限制行车速度并及时处理。

3. 道岔结构养护标准

（1）单开道岔轨距。

单开道岔轨距、尖轨与可动心轨动程应符合铺设图的规定。

（2）各部分轨距加宽递减。

① 尖轨尖端轨距加宽，允许速度不大于 120 km/h 的道岔应按不大于 6‰的递减率递减至基本轨接头。

② 尖轨尖端与尖轨跟端轨距的差数，直尖轨应在尖轨全长范围内均匀递减，曲尖轨按标准图或设计图办理。

③ 尖轨跟端直向轨距加宽向辙叉方向递减，距离为 1.5 m。

④ 导曲线中部轨距加宽，直尖轨时向两端递减至距尖轨跟端 3 m 处，距辙叉前端 4 m 处；曲尖轨时按标准图或设计图办理。

⑤ 对口道岔尖轨尖端轨距递减：两尖轨尖端距离小于 6 m，两尖端处轨距相等时不做递减，不相等时应从较大轨距向较小轨距均匀递减；两尖轨尖端轨距大于 6 m，允许速度不大于 120 km/h 的道岔应按不大于 6‰的递减率递减，但中间应有不短于 6 m 的相

等轨距段。

⑥ 道岔前端与另一道岔后端相连时，允许速度不大于 120 km/h 的线路，尖轨尖端轨距递减率不应大于 6‰。如不能按 6‰递减，可将前面道岔的辙叉轨距加大为 1441 mm，仍不能解决时，旧有道岔可保留大于 6‰的递减率。

（3）导曲线支距与超高。

导曲线支距按道岔标准图或设计图设置，在导曲轨与基本轨工作边之间测量。

允许速度不大于 120 km/h 的线路，导曲线可根据需要设置 6 mm 的超高，并在导曲线范围内按不大于 2‰顺坡。

（4）轮缘槽宽度。

① 护轨平直部分轮缘槽标准宽度为 42 mm，侧向轨距为 14414 m 时，侧向轮缘槽标准宽度为 48 mm ，容许误差为 – 1 ~ + 3 mm，轮缘槽宽度的量取位置与轨距量取位置相同。

② 辙叉心轮缘槽标准宽度（测量位置按标准图或设计图规定）为 46 mm，容许误差为 – 1 ~ + 3 mm。

③ 尖轨非工作边与基本轨工作边的最小距离为 65 mm，容许误差为 – 2 mm。

（5）查照间隔（辙叉心作用面至护轨头部外侧的距离）不得小于 1391 mm，护背距离（辙叉心作用面至护轨头部外侧的距离）不得大于 1348 mm，测量位置执行设计图纸的规定。有特殊要求的道岔，执行铺设图的规定。

（6）正线道岔（直向）与曲线超高顺坡终点之间的直线段长度：线路允许速度大于 160 km/h 时不应小于 70 m，困难条件下不应小于 30 m； 线路允许速度为 120（不含）– 160 km/h 时不应小于 40 m，困难条件下不应小于 25 m；线路允许速度小于等于 120 km/h 时不应小于 20 m。

站线道岔与曲线或道岔与其连接曲线之间的直线段长度不应小于 7.5 m，困难条件下不应小于 6 m。轨距加宽递减率不应大于 2‰，困难条件下不应大于 3‰。

连接曲线半径不应小于道岔导曲线半径。连接曲线超高不应大于 15 mm。顺坡不应大于 2‰。

（7）尖轨、可动心轨有下列伤损或病害时，应及时修理或更换：

① 尖轨尖端与基本轨或可动心轨尖端与翼轨不靠贴大于 1 mm。

② 尖轨可动心轨侧弯造成轨距不符合规定。

③ 尖轨可动心轨顶面宽 50 mm 及以上断面处，尖轨顶面低于基本轨顶面、可动心轨顶面低于翼轨顶面 2 mm 及以上。

④ 尖轨可动心轨顶面宽 50 mm 及以下断面处，尖轨顶面高于基本轨顶面、可动心轨顶面高于翼轨顶面 2 mm 及以上。

⑤ 尖轨、可动心轨工作面伤损，继续发展，轮缘有爬上尖轨可动心轨的可能。

⑥ 内锁闭道岔两尖轨相互脱离时； 分动外锁闭道岔两尖轨与连接装置相互分离或外锁闭装置失效。

⑦ 其他伤损达到钢轨轻伤标准时。

（8）基本轨有下列伤损或病害，应及时修理或更换：

① 曲基本轨的弯折点位置或弯折尺寸不符合要求，造成轨距不符合规定。

② 基本轨垂直磨耗：50 kg/m 及以下钢轨，在正线上超过 6 mm，到发线上超过 8 mm，其他站线上超过 10 mm；60 kg/m 及以上钢轨，允许速度大于 120 kg/m 的正线上超过 6 mm，其他正线上超过 8 mm，到发线上超过 10 mm，其他站线上超过 11 mm；33 kg/m 及以下钢轨由铁路局集团公司规定。

③ 其他伤损达到钢轨轻伤标准时。

（9）道岔护轨螺栓、可动心轨咽喉和叉后间隔铁螺栓、长心轨与短心轨联结螺栓、钢轨立柱螺栓、可动心轨凸缘与接头铁螺栓有条缺少或折损时，道岔应立即停止使用。

（10）道岔各种零件应齐全，作用良好，缺少时应及时补充。有下列伤相或病害，应有计划地进行修理或更换。

① 各种螺栓、连杆、顶铁、间隔铁损坏、变形或作用不良。

② 道床板损坏、变形或滑床台磨耗大于 3 mm。

③ 轨撑损坏、松动，轨撑与轨头下颚或轨撑与垫板挡肩离缝大于 2 mm。

④ 护轨垫板折损。

⑤ 钢枕和钢枕垫板下胶垫及防切垫片损坏、失效，

⑥ 弹片、销钉、挡肩损坏，弹片与滑床板挡肩离缝大于 2 mm，销钉帽内侧距滑床板边缘大于 5 mm。

⑦ 其他各种零件损坏、变形或作用不良。

6.4.2 高速铁路道岔养护维修

高速道岔是指适用于 200 km/h 及以上的铁路和 200 km/h 以下仅运行动车组列车的铁路且直向容许通过速度不小于 250 km/h 的道岔。广义上的高速道岔除包括道岔外，还包括配套的混凝土岔枕和转换设备。

高速道岔主要用于连接正线与到发线、两正线间的渡线及正线与联络线等。

高速道岔应具有高安全性，高可靠性和较高的旅客乘坐舒适度，使得高速铁路道岔具有较高的技术含量和技术难度，其设计、制造、组装、铺设和养护维修与普速铁路道岔有较大的区别。

我国的高速道岔是伴随高速铁路（或客运专线）的大规模建设而逐步发展的，采用自主研发与技术引进并行的方式，目前已形成了三个系列共 20 个型号的产品，不仅满足了国内高速铁路、城际铁路建设的需要，也使国内道岔整体技术水平达到了国际先进水平，使得我国成为世界上少数几个掌握高速道岔技术的国家之一。

高速道岔的发展趋势是进一步提高道岔的平顺性、可靠性、旅客乘坐舒适度和道岔

直向容许通过速度，精简道岔系列和产品型号，统一道岔技术标准，延长道岔的使用寿命，减小现场的养护维修工作量。

6.4.2.1 技术特点

（1）道岔种类较为单一，以单开道岔为主，只有 60 kg/m 一个轨型。

（2）道岔号码较大，一般在 18 号及以上，最大为 62 号；城际铁路可以采用 12 号。

（3）道岔具有高平顺性，高可靠性，保证列车运行平稳、舒适。

（4）采用 50 m 及以上的长定尺轨，减少道岔内的钢轨焊接接头。

（5）辙叉采用可动心轨辙叉。

（6）道岔应适用于跨区间无缝线路。

（7）电务转换采用外锁闭装置。

（8）采用全硫化铁垫板，在岔区实现轨道刚度均匀化。

（9）轨下基础采用混凝土长岔枕或道岔板，并与道床相匹配。

（10）道岔应具备安装融雪装置的条件。

（11）道岔具有较高的制造、组装、铺设精度。

6.4.2.2 使用条件

（1）道岔直向容许通过速度：客车 350 km/h；货车 120 km/h。

（2）列车轴重：350 km/h 客运专线客车轴重小于等于 170 kN（+10%）；250 km/h 客运专线客车轴重小于等于 170 kN（+10%），货车载重小于等于 230 kN（+10%）。

（3）道岔侧向通过速度分为 80 km/h、160 km/h 和 220 km/h 三种。

（4）轨下基础分为有砟轨道和无砟轨道两种。

（5）线间距：最高速度 350 km/h 线路为 5 m，最高速度 250 km/h 线路为 4.6 m。

（6）年最大轨温差为 100 °C。

6.4.2.3 高速道岔系列

我国目前有客专线、CN 和 CZ 三个系列的高速道岔。其中客专线系列是我国自主研发的高速道岔。

1. 客专线系列高速道岔

客专线系列高速道岔按号码分为 12 号、18 号、42 号和 62 号（其中 18 号道岔按速度分为 250 km/h 和 350 km/h 两种）；按轨下基础类型分为有砟道岔和无砟道岔两种，其中无砟道岔采用混凝土岔枕和道岔板基础时，道岔基本相同，不再区分。62 号道岔目前只在哈大线长春西站铺设了两组无砟道岔。

客专线系列高速道岔共有 9 个型号，如表 6.9 所示，其中时速 250 km 无砟道岔、时速 350 km 有砟道岔和 62 号道岔目前使用较少。

表 6.9　客运专线系列道岔型号

道岔号数	容许通过速度/（km·h⁻¹）		轨下基础类型		备注
	直向	侧向	有砟	无砟	
12	250	50	√	√	主要用于城际铁路
18	250	80	√	√	兼顾货运铁路线路
	350		√	√	
42	350	160	√	√	
62	350	220		√	铺于长春西站

2. CN 系列高速道岔

CN 系列高速道岔按号码分为 18 号、39.173 号、42 号和 50 号（其中 39.173 号只在京津城际铁路铺设了 2 组，50 号只在京广高速铁路武广区段铺设了 8 组），按轨下基础类型分为有砟道岔和无砟道岔。无砟道岔轨下基础也分为混凝土岔枕和道岔板两种，但道岔相同。

CN 系列高速道岔共有 7 个型号，如表 6.10 所示，其中 39.173 号、50 号道岔目前限于线路大修使用。

表 6.10　CN 系列道岔型号

道岔号数	容许通过速度/（km·h⁻¹）		轨下基础类型		备注
	直向	侧向	有砟	无砟	
18	250	80	√	√	兼顾货运铁路线路
	350		√	√	
39.173	350	160		√	限于线路大修
42	350	160	√	√	
50	350	220		√	限于线路大修

3. CZ 系列高速道岔

CZ 系列高速道岔按号码分为 18 号和 41 号；按轨下基础类型分为有砟道岔和无砟道岔两种，没有采用道岔板基础的道岔，CZ 系列高速道岔目前共有 4 个型号，如表 6.11 所示。

表 6.11　CZ 系列道岔型号

道岔号数	容许通过速度/（km·h⁻¹）		轨下基础类型		备注
	直向	侧向	有砟	无砟	
18	350	160	√	√	限于线路大修
42	350	160	√	√	限于线路大修

CZ 系列道岔主要用于合宁线、合武线和郑西线，目前限于线路大修使用。

6.4.3 伸缩调节器养护维修

6.4.3.1 钢轨伸缩调节器铺设标准

（1）线路、桥梁和轨道应系统设计，减少钢轨伸缩调节器的数量。

（2）根据线路设计速度、线路平面条件、轨道类型、钢轨伸缩量等合理选型。

（3）应满足静态铺设精度标准。

（4）钢轨伸缩调节器范围内的轨道刚度应均匀。

（5）钢轨伸缩调节器布置应符合下列规定：

① 应设置在直线地段。

② 不应设置在竖曲线上。

③ 不应设置在不同线下构筑物和轨道结构过渡段范围内。

④ 基本轨始端和尖轨跟端焊接接头距离梁缝、钢梁横梁、支座中心不应小于 2 m。

（6）钢轨伸缩调节器的伸缩预留量应符合相关规定。

6.4.3.2 钢轨伸缩调节器维修标准

（1）调节器性能和配置、尖轨相对于基本轨降低值应符合设计要求。

（2）调节器用钢轨、扣件及其他零部件制造、组装、吊装、运输、储存、铺设及养护维修技术要求应符合相关要求。

（3）调节器应满足的技术要求：

① 平面曲线和竖曲线不得设置调节器。

② 在桥梁中部设置双向调节器时，温度跨度不宜超过 200 m，宜将双向尖轨的对称中心设置在连续梁中部固定支座上。

③ 调节器基本轨始端和尖轨根端焊接接头位置距梁缝不应小于 2 m。

④ 接续线钻孔位置应避开基本轨伸缩范围。

⑤ 无砟轨道单向调节器应加强尖轨及其后 50 ~ 100 m 范围内，有砟轨道单向调节器应加强尖轨及其后 100 ~ 150 m 范围内钢轨锁定，双向调节器应加强尖轨范围内锁定。

⑥ 调节器及其前后线路扣件类型和扭矩符合设计要求。调节器扣件铁垫板锚固螺栓扭矩为 300 ~ 350 N · m；尖轨螺栓扭矩为 400 ~ 500 N · m；基本轨轨撑螺栓扭矩为 300 ~ 350 N · m。

6.4.3.3 钢轨伸缩调节器养护

1. 技术要求

（1）调节器尖轨或基本轨伤损时，宜同时更换尖轨和基本轨，如待换上的尖轨与原基本轨或原尖轨与待换上的基本轨降低值满足要求，可单独更换尖轨或基本轨，否则应同时更换。

（2）调节器降低值、密贴、几何尺寸应符合规范要求。

（3）调节器应保持尖轨锁定、基本轨可伸缩状态，防止尖轨爬行或基本轨异常伸缩。

（4）调节器的所有螺栓扭矩应达到设计要求。

2. 养护方法

（1）定期观测并分析基本轨伸缩量，焊缝位置与气温关系，发现伸缩故障时应及时排除。

（2）尖轨或基本轨顶面出现肥边现象应及时打磨。

（3）尖轨或基本轨轨头出现擦伤应及时修理或更换。

（4）尖轨轨顶相对于基本轨轨顶无降低段的尖轨顶面低于基本轨顶面时，应及时修理或更换。

（5）尖轨相对于基本轨降低值偏差超过 1 mm，且对行车平稳性有影响时，应及时修理或更换；护轨与尖轨（基本轨）间净距偏差超过 10 mm、护轨高于尖轨（基本轨）25 mm 应及时修理或更换。

（6）每半年对基本轨轨撑螺栓、尖轨轨撑螺栓涂油一次。

3. 注意事项

（1）不得对尖轨轨撑贴合面和台板顶面进行涂油或使油污浸入。

（2）不得对调节器基本轨、尖轨及其所焊联的钢轨进行张拉或顶推作业。

（3）做好日常清扫，保持各部件清洁。

实战任务 1：普通单开道岔检查作业

1. 实训任务

本任务由单人完成。学员依次使用检查工具独立完成 1 组普通单开道岔的轨距、水平的检查作业。

2. 任务分析

通过本次实训任务，学员应掌握普通单开道岔的轨距、水平检查作业方法，能比较熟练地开展普通单开道岔的轨距、水平检查作业工作。

3. 任务准备

（1）工量具准备：轨距尺、记录板、记录表、记录笔等（见表 6.12）。

（2）场地准备：一组普通单开道岔。

表 6.12　工具清单

名　称	单位	数量	图　例
轨距尺	把	1	

4. 任务实施条件

（1）普通单开道岔的检查工作应在“维修天窗”或“施工天窗”作业时间内进行。

（2）在“运统-46”《行车设备施工登记簿》登记，设驻站联络员和现场防护员进行防护。

5. 作业方法与步骤

1）准备作业

检查和校正道尺。检查道尺检验卡是否有效，使轨距、水平检测误差不超过 ± 1 mm。

2）基本作业

（1）确定道岔直、曲标准股。在检查水平时，直股以直外股为标准股。标准股较高时记为“+”，反之记为“－”（站在岔首面向辙叉方向，外直股及曲上股为标准股）。

（2）目视道岔方向和高低。站在道岔外 50 m 左右处，面向道岔，先看道岔方向，后看道岔前后高低，必要时可用弦线测量。如有超限或其他危及行车安全处所，应填写在检查记录簿补修栏内。

（3）按图 6.7 所示位置、顺序检查道岔的轨距、水平。用道尺在规定的部位逐处检查，先检查轨距，后检查水平。将各部位几何尺寸误差值记录在检查记录簿轨距、水平栏内。

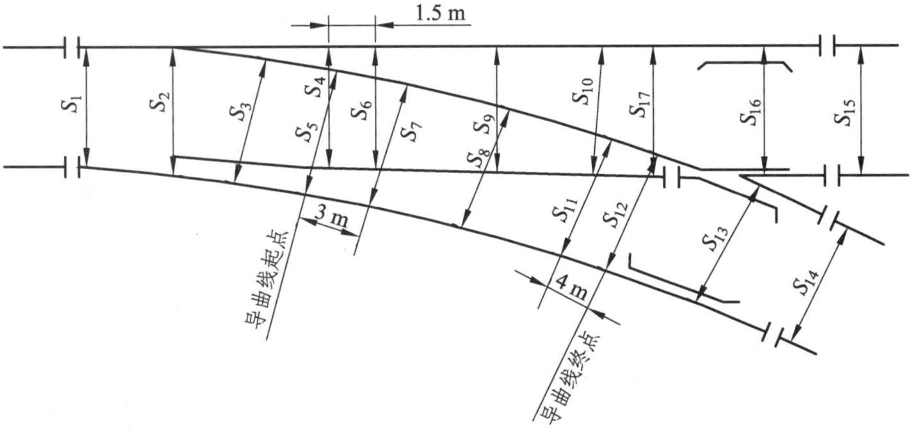

图 6.7　检查道岔的轨距、水平

（4）在道岔检查的过程中，应随时注意检查其他可能危及行车安全的病害，以及钢轨、尖轨、辙叉、夹板伤损情况。如有超限或其他行车安全的病害，应填写在记录簿补修栏内。

6. 作业流程

本实战任务的作业程序如表 6.13 所示。

表 6.13 普通单开道岔检查作业流程

作业流程	作业内容	图例
1	检查地点：尖轨前顺坡终点。 具体位置：基本轨接头第一个螺栓处（或距轨端 100 ~ 150 mm 处）	
2	检查地点：尖轨尖端。 具体位置：距尖轨尖端 50 ~ 80 mm 处	
3	检查地点：尖轨中部。 具体位置：尖轨竖切削终点处（动程无影响）	
4	检查地点：尖轨跟端直股。 具体位置：放在连接轨夹板第二螺栓处	

续表

作业流程	作业内容	图　例
5	检查地点：尖轨跟端曲股。 具体位置：放在连接轨夹板第二螺栓处（导曲线起点处）	
6	检查地点：尖轨跟端后直股。 具体位置：距跟端 1.5 m	
7	检查地点：导曲线前部。 具体位置：距导曲线起点 3 m	
8	检查地点：导曲线中部。 具体位置：放在导曲线外股接头第二螺栓处	
9	检查地点：直股中部。 具体位置：放在直内股接头第二螺栓处	

<table>
<tr><th>作业流程</th><th>作业内容</th><th>图例</th></tr>
<tr><td>10</td><td>检查地点：直股后部。
具体位置：距辙叉前直线段 4 m 处</td><td></td></tr>
<tr><td>11</td><td>检查地点：导曲线后部。
具体位置：距辙叉前直线段 4 m 处（距导曲线终点 4 m）</td><td></td></tr>
<tr><td>12</td><td>检查地点：辙叉曲股前。
具体位置：放在导曲线终点处</td><td></td></tr>
<tr><td>13</td><td>检查地点：辙叉曲股中。
具体位置：放在辙叉心 20 ~ 50 mm 处（同时量查照间隔和护背距离）</td><td>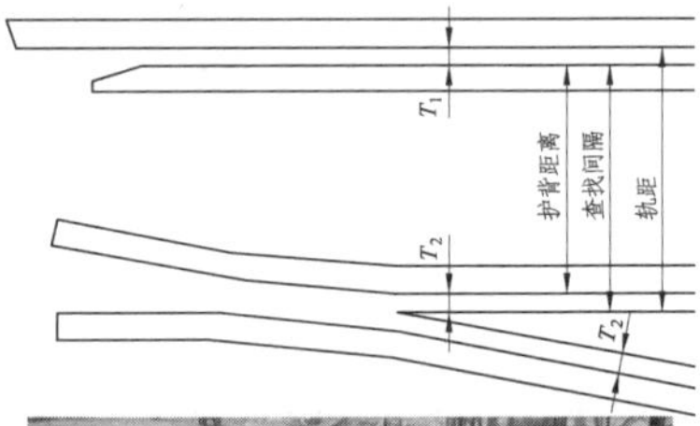

</td></tr>
</table>

作业流程	作业内容	图例
14	检查地点：辙叉曲股后。 具体位置：放在辙叉跟第三个螺栓处	
15	检查地点：辙叉直股后。 具体位置：放在辙叉跟第三个螺栓处	
16	检查地点：辙叉直股中。 具体位置：放在辙叉心 20 ~ 50 mm 处（同时量查照间隔和护背距离）	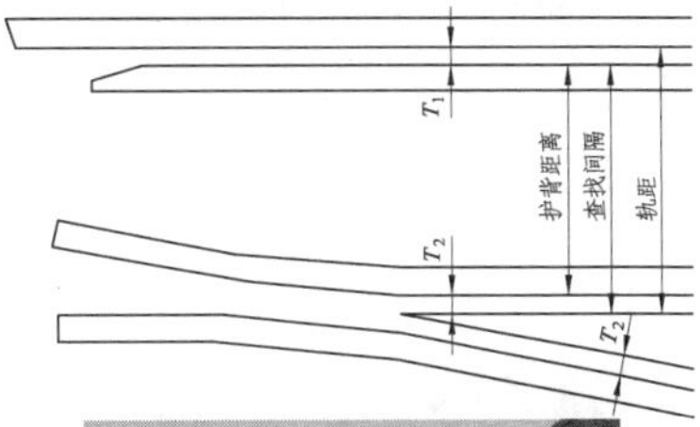 
17	检查地点：辙叉直股前。 具体位置：对应放在导曲线终点处	

7. 质量要求

（1）检查项目和部位必须完整，无遗漏，检查位置必须准确，要将超限处所查出来，记录准确无误。在轨距递减、递增变化点检查部位，按规定位置偏差不得超过 100 mm。

（2）检查数据结果正确。轨距、水平测量误差不得超过 ± 1 mm。轨距、水平正负号不能写错。

（3）检查顺序规范合理，部位齐全。

（4）对超限处所的范围判定正确，超限处所勾画准确无误。

（5）能及时发现危及行车安全的危险处所，并记录清楚。

（6）准确判断各种病害产生原因、作业位置、工作项目、工作量。

8. 安全注意事项

（1）检查转辙部位时，要防止尖轨突然扳动、挤伤手脚和道尺。

（2）有来车时应按有关规定及时下道避车。邻线有来车时应停止工作，加强瞭望。

（3）在绝缘接头处不准用钢板尺、钢卷尺接触两端钢轨以防混电。

实战任务 2：高速铁路道岔检查

1. 作业目的

对道岔的轨距、水平（超高）高低、轨向、支距、查照间隔、道岔各部位间隙等进行精确测量。

2. 作业条件

（1）道岔检查工具如表 6.14 所示。

表 6.14　道岔检查工具

序号	名称	检查项目
1	轨道测量仪	轨距、轨向、水平、高低
2	轨距尺 （0 号电子道尺）	轨距、查照间隔、水平
3	支距尺	支距
4	方尺	道岔基本轨始端、尖轨尖端对齐、岔枕垂直度
5	卷尺	道岔部件长度、岔枕位置、间距等
6	塞尺	钢轨间、轨底与台板间、顶铁与钢轨间缝隙
7	游标卡尺、卡钳	间距、间隔等尺寸，部件尺寸
8	1 m 平尺	轨顶、工作边直线度、平直度
9	2 m 平尺	轨顶、工作边直线度，心轨尖端抗线，降低值（配合塞尺或深度尺）
10	弦绳（绷线器）	钢轨工作边方向、轨顶高低、钢轨直线度
11	弹簧秤、磁力拉环	道岔长度、钢轨件长度
12	扭矩扳手	螺栓扭矩
13	钢轨轮廓（磨耗）测量仪	钢轨顶面轮廓，轨顶坡、降低值
14	尖轨降低值测量仪	尖轨降低值、心轨降低值
15	钢轨温度计	钢轨轨温

（2）必须利用“维修天窗”“故障修”点进行作业。

3. 作业程序与要领

1）作业准备

（1）人员情况：对检查作业人员进行有针对性的安全教育，确定检查道岔地点，做到分工明确，责任到位。上班前穿好防护服（夜间穿条型反光防护服），戴好劳保用品。

（2）工料：道岔检查工具如表 6.14 所示，外加笔、记录本、石笔和照明设备。

（3）照明设备检查：检查头灯照明良好。

（4）防护：按规定设置防护。

2）检查

使用电子道尺检查道岔：

（1）电子道尺使用前，由检查人对电子道尺校对，检查电子道尺性能完好，当轨距误差≥0.5 mm 或水平误差≥1.0 mm 时，禁止上道使用，并及时送检。

（2）测量轨距：将两端测座搭在两股钢轨上，拉动提手测头与钢轨作用边接触，移动测头位置，使读数最小，待显示数据稳定后，读取轨距值。检查时要求在每根轨枕处进行测量，认真标注和记录，全面分析，从而判断轨距、轨距顺坡率是否符合标准。

（3）测量水平：将两端测座搭在两股钢轨上，待显示数据稳定后，读取水平值或超高值。检查时要求在每根轨枕处进行测量，认真标注和记录，全面分析，从而判断水平、顺坡率和三角坑或线路扭曲等项目是否符合标准。

（4）用轨距尺检查查照间隔。

（5）用支距尺检查各部支距。

（6）高低、轨向测量。

（7）焊缝、轨垫、螺栓扭矩检查。

（8）检查道岔间隙值及其他。

（9）道岔各项目检查方法如表 6.15 所示。

（10）轨距、水平检查数据导出。

表 6.15　道岔检查方法

序号	检测项目	检测工具	检 测 方 法	示意图
1	道岔及调节器全长、轨件长度	钢卷尺、弹簧秤、磁力拉环	磁力拉环固定钢尺末端，弹簧秤拉紧端头，确认全长	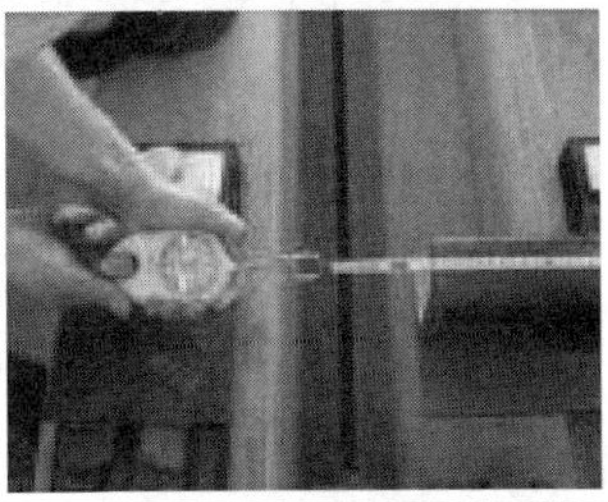

续表

序号	检测项目	检测工具	检 测 方 法	示意图
2	水平	轨距尺、轨道测量仪	观察轨距尺气泡位置，确认水平高差	
3	高低	弦线、钢板尺、轨道测量仪	轨顶 10 m 弦线 5 m 交替测量弦线至轨顶距离。轨道测量仪测量高低	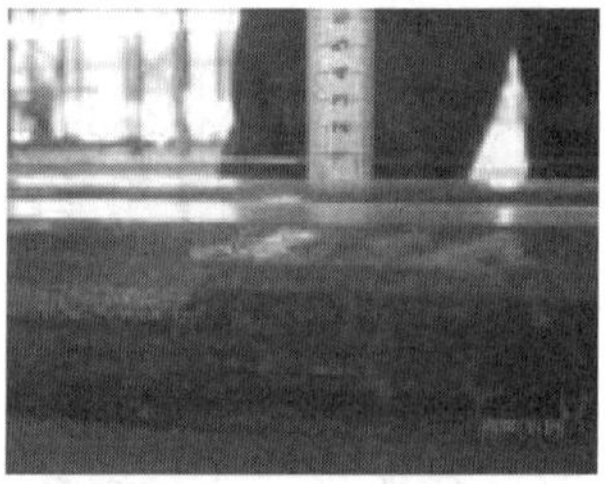
4	方向	弦线、钢板尺、轨道测量仪	轨头侧面（正线非工作边） 10 m 弦线 5 m 交替测量弦线至轨头工作边距离。轨道测量仪测量方向	
5	方正差	方尺、支距尺、钢板尺	道岔始端任意处，方尺或支距尺垂直于直股工作边，板尺测量两基本轨始端至方尺或支距尺边距离，计算差值	
6	轨距	轨距尺、轨道测量仪	轨距尺水平放置于测量点位置处，使轨距尺垂直于轨距中心线，测量两钢轨之间的最小距离	

续表

序号	检测项目	检测工具	检 测 方 法	示意图
7	尖轨与基本轨间隙	塞尺	分别使用塞尺中合适厚度的尺片确定间隙大小	
8	直尖轨工作边直线度	弦线、钢板尺	轨头侧面（尖轨工作边）10 m 弦线 5 m 交替测量弦线至工作边的距离	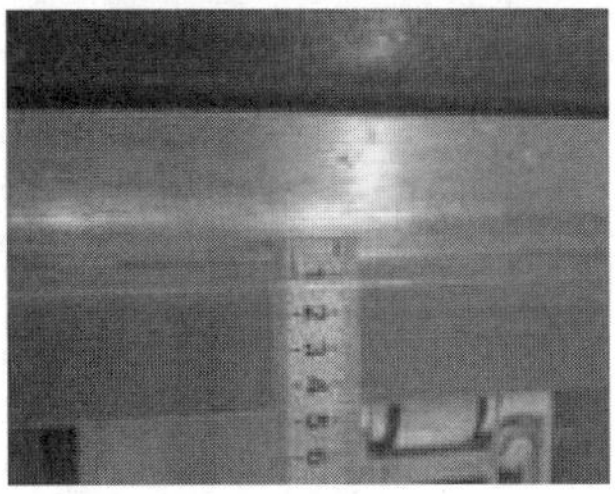
9	尖轨与基本轨间顶铁间隙	塞尺	使用塞尺中合适厚度的尺片逐一反复滑塞，确认间隙大小	
10	尖轨轨底与滑床台间隙	塞尺	使用塞尺中合适厚度的尺片逐一反复滑塞，确认间隙大小	
11	尖轨相对基本轨降低值	尖轨降低值测量仪	参见说明书	

续表

序号	检测项目	检测工具	检测方法	示意图
12	转辙器部分最小轮缘槽	卡钳、钢板尺	用卡钳在基本轨、尖轨之间滑动（16 mm 工作边处）确认最窄处并量出数据	
13	尖轨限位器两侧间隙偏差	宽度尺、游标卡尺	测量限位器两边间隙，确认偏差	
14	道岔导曲线支距	支距尺	使用支距尺测量各个支距点数据	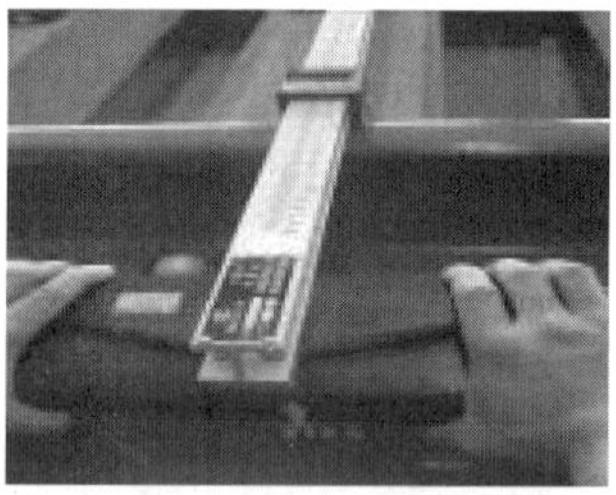
15	岔枕位置及间距偏差	卷尺、盘尺	使用盘尺、卷尺测量岔枕位置及间距	
16	尖轨轨底和辊轮及滑床台间隙	辊轮专用安装、调整、检测工具	使用专用工具进行安装，调整和检测	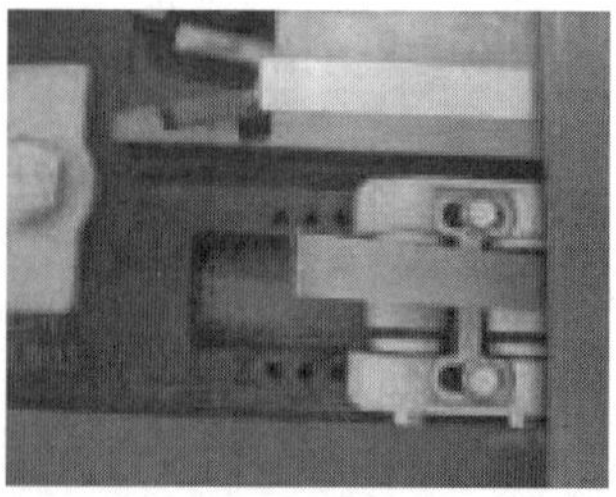

续表

序号	检测项目	检测工具	检测方法	示意图
17	各种螺母紧固扭矩	扭矩扳手	使用测力扭矩扳手检测相应螺栓紧固扭矩是否达标	
18	顶面轮廓（含轨顶坡、降低值）	钢轨轮廓（磨耗）测量仪	使用钢轨轮廓（磨耗）测量仪测试钢轨顶面轮廓、轨顶坡和降低值	
19	可动心轨辙叉咽喉宽	同序号 12		
20	心轨和翼轨密贴	同序号 7		
21	叉跟尖轨与短心轨间隙	同序号 7		

续表

序号	检测项目	检测工具	检 测 方 法	示意图
22	心轨各控制断面相对翼轨降低值	同序号 11		
23	心轨轨底与台板间隙	同序号 10		
24	心轨直股工作边直线度	同序号 8		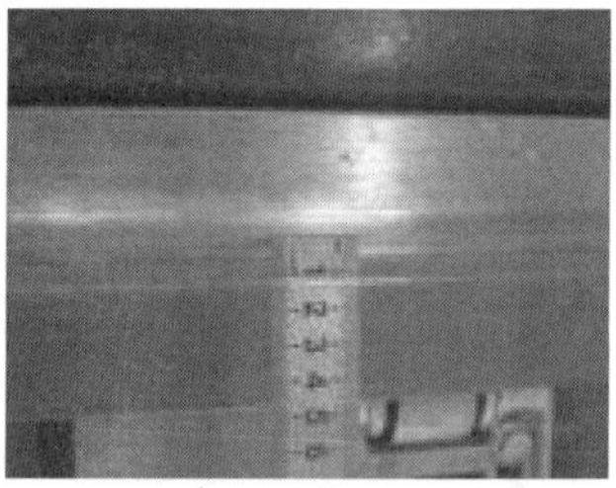
25	心轨轨腰与顶铁间隙	同序号 9		
26	叉跟尖轨轨腰与顶铁间隙	同序号 9		

续表

序号	检测项目	检测工具	检 测 方 法	示意图
27	护轨平直段、缓冲段、开口段轮缘槽宽度	同序号 12		
28	查照间隔	同序号 6		
29	尖轨、心轨各牵引点处开口值	同序号 12		

4. 道岔检查质量标准

（1）符合高速道岔轨道静态几何尺寸容许偏差管理值。

（2）符合道岔各部间隙容许偏差管理值。

5. 安全注意事项

（1）电子道尺、轨道检测仪在使用过程中，要防止受到外部碰撞。

（2）防止尖锐器物接触检测显示屏，以免造成显示屏破损。

（3）电子道尺每三个月必须检定一次，合格标示清晰，不得超期使用。

6. 过程监控

（1）检查负责人和防护员实施对作业过程的安全、检查质量进行监控。

（2）夜间照明头灯在上道前确认电量充足、照明光线良好。

（3）所有夜间检查工具、材料必须进行登记签认；人员必须穿反光防护服。对作业人员、工具、材料进行核对消记签认，盯控干部或检查负责人要严格把关。

（4）驻站（所）联络员和防护员必须由段职工教育部门培训，经考试合格后持证上岗。严禁不设防护或防护未设好上道作业。驻站（所）联络员、防护员和检查负责人之间必须按规定保持经常联系，一旦联系中断，人员和检查工具撤到安全距离以外。

实战任务 3：铁路钢轨伸缩调节器检查作业

1. 实训任务

本任务由单人完成。学员依次使用检查工具完成 1 组钢轨伸缩调节器的检查作业。

2. 任务分析

通过本次实训任务，学员应掌握钢轨伸缩调节器检查作业方法，能比较熟练地开展钢轨伸缩调节器检查作业工作。

规范铁路钢轨伸缩调节器检查工作程序、作业标准，对钢轨伸缩调节器设备变化情况进行监控，做到病害有分析、有处理。

3. 任务准备

（1）工量具准备：按规定要求携带工量具。

（2）场地准备：一组铁路钢轨伸缩调节器。

4. 作业流程

本实战任务的作业程序如图 6.8 所示。

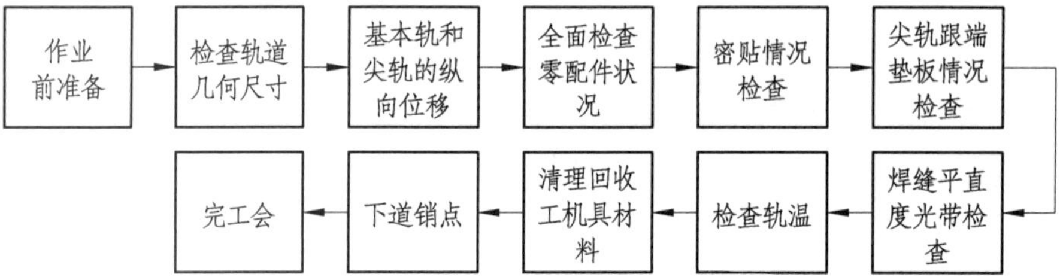

图 6.8　铁路钢轨伸缩调节器检查作业流程

5. 工作内容与要求

1）作业准备

（1）防护：利用天窗期，在车站《行车设备施工登记簿》登记，按规定设置车站、工地 GSM-R 电话或对讲机防护。

（2）工具材料：0 级电子道尺、弦线、塞尺、1.5 m 钢尺、150 mm 直钢尺、扭力矩扳手、475 mm 活口扳手、加力杆、轨温计。上道前对当天使用的工具进行检查，确保性能良好，能正常使用，不能影响作业进度。

（3）工区每隔三天报 2 组钢轨温度伸缩调节器检查计划，工长按照批复的计划定人、定责检查，指定检查负责人。

（4）检查负责人根据作业地点，在车站登记申请领取最近防护栅栏工作门的钥匙，在得到驻站联络员的调度命令后，由检查负责人确认封锁命令，安全员根据“高速、城际铁路施工封锁开通确认表”及“广州工务段高铁、城际铁路上线作业工机具、材料登记表”对上道人员、工具进行清点，确认无误后，然后进入工作门。

2）上线检查作业

（1）逐一检查每根枕木轨道几何尺寸。

（2）检查基本轨或尖轨的纵向位移。

（3）全面检查零配件状况。

（4）检查尖轨轨头切削范围内与基本轨接头密贴、尖轨轨撑密贴、基本轨轨撑密贴、尖轨轨底与台板密贴、基本轨轨底与钢垫板密贴等情况。

（5）检查尖轨跟端垫板情况等。

（6）检查 2 组钢轨温度伸缩调节器焊缝平顺度，采用 1.5 m 钢尺进行量测，钢尺量测从轨顶面和内侧作用边分别量测三次，钢尺位于焊缝中心、北端和南端各一次（轨顶面量测如图 6.9 所示，内侧作用边以此类推）。

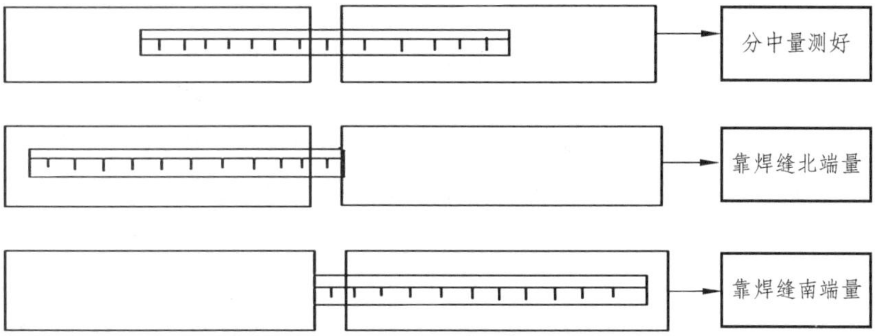

图 6.9　轨顶面量测

（7）2 组钢轨温度伸缩调节器钢轨光带观测，如图 6.10 所示，图中 L 为光带宽度，a 为光带距作用边（内侧）的距离，b 为光带距非作用边（外侧）距离。

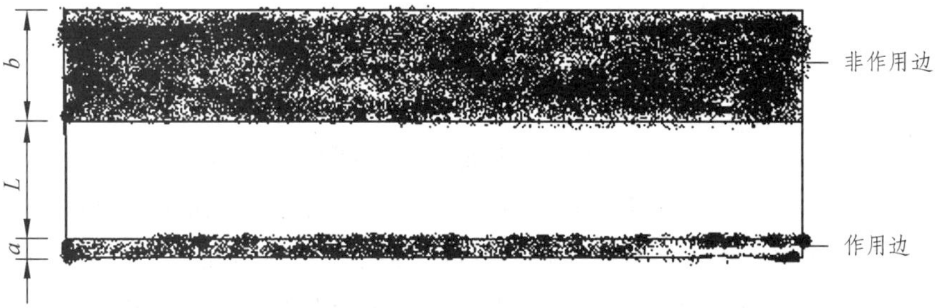

图 6.10　光带观测

其中每处光带观测范围为光带变化范围，包括起点、中点和终点，有焊缝的需增加1处。

（8）测量轨温。

3）检查要求

检查负责人按检查内容进行认真检查，做好详细记录、建立专门台账，对于松动的螺栓应及时复紧，检查完后钢轨伸缩调节器上的螺栓与螺母间应采用白油漆刷一齐缝线（沿螺杆涂刷一圈）。

4）作业完毕清点工具

下道前，由检查负责人及安全员对现场进行全面清理，对人员、工具进行清点，确认下道人员、工具数量无误，检查现场无遗留物品后撤离现场，撤出防护栅栏后，锁闭工作门，及时归还钥匙。检查负责人确认各项工作已按程序完成，向驻站联络员申请销点，检查负责人按规定在施工封锁开通确认表上签认。

5）安全控制措施

（1）进入工作门前必须确认作业确认单上机工具型号、数量、编号是否与现场所带机工具相同。

（2）进入工作门前必须确认所有机工具及照明工具是否贴好反光标志与编号。

（3）撤离作业地点时，作业负责人必须对人员、机工具及材料进行清点，确认下道人员、机工具及材料数量无误，施工现场无遗留物品后才能撤离现场作业地点。

（4）撤离作业地点出工作门后，施工负责人须再次确认工作门是否已经锁闭。

（5）到达、撤离作业地点应从工作门进出，严禁攀爬防护栅栏。

（6）加强交通安全教育，驾驶人员在途中注意汽车交通安全。

任务 6.5　电气化铁路、轨道电路维护及限界要求

6.5.1　电气化铁路维护

6.5.1.1　电气化铁路线路上作业规定

（1）起道作业要求：

① 两股钢轨同时起道时，一次作业起道量不得超过 30 mm，且两股钢轨起道量相差不得超过 11 mm；调整曲线超高时，单股起道量不得超过 11 mm。起道量超出上述规定时，应事先通知供电单位调查确认接触网设备调整工作量并配合作业。起道后轨面高度超出原轨面标准线 30 mm 时，由工务、供电部门共同确认，并由铁路局集团公司批准。

② 起道作业时，隧道、穿式桁架桥和拱桥、斜拉桥、悬索桥应满足建筑限界要求。

（2）拨道作业要求：

① 线路中心位移一次不得超过 30 mm，一侧拨道量年累计不得大于 120 mm，并满足建筑限界和线间距要求。拨道量超出上述规定时，应事先通知供电单位调查确认，满足调整要求后方可作业。

② 桥梁上线路一侧拨道量年累计不得大于 60 mm，且线路中心与桥梁中心的偏差值符合以下要求：线路允许速度 $v_{max} \leqslant 120$ km/h 地段，钢梁不得大于 50 mm，圬工梁不得大于 70 mm；线路允许速度 120 km/h $< v_{max} <$ 200 km/h 地段，钢梁、圬工梁不得大于 50 mm。

（3）清除危石、爆破作业，可能影响接触网及行车安全时，应有供电单位人员配合；有碍接触网及行车安全时，应先停电后作业。

（4）大型养路机械或工程机械作业，如不超出机车车辆上部限界，且作业人员所持机具、物品与接触网带电部分保持 2 m 以上距离时，接触网可不停电，不符合上述条件时，由供电单位按照规定办理停电手续并做好安全防护措施后，方可作业。使用大修列车、路基处理车在电气化区段作业时，接触网必须停电。

（5）在轨道电路区段天窗点外作业时，必须防止在作业时连电，应遵守以下规定：

① 养路工机具、轨距尺等，均必须具有与轨道电路的绝缘装置。

② 取放工具、抬运金属料具时，不得搭接两股钢轨、绝缘接头、引入线或轨距杆等。

（6）线路作业必须保持电气化及信号装置的接地线与轨端连接线的正常连接。

① 如需临时拆除接触网支柱地线连接线，应在供电单位配合下，采取相应的安全措施后方准开工；作业完毕后应及时恢复其可靠连接，经供电单位确认后方准结束作业。

② 如需临时拆除与贯通地线的连接，应在电务单位配合下，采取相应的安全措施后方准开工；作业完毕后应及时恢复与贯通地线的可靠连接，经电务单位确认后方准结束作业。

③ 如需临时拆除其他与贯通地线连接的接地线，应在该接地线所属单位的配合下，采取相应的安全措施后方准开工；作业结束后应及时恢复接地线，并经该接地线所属单位确认后方准结束作业。

④ 对于 V 形天窗，严禁拆除与贯通地线连接的各种接地线。

（7）除牵引供电等专业人员执行有关规定外，任何人员及所携带的物件、作业工器具等必须与牵引供电设备高压带电部分保持 2 m 以上的距离，与回流线、架空地线、保护线保持 1 m 以上距离，距离不足时，牵引供电设备必须停电。

（8）在电气化区段作业时，长轨列车必须安装屏蔽装置，轨道吊必须安装限位装置。

（9）在距离接触网带电部分 2 ~ 4 m 的建筑物上作业时，接触网可不停电，但必须由供电人员或经专门训练的人员现场监护。

（10）发现牵引供电设备断线及其部件损坏，或发现牵引供电设备上挂有线头、绳索、塑料布或脱落搭接等异物，均不得与之接触，应立即通知附近车站，在牵引供电设备检修人员到达并采取措施以前，任何人员均应距已断线索或异物处所 10 m 以外。

（11）在接触网支柱及接触网带电部分 5 m 范围以内的金属结构均必须接地，在与接触网相连的支柱及金属结构上；若未装设接地线或接地线已损坏，严禁人员与之接触。

（12）使用发电机、空压机、搅拌机等机电设备时，应有良好的接地装置。在可能带电部位，应有“高压危险”“禁止攀登”的明显标志和防护措施。各种机械与车辆不得用水冲洗；施工用的水管不得跨越接触网，不得用射水方式进行圬工养生。

（13）任何作业均不得影响供电设备的支柱、拉线及基础等设施的稳定。

6.5.1.2 电气化铁路线路更换钢轨作业规定

（1）在自动闭塞的电气化区段上更换钢轨时，应遵守以下规定：

① 在同一地点同时更换两股钢轨时，无论该地段接触网是否停电，换轨前必须在被换钢轨两端的左右轨节间横向各设一条截面面积不小于 70 mm^2 的铜导线，在被换一股钢轨两端轨节间纵向安装一条截面面积不小于 70 mm^2 的铜导线。铜导线两端用夹子牢固夹持在相邻的轨底上，夹持位置应除锈，如图 6.11 所示。作业完毕后方准拆除接地线和铜导线。

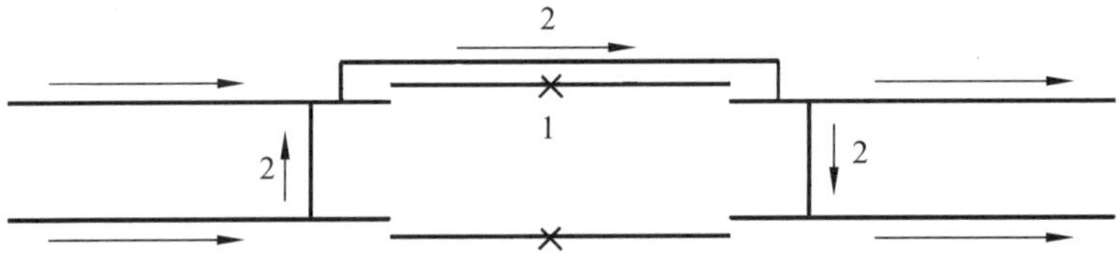

1—被更换钢轨；2—铜导线。

图 6.11　自动闭塞的电气化区段同一地点同时更换两股钢轨

② 更换一股钢轨时，换轨前应在被换钢轨两端的左右轨节间横向各设一条截面面积不小于 70 mm^2 的铜导线。铜导线两端用夹子牢固夹持在相邻的轨底上，夹持位置应除锈，如图 6.12 所示。或换轨前应在被换钢轨两端轨节间纵向安设一条截面面积不小于 70 mm^2 的铜导线。铜导线两端牢固夹持在相邻的轨底上，夹持位置应除锈，如图 6.13 所示。作业完毕后方准拆除铜导线。

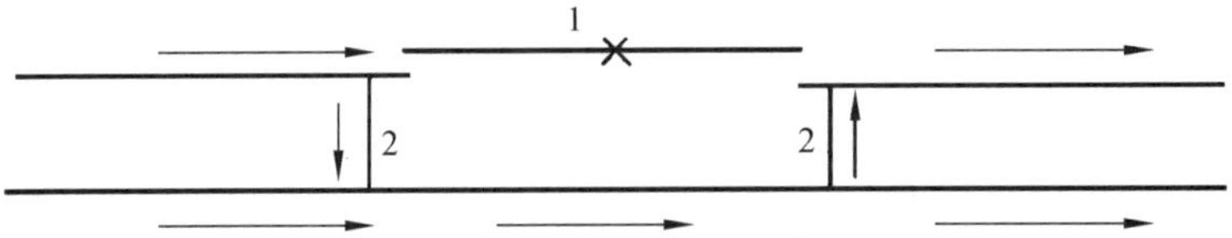

1—被更换钢轨；2—铜导线。

图 6.12　自动闭塞的电气化区段更换一股钢轨（一）

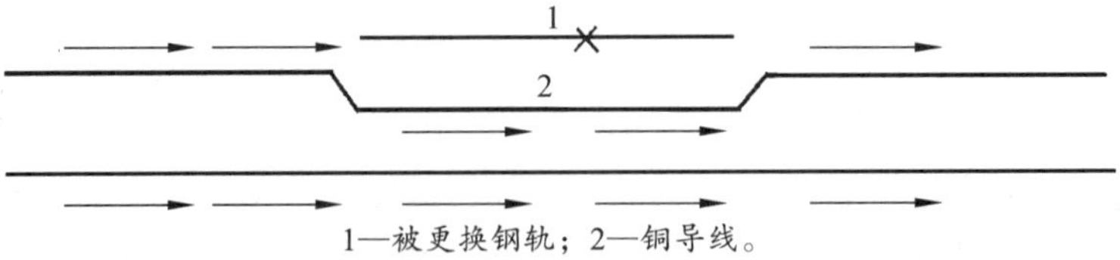

1—被更换钢轨；2—铜导线。

图 6.13　自动闭塞的电气化区段更换一股钢轨（二）

（2）在非自动闭塞的电气化区段上更换钢轨时，应遵守下列规定：

① 在同一地点同时更换两股钢轨时，无论该地段接触网是否停电，换轨前必须在被换钢轨两端轨节间纵向各设一条截面面积不小于 70 mm^2 的铜导线。铜导线两端牢固夹持在相邻的轨底上，夹持位置应除锈，如图 6.14 所示。作业完毕后方准拆除接地线和铜导线。

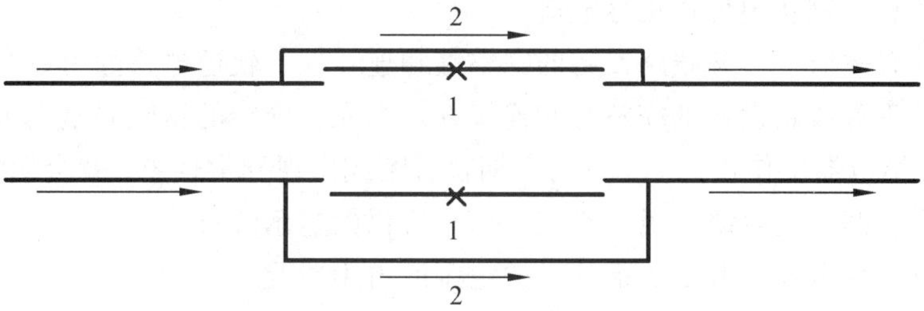

1—被更换的钢轨；2—铜导线。

图 6.14　非自动闭塞的电气化区段同一地点同时更换两股钢轨

② 更换一股钢轨时，换轨前应在被换钢轨两端轨节间纵向安设一条截面面积不小于 70 mm^2 的铜导线。铜导线两端牢固夹持在相邻的轨底上，夹持位置应除锈，如图 6.15 所示。作业完毕后方准拆除铜导线。

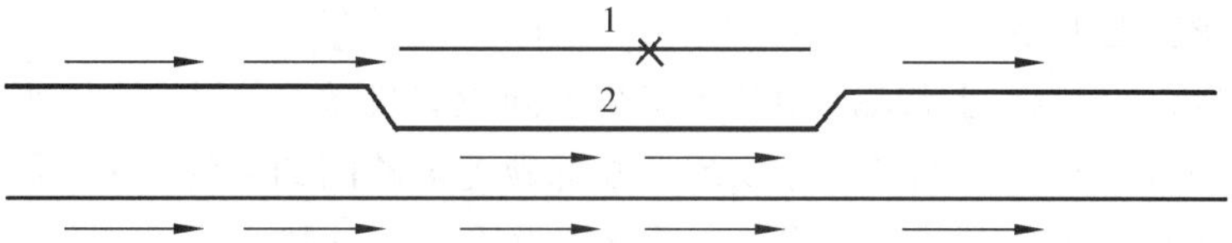

1—被更换的钢轨；2—铜导线。

图 6.15　自动闭塞的电气化区段更换一股钢轨

（3）更换钢轨其他规定：

① 更换钢轨需拆装扼流变钢轨引线时，应有电务单位现场配合，拆装作业由电务人员完成；设置好分路电缆之前，不得将扼流变钢轨引线从钢轨上拆开；如需拆开扼流变吸上线，还应有供电单位配合。

② 在站内更换钢轨或夹板时，铜导线的连接方法，必须考虑轨道电路和车站作业的要求。

③ 更换带有吸上线的钢轨，必须通知供电单位采取安全措施后，方准作业。

6.5.2　轨道电路线路维护

6.5.2.1　轨道电路

1. 轨道电路的作用

轨道电路是以两条钢轨作为传输导体，两端设有绝缘节，一端设有送电设备，一端设有受电设备所构成的电气回路。轨道电路把钢轨视为导体，钢轨之间用导线连接起来，两端用绝缘接头隔开。轨道电路不仅是信号的基础设备，同时也是电气化铁路牵引电流的回路。轨道电路的作用如下：

（1）传递行车信息。移频自动闭塞利用轨道电路中传递不同频率来反映前行列车的位置，决定列车的目标速度，决定各信号机的显示，为列车提供行车命令。

（2）轨道电路传送信号电流。机车上装有机车信号，能直接从轨道电路接收到反映地面信号的信息，钢轨中传送信号电流。

（3）能够有效监控工务线路设备的完整性和连续性。轨道电路的另一个重要作用是能够有效监控工务线路设备的完整性和连续性。当充当导线的钢轨安全无事时，轨道电流畅通无阻，继电器工作正常。一旦前方钢轨折断或出现异常现象，就会切断轨道电流，接通红色信号电路，此时线路虽然空闲，信号机仍然显示红灯。

（4）检查线路区段（股道、道岔）的空闲或占用情况。

2. 轨道电路的类别

轨道电路按绝缘方式分为有绝缘轨道电路和无绝缘轨道电路，又称为机械绝缘和电气绝缘。

1）有绝缘轨道电路

有绝缘轨道电路钢轨接头分普通绝缘接头和股处结绝缘接。

2）无绝缘轨道电路

轨道电路信号在钢轨上传输，由于闭塞分区间没有机械绝缘节，为了实现电气隔离，采用电气绝缘方式。电气绝缘节用于实现两相邻轨道电路间的电气隔离，它由调谐单元、平衡线圈及 29 m 钢轨组成。两个调谐单元分别设于 29 m 钢轨的两端。

3. 轨道电路的特殊性

轨道电路和其他电路的组成和原理都是相同的，都是一个传送电流的线路，但是轨道电路与架空电线路相比，有独特的工作条件，轨道电路是种特殊的电路。

（1）工作条件恶劣。轨道电路的导线就是钢轨，钢轨放在轨枕上，轨枕放在道床（大地）上，轨道电路对地绝缘不良，工作条件恶劣。钢轨与道砟之间的绝缘好坏用道床电阻的大小来表示，道床电阻越大越好，表明它们之间漏电越小。道床电阻随轨枕和道砟含水量多少而变化。

（2）导电不稳定。钢轨线路要传导轨道电流，希望钢轨线路的电阻越小越好。钢轨接头是用夹板连接的，电气接触不可靠，尽管安装了接续线，钢轨电阻还是会在很大范围内变化，而不像架空线路那么稳定。

（3）无绝缘轨道电路在 29 m 调谐区内，如需要使用短路钢线时，应将短路铜线在调谐区外将两根钢轨短接。

4. 轨道电路与工务设备的关系

从轨道电路的特点看，道床电阻和钢轨阻抗对于轨道电路十分重要，是衡量轨道电路好坏的标准。当轨道电路在规定范围内发送电压值最低、钢轨阻抗值最大、道床电阻值最小、轨道电路为极限长度和空闲的条件下，受电端的接收设备应可靠工作。

1）道床电阻

道床电阻指轨道电路中一条钢轨经过轨枕、道砟和大地到另一条钢轨的泄漏电阻（或称绝缘电阻）。道床电阻越大越好，轨道电路越长，道床电阻越小，即泄漏电流越大，通常道床电阻是用轨道电路每公里长度的数值表示，单位为“Ω·km”，轨道电路的道床电阻值不应小于表 6.16 的要求。

表 6.16　轨道电路道床电阻容许值

碎石道床	道床电阻/（Ω·km）	
	直流	交流
区间	1.2	1.0
站内	0.7	0.6

2）钢轨阻抗

轨道电路本身轨条的阻抗和两根钢轨接头处的阻抗。钢轨阻抗与轨道电路的长度成正比，轨道电路长度越长，钢轨阻抗越大，电压耗损越大。通常用轨道电路每公里长度的数值表示，单位是“Ω·km”。钢轨阻抗越小越好，在 25 Hz 相敏轨道电路中，采用塞钉式接续线时，区间线路的钢轨阻抗应小于 0.5 Ω·km。

钢轨接头对钢轨阻抗的影响很大，与夹板与钢轨间的接触、接续线与钢轨间的连接、洁净程度、生锈情况、接触压力以及气候条件等因素有关。至于钢轨类型是 50 kg/m 还是 60 kg/m 的，影响不大。

6.5.2.2　“红光带”故障

1. 常见的“红光带”故障

红光带是铁路技术术语。铁路控制系统中，以线路钢轨为导体，构成了轨道电路，两条轨道被列车的轮对短接，在控制系统中就会显示为红色，从而指示车辆的位置。但潮湿、绝缘损坏、金属搭接、雷电冲击等因素可能造成无车路段的路轨被短接，显示出异常红光带或“闪红”，令控制台难以判断实际情况。简单来说，对于轨道电路区段，显示设备以红光带表示该轨道区段处于有车占用状态或故障状态，称之为红光带（如钢轨折断、电缆断线、电源故障等），如图 6.16 所示。

图 6.16　红光带

2. 红光带产生的原因分析

1）短路红光带

作业过程中，由于金属工具搭接两股钢轨、引接线或绝缘轨端两侧；绝缘接头处绝缘轨端、槽板、绝缘套管损坏等原因，构成电流回路，即形成轨道电路短路。

（1）使用不绝缘工具或其他金属物搭接两股钢轨造成连电。如道岔捣固、拨道、推行单轨小车等，如图 6.17 所示。

图 6.17　推行单轨小车造成连电

（2）绝缘接头处接头扣件搭接绝缘接头夹板造成连电，如图 6.18 所示。

图 6.18　绝缘接头扣件搭接钢轨夹板

（3）在绝缘接头附近随意放置绝缘性能不良的机具、材料导致绝缘接头相邻两根导线搭接造成连电，如图 6.19 所示。

图 6.19　绝缘接头附近随意放置绝缘性能不良的机具

（4）绝缘接头前后道钉浮起或脱落、接头螺栓脱落，或道岔内其他金属丝、铁屑等搭接直、曲股钢轨或垫板扣件造成连电，如图 6.20 所示。

图 6.20　金属丝、铁屑搭接绝缘接头造成连电

（5）使用道尺或支距尺检查时，把检查工具不绝缘部位搭接在钢轨上造成连电，如图 6.21 所示。

图 6.21　道尺或支距尺的不绝缘部位搭接在钢轨上造成连电

（6）绝缘接头轨端肥边过厚或轨缝过小顶穿绝缘片造成连电，如图 6.22 所示。

图 6.22　绝缘接头轨缝过小造成连电

（7）胶结绝缘接头电阻不良，造成连电，如图 6.23 所示。

图 6.23　绝缘接头电阻不良

（8）使用直尺、钢卷尺等金属物件丈量绝缘接头轨缝，操作不当，造成连电，如图 6.24 所示。

图 6.24　使用直尺丈量绝缘接头轨缝

（9）绝缘接头相邻两根导线导电性能不良或导线脱落，造成红光带，如图 6.25 所示。

图 6.25　绝缘接头电阻不良

（10）使用普通轨距杆连接两股钢轨造成连电，如图 6.26 所示

图 6.26　普通轨距杆

2）断路红光带

造成轨道电路断路的原因包括：发生工务钢轨折断（见图 6.27）；电务送、受电端设备损坏；引接线、跳线折断（见图 6.28）；等等。

图 6.27　钢轨折断

图 6.28　电缆损坏

3. 故障检查范围及内容

1）检查范围

（1）站内红光带：

① 站内股道：为股道出站（发）信号机之间绝缘接头及内方线路。

② 道岔区段：以电务划分的信号区段来查找。如 2 DG 发生信号故障，就是指 2 号道岔的轨道电路区段；如 4 DG-10 DG 发生信号故障，就是指 4 号道岔至 10 道岔的轨道电路区段。应分别以绝缘轨缝为分界点。

（2）区间红光带：

① 自动闭塞区间：从出现红光带的信号机的绝缘接头起开始检查，至下一架信号机后方 29 m 处为检查区段。

② 半自动闭塞区间：预告信号机故障检查范围为预告信号机至进站信号机间区段。进站信号机故障检查范围是该信号机至站内出发信号机间区段，出站信号机故障检查该信号机至一离去信号机间区段。

2）检查内容

（1）轨件折断：钢轨、辙叉、尖轨折断、夹板折断等。

（2）工电接合部：绝缘件破损，扣件搭接，轨端眉边、金属异物搭接件。

（3）特殊部位：尖轨耳铁、电务跳线过轨处、钝角叉心前后等。

（4）违章作业：作业不当，起、道机安装搭连，长大工机具搭连长轨摆放等。

（5）外部影响：路外违法施工、山火烧断电缆，水漫道床、金属搭接、雷击等。

4. 主要处置规章

1）普速铁路

（1）车站值班员（列车调度员）发现 CTC/TDCS 终端车站或区间轨道电路红光带故障信息时，按上述第 1、2 款规定处置。当 CTC/TDCS 终端故障红光带在联锁控制台显示范围外，电务部门确认故障处所信号联锁及区间设备正常，仅是 CTC/TDCS 终端显示错误时，应在车站（调度所）《行车设备检查登记簿》内销记“××轨道电路红光带 CTC/TDCS 终端显示错误，信号联锁及区间设备正常”。车站值班员（列车调度员）根据电务销记通知工务不再进行检查处理，工务部门在《行车设备检查登记簿》内销记“接车站（调度）通知，工务不再进行检查处理”后，恢复正常组织行车。电务部门故障处理完毕后，恢复 CTC/TDCS 设备正常使用。

（2）当区间或站（场）内出现（含闪现）红光带时，待红光带消失，电务部门签认故障原因仅为电源故障或电务器材故障，设备恢复正常后（电务人员可通过录音电话等录音设备口头销记），可恢复正常行车；车站值班员（列车调度员）根据电务部门的确认，通知工务部门不再进行检查处理；工务按“接车站（调度）通知，工务不再进行检查处理”进行口头销记。口头销记的，须尽快在行车室或调度台书面销记。

（3）当区间出现多个（2 个及以上）轨道电路区段（可能在一个闭塞分区内的多个区段）红光带时（或同时发生信号机灭灯等故障），故障暂时无法恢复，电务部门签认故障原因仅为电源故障或电缆中断故障，工务不再进行检查处理（电务人员可通过录音电话等录音设备口头销记），车站值班员（列车调度员）根据电务部门的确认，通知工务部门；工务部门可按“根据电务登记，工务不再进行检查处理，工务设备正常”进行口头销记。车站值班员（列车调度员）根据电务部门明确的行车限制条件组织行车。口头销记的，须尽快在行车室或调度台里书面销记。

（4）除上述情况外，轨道电路出现（含闪现）红光带，须待工务部门签认该区段线路正常后，方可按规定组织行车。

2）高速铁路

（1）区间或站内非列车占用红光带，工务部门未签认具备列车放行条件时，不得放行列车。但下述两种情况，工务可不上线检查：

① CTC/TDCS 显示的区间故障红光带在联锁控制台显示范围内、联锁控制台该区段未显示及未闪现红光带且电务确认（可通过录音电话等录音设备口头销记）为 CTC/TDCS 系统故障造成，信联闭设备正常。车站值班员（列车调度员）根据电务部门的确认，通知工务部门不再进行检查处理；工务部门按“接车站（调度）通知，工务不再进行检查处理”进行口头销记。口头销记的，须尽快在行车室或调度台里书面销记。

② 当区间或站（场）内出现（含闪现）红光带时，待红光带消失，电务部门签认故障原因为电源故障或电务器材故障，设备恢复正常后（电务人员可通过录音电话等录音设备口头销记），可恢复正常行车；车站值班员（列车调度员）根据电务部门的确认，通知工务部门不再进行检查处理；工务部门按“接车站（调度）通知，工务不再进行检查处理”进行口头销记。口头销记的，须尽快在行车室或调度台里书面销记。

（2）区间红光带不能及时恢复，电务部门应在《行车设备检查登记簿》内注明故障的闭塞分区（区间通过信号机故障时为该信号机防护的闭塞分区）及其起止里程；如设有通过信号机，并须注明防护该闭塞分区的通过信号机号码。

5. 应急处置注意事项

（1）高速铁路上道检查，须确认列车调度员已下达“本线封锁、邻线限速 160 km/h”的调度命令后，方可进入防护栅栏；故障处理完成后，必须清点确认所有人员、工机具撤出工作门后才能申请开通线路。撤离作业地点出工作门后，应确认工作门已经锁闭完好。

（2）所有上线工机具必须粘贴反光标志，夜间需保证足够的照明。

（3）现场检查人员对故障区段检查前，须提前查阅故障区段轨道电路图，并与单位调度确定故障检查范围，确保检查区段无误。

（4）故障处理后放行列车速度由现场负责人确定。

（5）如故障发生在两工区交界处，两工区必须同时组织检查处理。当一方检查至交界处，仍未发现故障时，应继续向另一方管辖范围检查，直至与另一方检查人员会面。

实战任务 1：“红光带”故障检查作业

1. 实战任务

熟练掌握红光带故障防护设置流程和检查流程。

2. 任务分析

红光带是铁路较为常见的故障，是影响行车安全的主要故障之一。发现线路红光带故障时，必须立即采取线路故障防护办法进行防护。作业人员或检查人员应携带必要的应急工具赶赴现场，进行故障的检查和处置，减小对行车的影响。

3. 任务准备

（1）工具准备：活动扳手、断轨检查架、急救器、鼓包夹板、连接铜导线等（见表 6.17）。

表 6.17　工具清单

名　称	单位	数量	图　例
活动扳手	把	2	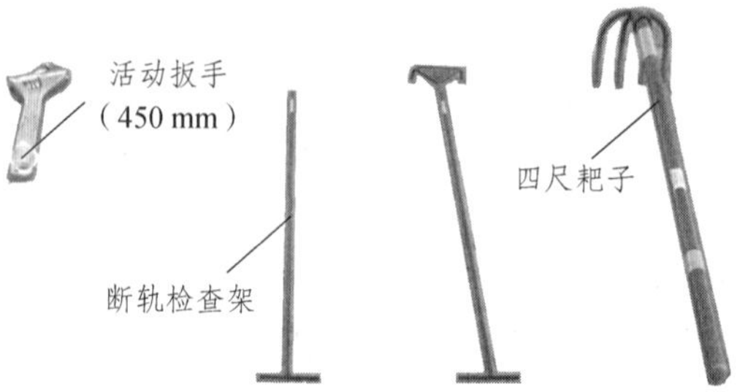
断轨检查架	把	2	
急救器	个	2	
鼓包夹板	块	2	
连接铜导线	条	1	
对讲机（GSM 手机）	台	2	
防护备品	套	1	

（2）其他准备：通信工具、防护备品。

4. 任务实施条件

在《行车设备检查登记簿》上登记，设驻站联络员和现场防护员进行防护。普速铁路检查可在天窗点外进行，高速铁路需“本线封锁、邻线限速 160 km/h”，方可上道检查。

5. “红光带”故障处置程序

本实战任务的故障处置程序如表 6.18 所示。

表 6.18　“红光带”故障处置程序

作业流程	作业内容	图　例
1. 应急分工	（1）段调度接到红光带故障信息后，根据红光带故障影响区域，通知相关车间、工区前往检查处理，工区负责人接到段调度红光带故障应急处置电话后，立即安排驻站联络员携带通信设备及防护用品（应急包）迅速赶到车站运转室（信号楼），办理相关手续，担当联络防护工作。驻站联络员到位后，向单位调度汇报。	 段调度通知相关车间、工区检查处理

续表

作业流程	作业内容	图　例
1. 应急分工	（2）组织第一批应急人员携带必要应急工具赶赴现场。同时安排其他应急人员尽快将应急工机料具装车，与现场检查人员保持联系，尽快将赶往故障地点。如遇交通不便或路程较远影响处置时，可申请登乘动车组	 应急人员携带应急工具赶赴现场
2. 设置防护	应急人员到达现场（工作门）后，立即联系驻站联络员，确认故障区段列车运行或线路封锁情况。未设置好防护，禁止上道检查	 应急处理人员到达现场
	待满足上道条件后，2 人分别用断轨检查架在两股钢轨上快速推行，做断轨项目检查。2 人携带扳手和四齿耙进行红光带连电相关项目检查	 断轨项目检查  连电相关项目检查

续表

<table>
<tr><th>作业流程</th><th>作业内容</th><th>图　例</th></tr>
<tr><td>3. 上道检查</td><td>检查现场线路设备情况，重点检查是否断轨、绝缘接头处扣件搭连夹板、绝缘顶死或失效、长跳线过轨处、尖轨连接杆绝缘损坏、道岔中部轨距杆搭连钢轨、作业工具造成连电等。如遇工电接合部，需停留仔细检查，以便及时、准确发现故障处所。
（1）断轨检查：使用断轨检查架在线路上推行时，速度不得过快，推行中需密切观察轨面情况，遇接头处时，应将断轨检查架提起，越过轨缝处，继续检查。
（2）钢轨接头检查：检查中遇接头时，应对接头夹板是否折断，绝缘接头处绝缘破损，轨端飞边或瞎（盲）缝顶穿绝缘片，零扣配件搭接夹板等项目进行检查。
（3）道岔部位检查：道岔检查中遇导曲线中部长跳线过轨处所时，应对长跳线裸露部分与内股钢轨是否连电进行检查；检查中遇道岔转折部分，长铁垫板连接处绝缘部位进行检查确认；检查中应对尖轨连接杆绝缘部位及道岔螺栓进行检查确认；各检查人员应对故障范围内设备进行仔细的检查，尤其是对工电接合部要做到一处不漏，确保设备检查到位</td><td>
断轨检查

钢轨绝缘接头检查

检查长跳线裸露部分与内股钢轨是否连电

长铁垫板连接处绝缘部位检查

尖轨连接杆绝缘部位及道岔螺栓检查</td></tr>
</table>

续表

作业流程	作业内容	图例
4. 确认设备状态	（1）如检查确认工务设备正常，且故障已消除，设备已恢复正常，现场负责人通知驻站联络员办理销记手续。否则，继续进行检查，直至确认故障原因，方可停止检查。 （2）如检查确认属工务设备故障造成，应封锁线路，立即进行抢修，视设备恢复情况，办理限速或常速开通线路手续	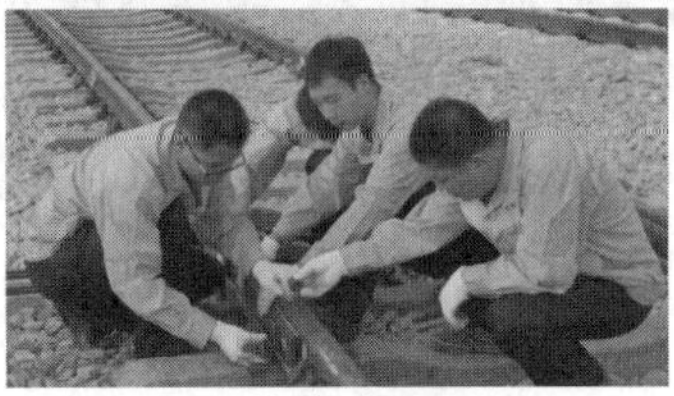 故障处理
5. 销记	驻站联络员（值班调度员）接到现场负责人销记命令后，及时在《运统-46》办理销记后续，同时将现场检查及销记情况（含电务）向单位调度值班室汇报，值班调度向单位值班领导及业务科室负责人汇报	 驻站联络员向段调度汇报情况
6. 结束应急响应	现场应急人员及驻站联络员待红光带消失，设备恢复正常，故障原因已查明，电务销记完毕后，经单位调度值班室同意后方可离开	

6. 应急处置注意事项

（1）高速铁路上道检查，须确认列车调度员已下达“本线封锁、邻线限速 160 km/h”的调度命令后，方可进入防护栅栏；故障处理完成后，必须清点确认所有人员、工机具撤出工作门后才能申请开通线路。撤离作业地点出工作门后，应确认工作门已经锁闭完好。

（2）所有上线工机具必须粘贴反光标志，夜间需保证足够的照明。

（3）现场检查人员对故障区段检查前，须提前查阅故障区段轨道电路图，并与单位调度确定故障检查范围，确保检查区段无误。

（4）故障处理后放行列车速度由现场负责人确定。

（5）如故障发生在两工区交界处，两工区必须同时组织检查处理。当一方检查至交界处，仍未发现故障时，应继续向另一方管辖范围检查，直至与另一方检查人员会面。

实战任务 2：道岔无表示故障作业

1. 实战任务

通过本任务熟练掌握道岔无表示故障处理作业流程。

2. 任务分析

道岔无表示故障是指控制台显示道岔定位或反位的表示，因故自动消失的现象（定位或反位表示灯之一或全部熄灭）。道岔无表示与工务设备有关的主要设备是尖轨或心轨。尖轨或心轨在正常扳动时与基本或翼轨轨密贴后，电机内检查柱掉入检查缺口内，动接点与静接点闭合。如果动、静接点不能闭合，检查柱不能掉入检查缺口内，就会出现“道岔无表示”现象。

“道岔无表示”与工务有关的原因有：

（1）改道造成尖轨与基本轨密贴状态发生变化。

（2）基本轨工作边与尖轨非工作边“肥边”超限。

（3）起道后造成尖轨与基本轨相对位置发生变化。

（4）拨道后造成电务已经调好并锁定的检查缺口发生变化。

（5）道岔的零配件脱落卡在尖轨与基本轨之间造成尖轨与基本轨无法密贴。

发现道岔无表示故障时，必须立即采取线路故障防护办法进行防护。作业人员或检查人员应携带必要应急工具赶赴现场，进行故障的检查和处置，减小对行车的影响。

3. 任务准备（见表 6.19）

（1）检查工具：轨距尺、框架尺、弦线、塞尺、钢板尺、检查小锤、绝缘卷尺（5 m）、检查记录簿等。

（2）应急处置工具：起道器、拨道器、四齿耙、捣固棒、活动扳手（450 mm）、手提打磨机等。

（3）其他准备：通信工具、防护备品。

表 6.19　工具清单

名　称	单位	数量	图　例
轨距尺	把	1	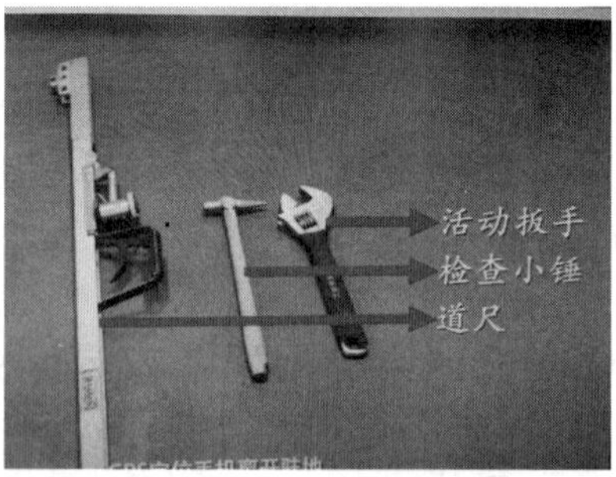
框架尺	把	1	
活动扳手（450 mm）	个	1	
弦线	块	1	
塞尺	条	1	
钢板尺		1	
检查小锤		1	
绝缘卷尺（5 m）		1	
检查记录簿		1	
对讲机（GSM 手机）	台	1	
防护备品	套	1	

4. 任务实施条件

在《行车设备检查登记簿》登记，设驻站联络员和现场防护员进行防护。普速铁路检查可在天窗点外进行，高速铁路需“本线封锁、邻线限速 160 km/h”方可上道检查。

5. 道岔无表示故障处置程序

本实战任务的故障处置程序如表 6.20 所示。

表 6.20　道岔无表示故障处置程序

作业流程	作业内容	图　例
1. 应急分工	（1）立即安排驻站联络员携带通信设备及防护用品（应急包）迅速赶到车站运转室（信号楼），办理相关手续，担当联络防护工作。驻站联络员到位后，向单位调度汇报。 （2）组织应急人员携带必要应急工具赶赴现场，同时安排其他应急人员尽快将应急工机料具装车，与现场检查人员保持联系，尽快将赶往故障地点。如遇交通不便或路程较远影响处置时，可申请登乘动车组	
2. 设置防护	应急人员到达现场（站台端部或工作门）后，立即联系驻站联络员，驻站联络员将列车运行情况通告现场防护员	
3. 上道检查	待满足上道条件后，工（班）长带领应急人员携带应急检查工具，全面检查故障道岔转折部分、可动心部分轨道几何尺寸及结构性病害	

作业流程	作业内容	图例
4. 确认设备状态	（1）如检查确认工务设备正常，且故障已消除，设备已恢复正常，现场负责人通知驻站联络员办理销记手续。否则，继续进行检查，直至确认故障原因，方可停止检查。 （2）如检查确认属工务设备故障造成，应封锁线路，立即进行抢修，视设备恢复情况，办理限速或常速开通线路手续	
5. 销记	驻站联络员（值班调度员）接到现场负责人销记命令后，及时在《行车设备检查记录簿》办理销记后续，同时将现场检查及销记情况（含电务）向单位调度值班室汇报，值班调度向单位值班领导及业务科室负责人汇报	
6.结束应急响应	现场应急人员及驻站联络员待道岔无表示故障消失，设备恢复正常，故障原因已查明，电务销记完毕后，经单位调度值班室同意后方可离开	

6. 应急处置注意事项

（1）高速铁路上道检查，须确认列车调度员已下达“本线封锁、邻线限速 160 km/h”的调度命令后，方可进入防护栅栏；故障处理完成后，必须清点确认所有人员、工机具撤出工作门后才能申请开通线路。撤离作业地点出工作门后，应确认工作门已经锁闭完好。

（2）所有上线工机具必须粘贴反光标志，夜间需保证足够的照明。

（3）故障未消除、故障原因未明确时，不得中断检查和撤离现场。

（4）故障处理后放行列车速度由现场负责人确定。

项目 7 铁路路基修理

项目描述

铁路路基修理工作是为了保持铁路线路稳定，保证运输安全畅通，延长设备使用寿命，提高路基设备抵御灾害和适应高速运输的能力。铁路路基修理工作应贯彻“预防为主、重在检查、养修并重、综合治理”的原则，做到对路基病害治早、治小，防患于未然。

路基修理分为路基维修和路基大修。路基修理实行检、修分开，专业化管理，设备管理单位设置路基管理、维修机构；采用信息化管理技术，建立管理信息系统，逐步实现管理信息化；积极采用新技术、新材料、新工艺及先进的检测和监测手段，积极推行机械化，不断改善劳动条件、提高作业效率，保证作业质量。

通过本项目的学习，使学生熟知路基修理基本任务，能执行路基设备的日常检查、汛期检查，能实施路基的经常保养和综合维修作业，能胜任路基防洪及灾害抢修等工作。

教学目标

1. 知识目标

（1）熟知路基修理组织机构与修理基本任务。

（2）认识路基设备检查制度，执行路基检查记录填写要求。

（3）界定路基保养内容和质量评定标准，执行路基维修作业方法、质量验收标准。

（4）熟知路基防洪与临时抢修的基本知识。

2. 能力目标

（1）初步具备编制路基维修计划的技术能力。

（2）能进行路基设备的日常检查和汛期检查；能正确填写路基检查记录。

（3）完成路基维修的基本作业。

（4）能对路基维修项目进行质量验收。

3. 素质目标

（1）培养学生爱岗敬业、精益求精、执着专注、追求卓越的工匠精神。

（2）严格执行工作程序、工作规范、工作标准和安全操作规程。

（3）培养学生良好的组织、协调能力，训练作业中对突发事件的应急处理能力。

任务 7.1　铁路路基设备检查

铁路路基修理工作应贯彻“预防为主、重在检查，养修并重、综合治理”的原则，做到对路基病害治早、治小，防患于未然。

铁路路基修理分为路基维修和路基大修。修理的基本任务是：

（1）保持路基本体和防排水、支挡、防护等设备及附属设施的状态完好。

（2）及时整治路基病害，预防病害的发展。

（3）有计划地改善路基设备状态，保持路基整体的稳定性。

路基修理实行检、修分开，专业化管理，工务设备管理单位（以下简称工务段）应设置路基管理、维修机构。

路基设备检查、监测是全面掌握设备状态变化的重要手段，也是保证行车安全的基础性工作。工务段应执行各项检查制度，按规定周期检查到位，并采取有效的防治措施，保持路基设备技术状态良好。

路基工程必须严格执行国家法律、法规和铁路规章、标准及相关制度，应高度重视环境保护、水土保持和防灾减灾工作，节约能源和土地，做好文物保护。

路基工程应坚持科技创新，积极采用现代管理方法，积极开发运用安全、高效、适用的先进技术、先进设备、先进工艺和新型材料。

承担路基工程的施工单位必须具备相应的资质，具有铁路营业线施工经验和能力。施工单位必须接受工务段和相关部门有关安全、质量和管理等方面的监督检查，规范工程管理。施工单位在施工过程中应按规定认真准确地填写有关安全、质量和技术资料，编制竣工文件。

跨汛期施工的路基工程必须制定度汛措施以及抢险预案，施工单位应成立抗洪抢险组织，配备一定的抢险物资。

7.1.1　路基检查制度

路基检查类型包括：周期性检查（见图 7.1）、日常检查（见图 7.2）、汛期检查（见图 7.3）以及专项检查和变形监测等。

各项检查应建立相应责任制度，保证各项检查工作的落实。日常检查和汛期检查办法由铁路局集团公司根据实际情况制定。

图 7.1　路基周期性（春季/秋季）大检查

图 7.2　日常检查高边坡地段

图 7.3　扫码登记雨中检查重点防洪地段

检查单位应建立检查记录簿、病害观测记录簿，按规定认真填写，保证数据准确可靠，并建立检查数据电子文档，实行信息化管理。

重点地段需进入栅栏检查时，按有关规定办理。对检查发现的问题应及时进行处置。

7.1.2　检查周期

（1）每年除按规定完成春季、秋季检查外，还要按规定完成日常检查。日常检查由工务段主管领导、路基科室技术人员、桥隧（路桥）车间干部、路桥工区职工和巡守工负责执行。

（2）高铁周期检查规定：工务段主管领导、路基科室技术人员应对路基重点病害地段进行检查，每季度不得少于 1 次；路桥车间干部每半年对管内路基设备全面检查 1 次，重点病害地段每季度检查不得少于 2 次（其中栅栏内检查不少于 1 次），车间主任每月添乘检查设备不得少于 1 次；路桥工区每季对其管内设备全面检查 1 次，重点病害地段每月检查不得少于 2 次（其中栅栏内检查不少于 1 次），雨季应酌情增加检查次数，严密监视病害的发展。普铁路基设备检查周期按照《铁路路基大维修规则》（铁运〔2008〕96 号）相关规定执行。

（3）普铁山区铁路及滨河路堤地段，工务段应根据路基设备情况，设置巡山巡河检查小组（每组 2 人），制定巡回图和工作制度，按周期进行检查。

7.1.3 检查方式

（1）为及时全面掌握路基设备状态和病害情况，工务段组织对管内的路基本体、排水、防护及其他加固等设备进行定期检查、经常检查、汛期检查和特殊检查，各种检查记录齐全、完整。

（2）春季和秋季检查应按照“逐项检查、逐条记录”的原则，对所有路基设备进行全面检查，并将检查情况逐条记录到《防洪（春、秋季）检查记录簿》；日常检查应将检查情况及时记录在《路基检查记录簿》中。做好相关检查资料的汇总整理、路基病害数据库的动态管理等工作。检查出的安全隐患问题统计到《路基重点病害登记簿》《普铁路基非重点病害登记簿》，并研究制定整治方案或方案优化，跟踪整治，做好记录。

（3）巡山巡河的作业轨迹、照片纳入作业过程监控回放分析，对违反规定的行为严格考核。巡山巡河工每天要有巡查工作记录，并将当日检查里程、发现问题、处理情况等向工务段调度汇报。

（4）对路基重点病害，主管领导要组织科室技术人员进行复查，工务段应制定检查（或观测）方案，及时记录在《路基重点病害登记簿》中，对严重或需长期观测的路基重点病害进行定期分析，必要时使用自动变形监测系统对路基重点病害进行监测。

7.1.4 检查内容

（1）经常检查重点内容：

① 路基本体：未进行有效防护、加固的路基边坡，未经汛期考验的新线路基，已发现隐患而尚未及时整治的路基。

② 排水设备：天沟、吊沟、截水沟、侧沟、排水沟等各类排水设施是否完备有效；排水设备周边弃土是否合理。

③ 防护加固设备：各类挡墙、护墙、护坡、喷浆、支撑渗沟，锚索、锚杆框架梁，主、被动防护网等状态是否良好；挡护设备是否发生裂损，泄水孔是否畅通有效。

④ 检查通道：上山下河检查通道是否完整、稳定；安全设施是否牢固。

⑤ 周边环境：铁路上方城镇建设、道路建设、农田水利设施等是否存在可能对路基设备、排水设施造成不利影响。

⑥ 不良地质：存在崩塌落石、滑坡、泥石流、塌陷等严重不良地质地段的路基。

⑦ 挖方设桥地段边坡、隧道进出口边仰坡按照防洪有关规定开展检查。

检查示例如图 7.4 ~ 图 7.7 所示。

图 7.4　路堑边坡检查

图 7.5　堑顶排水及裂隙检查

图 7.6　检查疏通排水设备

图 7.7　桩板墙裂缝流水和流白浆

（2）软土地基、高路堤、路桥（隧、涵）接合部如出现不均匀沉降造成轨道状态不良，应进行路基沉降观测，并将观测结果记录在《路基重点病害登记簿》中，情况严重时须及时紧急处理。

（3）为便于检查人员白天对高铁路基重点地段的边坡进行检查、观测，可在适当位置修建二级检查栅栏。二级检查栅栏设置的标准和要求按照国铁集团和铁路局集团公司的相关标准和规定实施。

实战任务：铁路路基及其附属设备常见病害检查

1. 实训任务

本任务 2 名作业人员为一组，使用工具完成一段 50 m 长的铁路路基及其附属设备常见病害检查作业，并做好检查记录。

2. 任务分析

铁路路基及其附属设备常见病害检查作业主要对滑坡、泥石流、崩塌落石、边坡溜坍、路基下沉、排水不良等路基病害进行检查，确保铁路路基的运营安全。

3. 任务准备（见表 7.1）

（1）工具准备：钢卷尺、钢尺、皮尺、测距仪、塞尺、测距望远镜、照明设备、检查锤、照相机、花杆、柴刀、石笔、油漆、毛刷、毛笔等。

（2）其他准备：《防洪检查记录簿》《路基检查记录簿》。

表 7.1　任务准备清单

名　称	单位	数量	图　例
钢卷尺	把	1	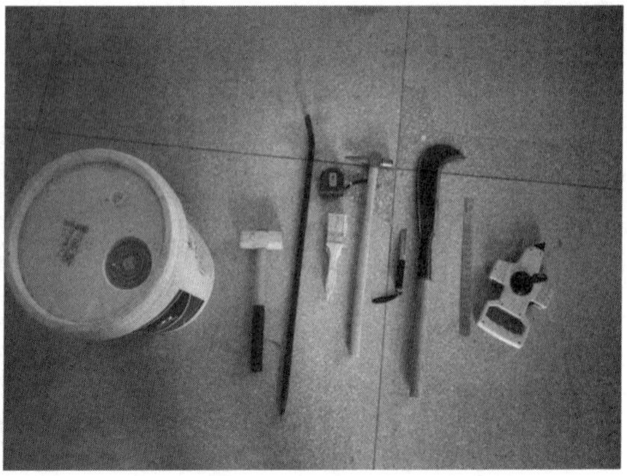  防洪（春、秋季）检查记录簿
钢尺	把	1	
测距仪	个	1	
塞尺	把	1	
测距望远镜	个	1	
照明设备	个	1	
检查锤	把	1	
照相机	个	1	
花杆	根	1	
柴刀	把	1	
石笔	支	1	
油漆	毫升	适量	
毛刷	个	1	
防洪检查记录簿	本	1	
路基检查记录簿	本	1	

4. 任务实施条件

（1）作业前要确保携带工机具材料齐全，执行段天窗修统一规定。

（2）做好个人安全防护用品准备工作。

5. 作业程序

本实战任务的作业程序如表 7.2 所示。

表 7.2　铁路路基及其附属设备常见病害检查作业程序

检查项目	检查作业标准	图　例
1.滑坡检查	（1）滑坡不稳定： ①滑坡体表面总体坡度较陡，而且延伸很长，坡面高低不平。 ②有滑坡平台、面积不大，且有向下缓倾和未夷平现象。 ③滑坡表面有泉水、湿地，且有新生冲沟。 ④滑坡表面有不均匀沉陷的局部平台，参差不齐。 ⑤滑坡前缘土石松散，小型坍塌时有发生，并面临河水冲刷的危险。 ⑥滑坡体上无巨大直立树木。 ⑦有“醉汉林”“马刀树”“双沟同源”和建筑物开裂、倾斜等现象。 （2）滑坡范围水沟裂缝，或滑体内、外变形裂缝。 （3）加固设备局部损坏	 
2. 泥石流检查	（1）有便于集水、集物的陡峻的地形。 （2）有大量松散物质的堆积区和来源。 （3）有足够的水分，并能在短时间内获得，或者汇水面积较大	
3. 崩塌落石检查	（1）陡坡山体有裂缝或石块有松动迹象。 （2）拦石网局部损坏。 （3）支顶、拦石墙局部损坏。 （4）植被的根劈作用、裂隙水或溶腔的浸蚀作用	

续表

检查项目	检查作业标准	图　例
4. 边坡溜坍检查	（1）隧道进出口仰坡及路堑边坡有新鲜土体裸露。 （2）天沟损坏、漏水或山坡洼地积水。 （3）高路堤边坡松软、坡脚被挖陡（或被冲刷变陡）或长期水浸，坡面防护出现开裂、外鼓、下沉。 （4）严重溜坍，常发生于植被不良、土质松软、地形陡峻、受降雨影响大的坡面、隧道口仰坡等地段。 （5）加固设备局部损坏、边坡有裂缝等	  隧道口仰坡溜坍  路堑边坡溜坍
5. 路基下沉检查	（1）路基下沉、存在道砟囊或道砟袋。 （2）路基（基床）断面尺寸改变、线路不平顺。 （3）路肩外挤、隆起（目视）	 
6. 排水不良检查	（1）排水设备失效：地下排水设备失效，或地面排水溢流漫道。 （2）无砟轨道线间集水井及其排水管失效或渗漏。 （3）地面排水设备（天沟、吊沟、排水沟、侧沟等）损坏、冲刷、漏水、溢流、缺少。 （4）地下排水设备（排水槽、渗水暗沟、渗水隧洞等）损坏、淤积	 

6. 质量要求

（1）检查范围全覆盖。

（2）对照检查项点，不漏项。

（3）风险识别、研判等基本正确。

（4）问题库描述和分类正确、信息基本全面。

7. 安全注意事项

（1）检查时严禁单岗作业，应注意劳动人身安全，携带蛇药，做好防护用品、防护降温备品等备用工作。

（2）地面 2 m 以上的高处及陡坡上作业，严禁穿带钉或者易滑的鞋，作业时必须戴好安全帽、系好安全带或安全绳，防止作业人员坠（滚）落。安全带、安全绳应符合现行国家标准，并且每次在使用前必须由使用人仔细检查。

任务 7.2　铁路路基防洪与防灾

7.2.1　铁路路基防洪

铁路防洪工作坚持人民至上、生命至上。坚持以防为主、防抗救相结合，坚持常态救灾和非常态救灾相统一，努力实现从注重灾后救助向注重灾前预防转变，从应对单一灾种向综合减灾转变，从减小灾害损失向减轻灾害风险转变。

坚持安全第一、预防为主、综合治理。坚持建重于防、防重于抢。坚持团结协作、局部利益服从全局利益。坚持超前防、主动避、有效抢。坚持人防、物防、技防相结合。建立风险分级管控和隐患排查治理双重预防机制。

实行全年防洪、全员防洪、全民防洪、科学防洪。防洪工作实行主要领导负责制，统一指挥，分工负责。各有关单位和部门实行防洪岗位责任制。

防洪工作目标：杜绝旅客列车撞压坍体事故、货物列车水害脱轨事故，最大限度地降低汛期行车风险和减轻灾害损失，确保高铁和客车安全，全力保障汛期运输安全畅通。

铁路防洪工作应当加强与地方防汛、气象、水利、自然资源、应急管理等部门的联系，积极争取地方政府和沿线群众的支持，协调做好相关防洪工作。要加强铁路防洪基础设施和周边环境的状态检查、风险评估，积极整治度汛隐患，保证铁路抗洪能力。

铁路防洪工作要依靠现代科学技术，在隐患排查、预报预警、水害抢险、防洪工程等防洪管理环节，运用无人机、互联网、遥感等先进技术手段，不断提高科学防洪工作水平（见图 7.8 ~ 图 7.10）。

图 7.8 “地”——人工现场检查路基设备

图 7.9 “空”——无人机智慧巡检

图 7.10 “天”——卫星地图形变监测

7.2.2 铁路防灾安全监测系统

铁路防灾安全监测系统是保证高速列车行驶安全的重要装备之一。系统对可能发生的自然灾害（风、雨、地震）、异物侵入限界进行监测报警和防护，提供经智能分析后的预警、限速、停运等信息，为运行计划调整、下达行车管制、抢险救援、维修提供依据，保证列车安全、正点、高效、舒适。

目前国内铁路防灾系统情况因地区差异有所不同。例如：乌鲁木齐地区受风灾最为严重，其防风子系统相对完善与成熟；西南地区的雨量监测系统相对完善。

7.2.3 自然灾害及异物侵限监测系统组成及设置

自然灾害及异物侵限监测系统对高速铁路沿线风、雨、雪地震及上跨铁路的道路桥梁异物侵限进行实时监测，为调度指挥及维护管理提供报警、预警信息，具备条件时提供大风、地震监测预警信息，有效防止或减小灾害对高速铁路列车运行安全的影响。

根据设备情况，自然灾害及异物侵限监测系统包括风速监测子系统、雨量监测子系统、雪深监测子系统、地震监测子系统及异物侵限监控子系统。系统采用统-处理平台，由风、雨、雪、地震及异物侵限现场监测、监控设备，设置在 GSM-R 基站、中继站、牵引变电所、AT 所、分区所或其他防灾机房内的监控单元，监控数据处理设备，工务、电务、通信监测终端，调度所监测终端及设备，传输网络等组成（见图 7.11）。

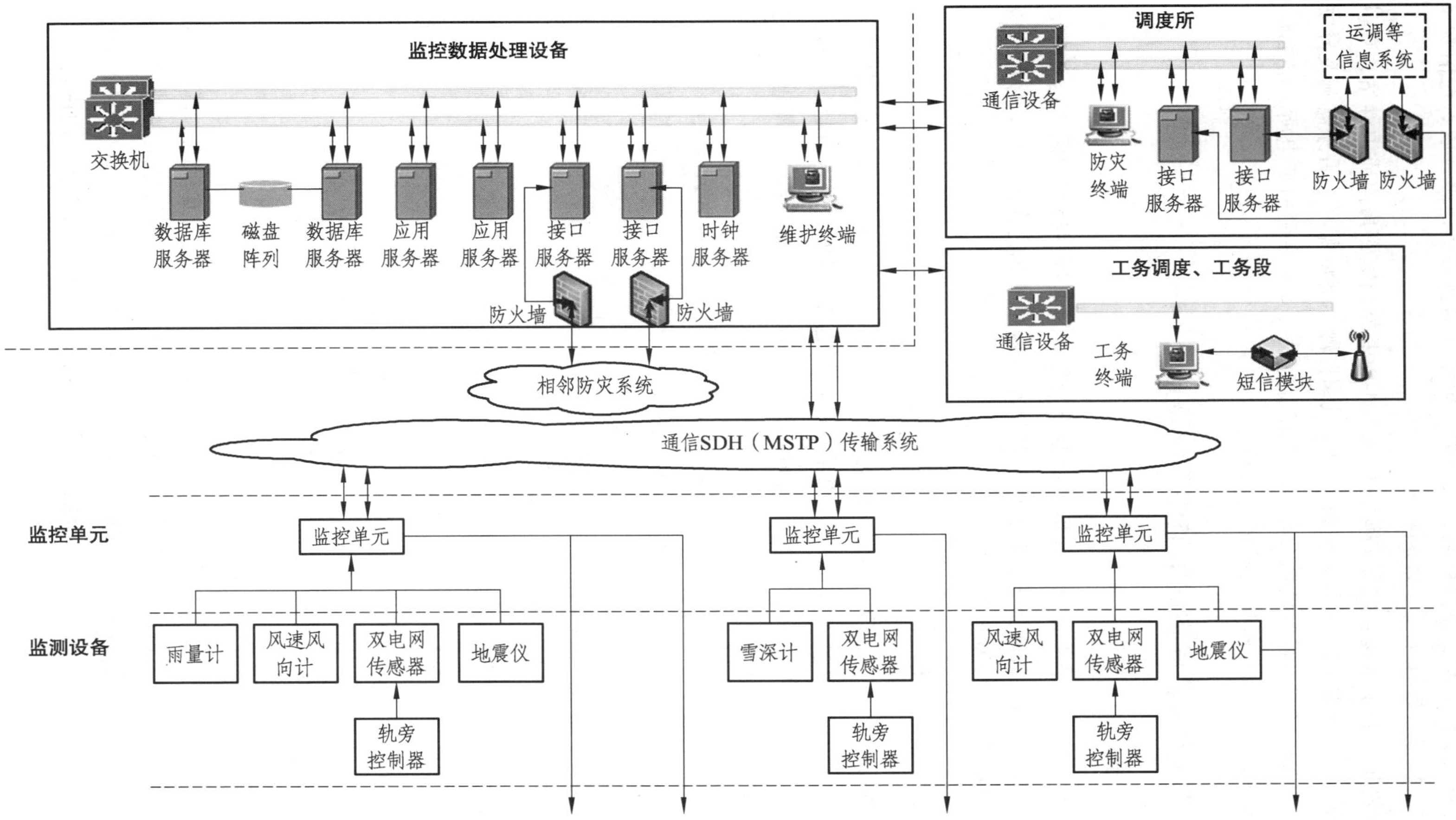

图 7.11　铁路安全防灾监测系统组成

灾害监测系统设行车调度监测终端，工务处、电务处监测终端，工务段、通信段、电务段（以下简称设备管理单位）监测终端。

监控单元机柜安装于现场监测设备附近的 GSM-R 基站防灾箱房内或中继站、牵引变电所、AT 所、分区所箱房、其他防灾机房内。风速监测、雨量监测、雪深监测及异物侵限监控设备接入离监测点最近的监控单元，地震监控设备安装在牵引变电所、分区所、AT 所地震仪器坑内并接入本所防灾机房内监控单元。

7.2.4　自然灾害及异物侵限监测系统设置

7.2.4.1　风速监测子系统

风速监测子系统实时采集计算、分析风速变化情况，风速达到报警门限 10 s 报警，风速低于报警门限 10 min 解除报警。在实际运用中结合铁路各线的大风特征，合理调整报警时限和解除报警时限以及报警方法。

1. 风速监测设置原则

（1）设计速度 300 km/h 及以上铁路沿线近 20 年极大风速值超过 15 m/s 的区段应设置风速风向监测点；设计速度 250 km/h 及以上铁路沿线近 20 年极大风速值超过 20 m/s 的区段应设置风速风向监测点；设计速度 200 km/h 铁路沿线近 20 年极大风速值超过 25 m/s 的区段应设置风速风向监测点。

（2）铁路沿线山区垭口、峡谷、河谷、桥梁及高路堤等区段宜设置风速风向监测点。

（3）山区垭口峡谷河谷等区段风速风向监测点设置间距宜为 1 ~ 5 km；桥梁、高路堤等区段宜为 5 ~ 10 km。

（4）风速风向计应按双套配置，并采用相同类型的设备。

（5）风速风向计可安装于接触网支柱上等处。

2. 风速监测设备设置构成及安装

（1）每处风速监测点设置 2 台风速风向计及温湿度传感器、气压传感器、1 个现场接线箱（含传输接口设备、电源及防雷设备，见图 **7.12**）。

（2）风速风向计应设于接触网支柱上，安装高度距轨面 4 m。

（3）现场接线箱安装于接触网杆上，距接触网杆法兰盘 1.2 m 处。

3. 风速监测工作原理

风速监测系统由风向风速计、发送装置、接收分析记录显示装置组成。风向风速计通过其附带的变换器将模拟电信号变换成数字信号，经由各自的信号发送装置，通过一对电缆发送至分析记录显示装置接收。在风速达到定值时，自动通知中央控制中心，控制列车减速或停止运行。警报标准根据线路条件、列车抗风性能、周围环境等因素综合考虑。

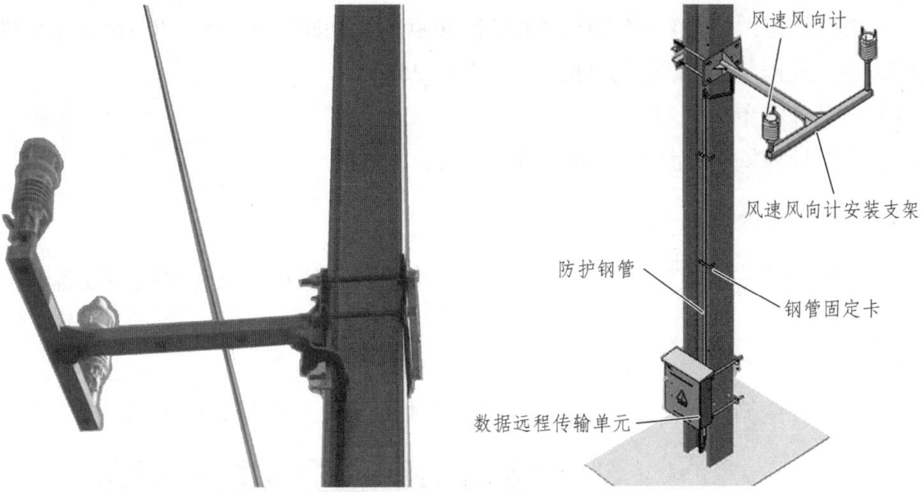

图 7.12　风速监测设备安装

风向风速计主要有三杯式、螺旋桨式、超声波式（见图 **7.13**）与热场式四类。目前多选用超声波式风速风向计，其抗电力牵引电磁干扰能力强，适应复杂、恶劣的环境。

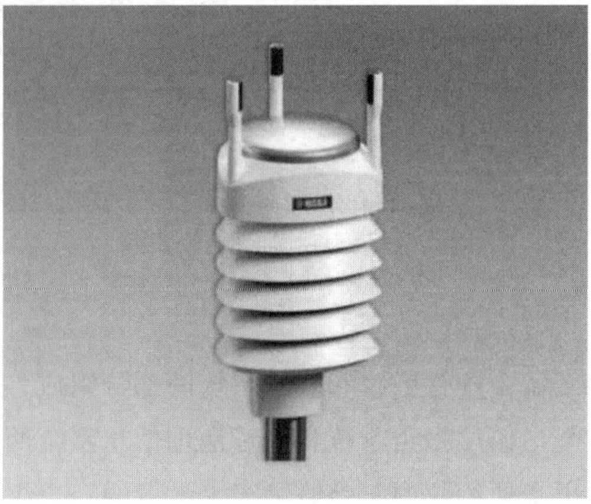

图 7.13　风向风速计（超声波式）

7.2.4.2　雨量监测子系统

雨量监测子系统实时监测降雨情况，当雨量超过警戒值时，工务终端和调度终端同时报警，提醒调度人员限速操作工务人员上线巡检；工务人员经巡检后确认可解除限速时，在工发调度终端上操作解除雨量报警，此时调度终端雨量报警才能解除；根据设计要求，在工务调度终端具有设置雨量限速功能，可根据线路实际情况设置限速值。

1. 雨量计的设置原则

（1）铁路沿线应设置雨量监测点。

（2）雨量监测点应设置于路基地段及艰险山区铁路易发生滑坡、泥石流及危岩、落石或崩塌地段等处所。

（3）有砟轨道线路连续路基区段雨量监测点设置间距宜为 15 ~ 20 km，无砟轨道线路连续路基区段雨量监测点设置间距宜为 20 ~ 25 km。

（4）雨量计宜单台配置。

（5）雨量计应安装在无遮掩的场所。

2. 雨量监测设备的构成及安装

（1）每处雨量监测点包括 1 台雨量计、1 个现场接线箱（含传输接口设备、电源及防雷设备）。

（2）雨量计安装于接触网杆上，距轨面垂直高度 4 m。

（3）现场接线箱安装于接触网杆上，距接触网杆法兰盘 1.2 m 处（见图 7.14）。

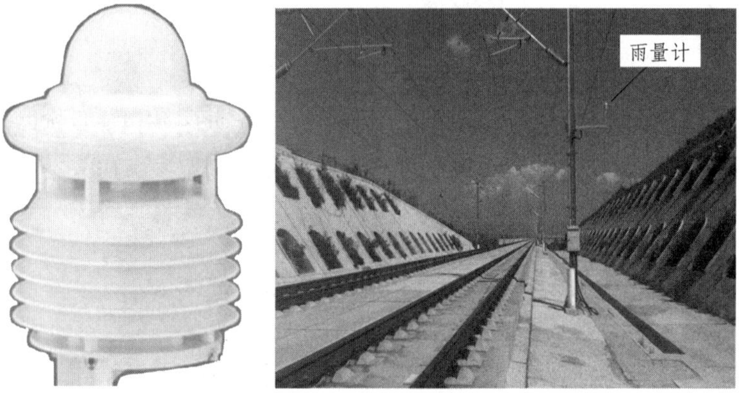

图 7.14　雨量监测设备安装

3. 雨量监测设备工作原理

铁路雨量监测报警系统由硬件系统和软件系统两部分组成，硬件部分主要是雨量监测报警仪，软件系统由雨量监测报警系统和雨量地理信息系统两部分组成。其中“雨量监测报警系统”安装在雨量监测仪内，是监测报警设备的一个组成部分，雨量地理信息系统安装在工务段、路局，用来监测管内各个监测点的雨情。

硬件系统主要由自动雨量传感器，雨量微电脑采集器和传输模块构成组成，降雨发生时，采用非机械式结构的声学原理和现代激光技术可以测量各类降水，包括雾、浓雾、毛毛雨、雨、雨夹雪、冰雹、雪以及各种介于雪和冰雹之间的混合水。自动雨量计自动完成降雨采集、雨量报警和雨情传输工作。

7.2.4.3　雪深监测子系统

当灾害监测系统雪深值达到警戒值时，列车调度员应根据报警信息和限速提示及时向相关列车发布限速运行的调度命令。对来不及发布调度命令的列车，应立即通知司机限速运行。

1. 雪深监测设置原则

（1）铁路沿线近 20 年最大积雪深度 3 cm 及以上的区段应设置雪深监测点。在我国 0 度等温线（秦岭淮河）以北地区 ，雪深监测点平原区域设置间距宜为 30 km，山区宜为 20 km。

（2）雪深监测点宜均匀布设，曲线路堑地段线路方向与当地冬季主导风向交叉角度较大的低填方地段挖方地段、隧道口等处易产生风积雪处可适当增设。

（3）雪深计宜单台配置。

（4）雪深计可安装于接触网支柱上，实现对轨道板、轨枕等积雪深度的监测（见图 7.15、图 7.16）。

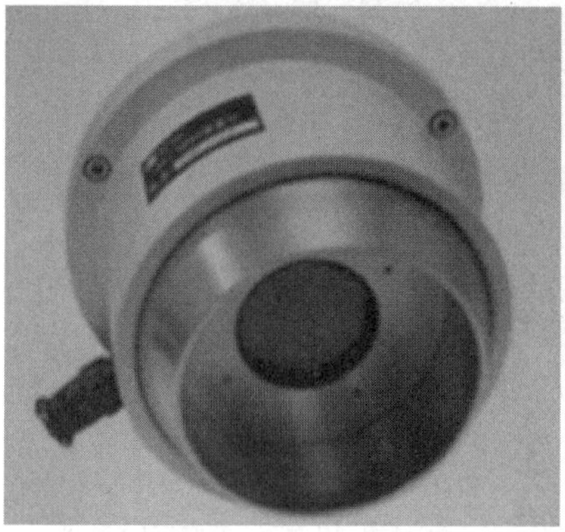

图 7.15　HSC-SR80 型雪深计

图 7.16　红外线式雪深仪

2. 雪深监测仪的构成及安装

（1）每处雨监测点包括 1 台雪深、1 个现场接线箱（含传输接口设备、电源及防雷设备）。

（2）雪深计安装于接触网杆上。

（3）现场接线箱安装于接触网杆上，距接触网杆法兰盘 1.2 m。

（4）深路堑、隧道口等易产生积雪的处所，雪深计安装于深路堑、隧道口平整区域，采用单独立杆方式安装。每处雪监测点设置一台雪深计。

7.2.4.4　地震监测子系统

地震监控子系统可以实现强震检测、报警及联动控制牵引供电系统、信号列控系统等应用功能，并预留 P 波预警功能。同时，系统预留可根据地震动加速度值设置多重报警门限的功能。

1. 地震监测系统设置原则

（1）铁路沿线地震动峰值加速度 0.1*g* 及以上的区段应设置地震监测点。

（2）地震监测点设置应符合 P 波监测的需求，布设间距宜为 25 km。

（3）地震加速度计、强震动记录器应双套配置，2 台地震加速度计间距不宜小于 40 m。

2. 地震监测系统的构成及安装

（1）每个地震监控点设置 2 套地震仪（见图 7.17），2 套地震仪的间距一般不小于 40 m。

（2）地震仪安装于牵引变电所专用防灾机房内的混凝土台座上，机房按乙类建筑进行抗震设防，混凝土台座与屋内地面之间设分割带，水泥台下设深桩固定。

图 7.17　地震仪

7.2.4.5　异物侵限监控子系统

在公路铁立交桥上设置异物侵限监测设备，实时监测各双电网传感器的状态。发生异物侵限时，立即通过监控单元向信号列控系统联锁系统发送控制命令，通过信号列控系统、联锁系统使列车自动停车，并向列车调度员发出异物侵限报警信息。

异物侵限监控子系统除具有上述基本功能外，根据实际需要还具有现场试验、远程试验、应急恢复等功能。

1. 异物侵限监控装置的设置原则

（1）设计速度大于 160 km/h 区段内上跨铁路的道路桥梁处应设置异物侵限现场采集设备。

（2）现场控制器应邻近异物侵限监测装置，设置于铁路用地界内，且不得侵入铁路建筑限界。

（3）异物侵限现场监测装置宜采用双电网传感器，设置于上跨铁路的道路桥梁两侧。

（4）双电网传感器的设置范围应结合工程特点及现场的实际情况，根据上跨铁路的道路桥梁防撞护栏的防撞性能、铁路轨面至上跨铁路的道路桥梁桥面的高度、铁路线路与上跨铁路的道路桥梁的交叉角度、上跨铁路的道路桥梁上机动车的走向等因素计算确定。

（5）双电网传感器应采用结合上跨铁路的道路桥梁的安装方式；不具备条件时，可采用独立结构安装方式。双电网传感器的安装方式应具备维修条件。

2. 异物侵限监控装置的构成及安装

异物侵限监控子系统主要用于监控高速铁路上公路跨铁路桥梁、公路铁路并行段以及过山隧道口等地方的异物侵限状况。该系统主要采用双电网传感器或光纤光栅传感器来监测落物。

1）公跨铁立交桥异物侵限监测装置

公跨铁立交桥异物侵限监测装置由竖直监测电网（内嵌双电网传感器）、水平承重网、“L”形支架（见图 7.18）、轨旁控制器（见图 7.19）、安装附件和传输线缆等组成。

图 7.18　L 形支架

图 7.19　轨旁控制器

（1）L 形支架：利用预埋或植入的化学锚栓安装在公跨铁桥左右两侧的护栏基座上，用于安装固定监测防护网。

（2）竖直监测电网：公跨铁竖直监测电网（内嵌双电网）由若干个监测防护网组成，架设、固定在“L”形支架上。网与网之间采用航空插头进行连接，接线盒防护见图 7.20。

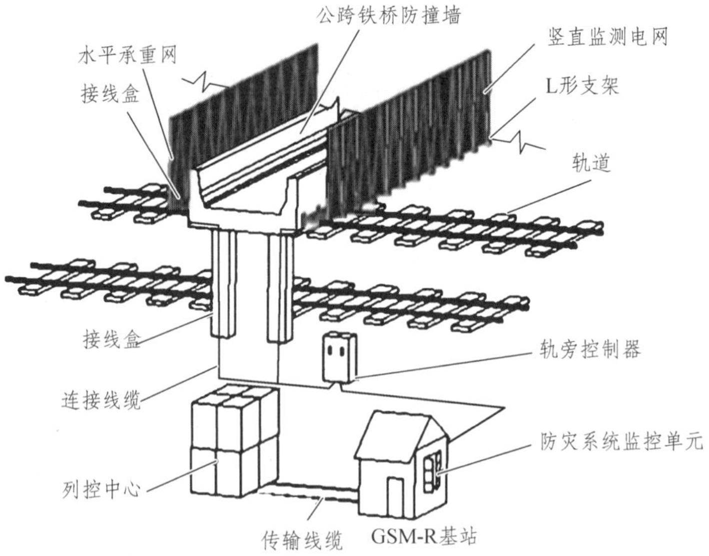

图 7.20　竖直监测电网

（3）轨旁控制器：轨旁控制器安装在公路桥下，开门方向背对线路，一端通过专用电缆与公跨铁桥两侧的监测防护网连接，另一端通过铁路专用信号屏蔽电缆进入基站内的监控单元。

2）公铁并行异物侵限监测装置

竖直监测电网尺寸为 1.5 m（宽）×0.8 m（高），底部采用钢制法兰盘与地面连接，中部加强筋，增强阻拦效果（见图 7.21）。

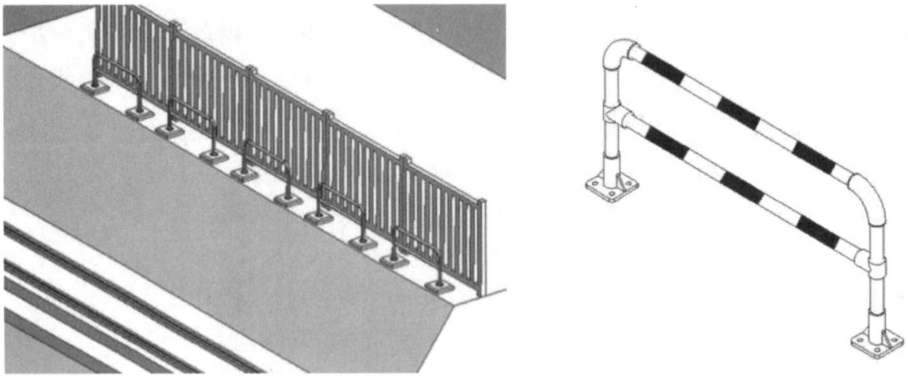
图 7.21　公铁并行异物侵限监测装置

3）隧道口异物侵限监测装置

隧道口异物侵限监测装置由竖直监测电网、“H”形钢柱、电网框架组成。竖直监测电网尺寸为 2 m（宽）×3 m（高）（见图 7.22）。

图 7.22　隧道口异物侵限监测装置

4）监测网设置

竖直监测网的高度为 2000 mm ± 55 mm，每单元的宽度为 1000 mm ± 10 mm，双电网传感器内置于竖直监测网，栅格大小为 115 mm × 115 mm 至 125 mm × 125 mm 之间（中心线到中心线），质量不大于 15 kg；竖直监测网在 50 kg/m^2 静载荷作用下不开裂，抗风能力不小于 50 m/s。

水平承重网不设置电网传感器，仅起结构支撑、维护检修平台作用；水平承重网每单元尺寸为（1000 ± 10）mm（平行于公跨铁桥方向）×（600 ± 100）mm（垂直于公跨铁桥方向），能够承载不小于 100 kg 的附加荷载。

实战任务：铁路防灾系统设备检查

1. 学习任务

本任务以 2 名作业人员为一组，检查设备运作状态，提前发现自然灾害及异物侵限监测系统设备存在的隐患。

2. 任务分析

对于铁路防灾系统设备，检查其性能和运行状态是至关重要的。检查铁路防灾系统设备的可靠性、稳定性和准确性，以确保在紧急情况下设备能够正常工作。此外，还需要检查设备的维护和保养情况，确保设备保持良好状态。

通过本学习任务，学员应掌握铁路防灾系统设备的基础知识，并具备检查铁路防灾系统设备状态的基本技能。

3. 任务准备（见表 7.3）

（1）工机具、材料：万用表、扳手、一字螺丝刀、照相机、照明设备等。

（2）作业记录本：《自然灾害及异物侵限监测系统设备检查记录本》。

表 7.3　任务准备清单

名　称	单位	数量	图　例
万用表	台	1	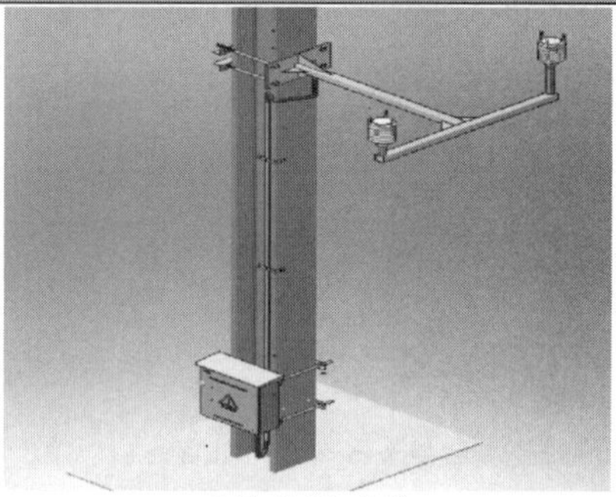
扳手	把	1	
一字螺丝刀	把	1	
照相机	台	1	
照明设备	套	1	
《自然灾害及异物侵限监测系统设备检查记录本》	本	1	雨量监测系统

4. 任务实施条件

（1）普速和高速铁路防灾系统设备检查在维修天窗时间内进行。

（2）在“运统-46”《行车设备施工登记簿》登记，设驻站联络员和现场防护员进行防护。

5. 作业流程及标准

（1）综合性检查项目流程如图 7.23 所示。

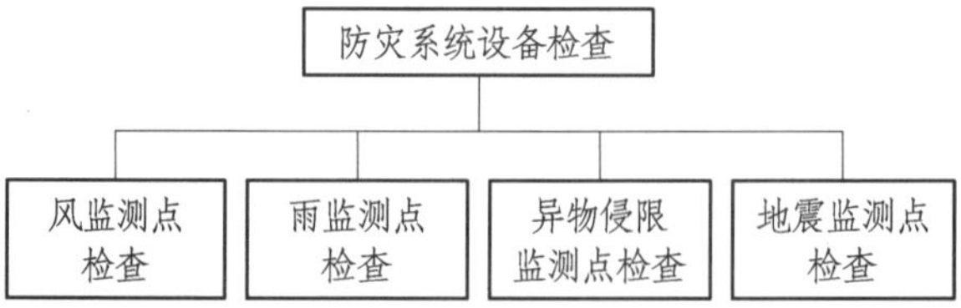

图 7.23　综合性检查项目流程

（2）综合性检查的作业程序如表 7.4 所示。

表 7.4　铁路防灾系统设备检查作业程序

<table>
<tr><th>序号</th><th>检测项目</th><th>检测工具</th><th>检测方法</th><th>检查标准</th><th>检查记录</th><th>示意图</th></tr>
<tr><td>1</td><td>风监测点检查</td><td>一字螺丝刀、套筒扳手</td><td>目视、敲击</td><td>传感器、螺母、抱箍等设备安装牢固</td><td>记录设备状态是否正常</td><td>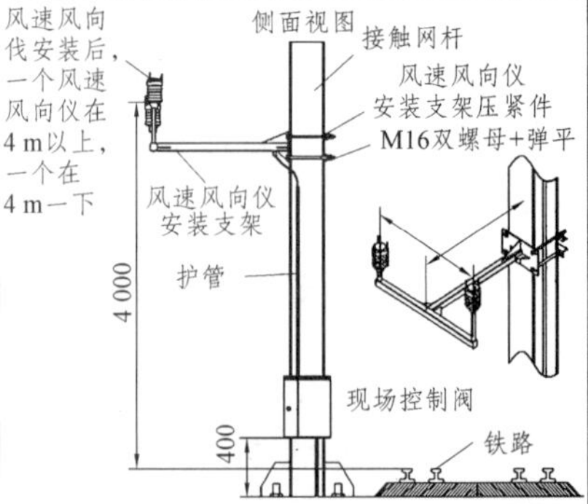
</td></tr>
</table>

续表

序号	检测项目	检测工具	检测方法	检查标准	检查记录	示意图
2	雨监测点检查	一字螺丝刀、套筒扳手	目视、敲击	传感器、螺母、抱箍等设备安装牢固	记录设备状态是否正常	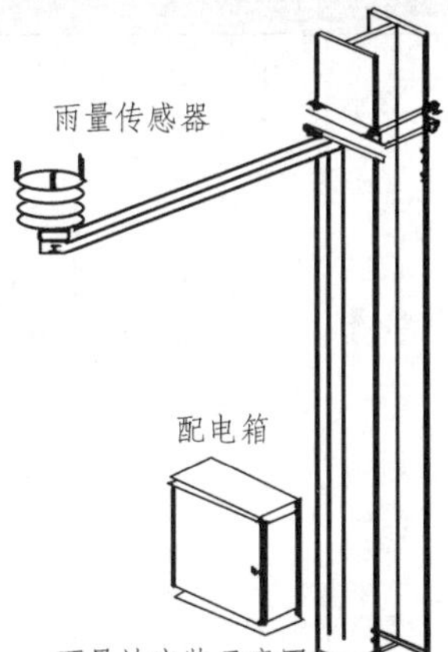 雨量计安装示意图
3	异物侵限监测点检查	一字螺丝刀、剥线钳、剪刀	目视、测量	异物电网电缆、接头无开裂、鼓包；电网电压、电阻等参数	记录设备状态是否正常、各类参数	
4	地震监测点检查	万用表、一字螺丝刀	目视、测量	防尘罩无开裂、传感器接线牢固、电阻电压正常	记录设备状态是否正常、各类参数	

（3）风监测点检查流程如图 7.24 所示。

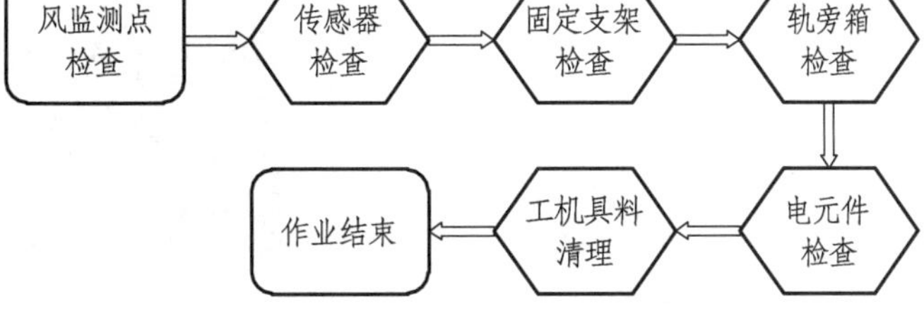

图 7.24　风监测点检查流程

（4）风监测点检查作业程序如表 7.5 所示。

表 7.5　风监测点检查作业程序

作业流程	检查标准	图　例
1. 风传感器检查	（1）检查气象传感器上无杂物。 （2）传感器外观和接线情况，无受损或线端虚接情况	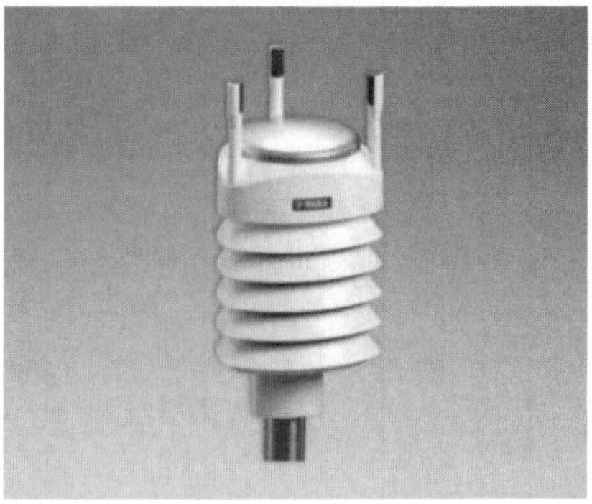 风向风速计（超声波式）
2. 固定支架检查	（1）检查安装支架、控制箱牢固。 （2）螺栓、箱体底部法兰无松动痕迹。 （3）固定件无倾斜，无严重锈痕等	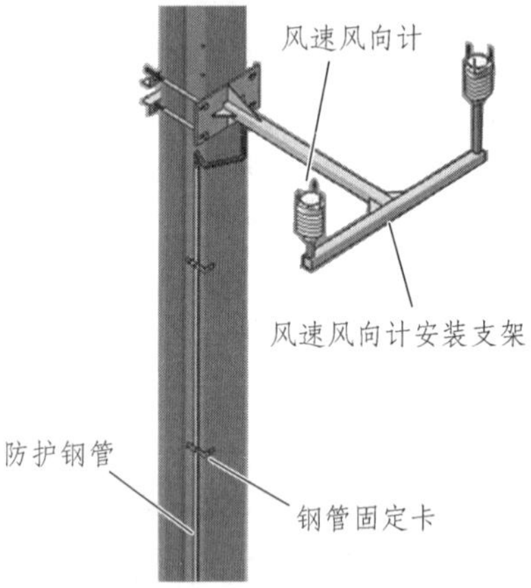
3. 轨旁箱检查	（1）控制箱箱盒内部检查、清扫，防尘、防水良好，箱门开闭良好。 （2）电缆进线孔密封良好，箱内无凝水	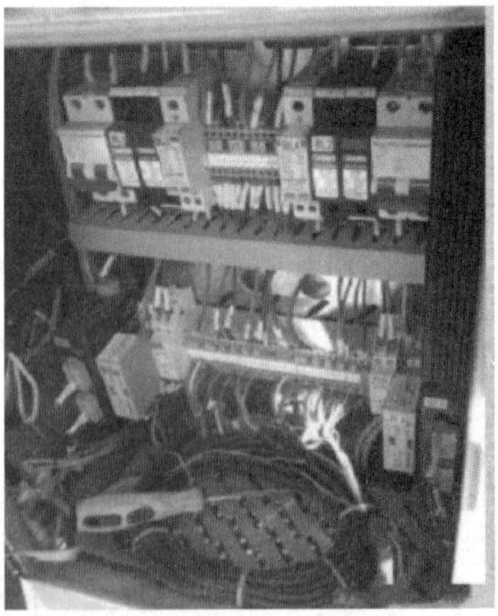

作业流程	检查标准	图　例
4. 电元件检查	（1）检查各设备无异常发热，接点接触良好，无短接或虚接、无烧损氧化现象。 （2）线缆保护管无破损，喉箍无严重锈痕。 （3）指示灯显示正常；空气开关应处于闭合状态。 （4）内部各配线排列整齐，无破皮，各部端子无松动、接线牢固。 （5）防雷单元模块劣化指示窗正常，无发黑、焦糊味等情况出现；接地引入线无锈蚀、有无断股，固定牢靠	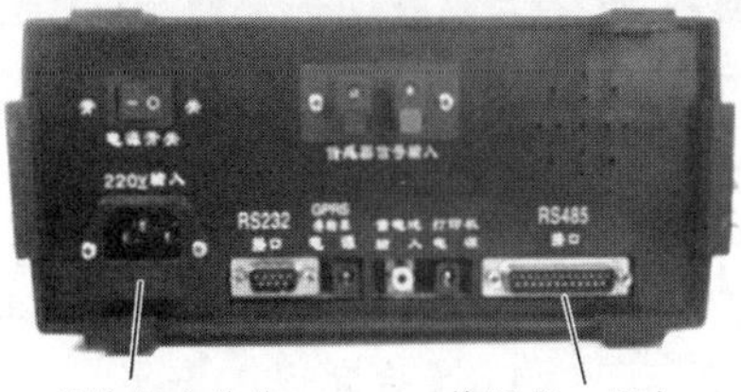 
5. 工机具料清理	（1）设备检查完成后，必须立即清理现场，确保工机具无遗漏和设备恢复原状。 （2）清理完成后，应进行复查，确保现场干净整洁，无任何遗留物	

（5）雨监测点检查流程如图 7.25 所示。

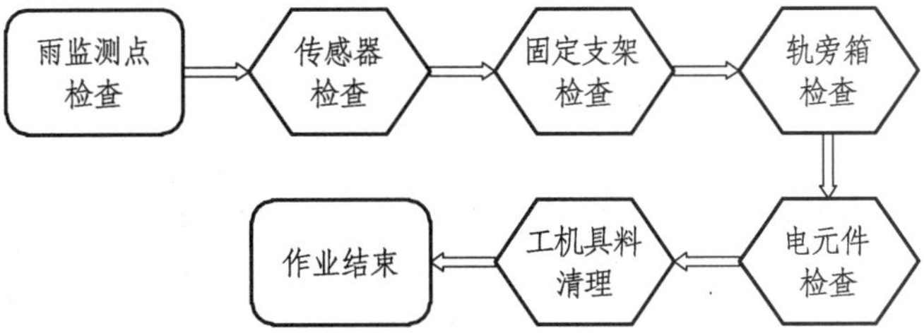

图 7.25　雨监测点检查流程

（6）雨监测点检查作业程序如表 7.6 所示。

表 7.6　雨监测点检查作业程序

作业流程	检查标准	图　例
1. 雨传感器检查	（1）检查气象传感器上无杂物。 （2）传感器外观和接线情况，无受损或线端虚接情况	
2. 固定支架检查	（1）检查安装支架、控制箱牢固。 （2）螺栓、箱体底部法兰无松动痕迹。 （3）固定件无倾斜，无严重锈痕等	
3. 轨旁箱检查	（1）控制箱箱盒内部检查、清扫，防尘、防水良好，箱门开闭良好。 （2）电缆进线孔密封良好，箱内无凝水	
4. 电元件检查	（1）检查各设备无异常发热，接点接触良好，无短接或虚接、无烧损氧化现象。 （2）线缆保护管无破损，喉箍无严重锈痕。 （3）指示灯显示正常；空气开关应处于闭合状态。 （4）内部各配线排列整齐，无破皮，各部端子无松动、接线牢固。 （5）防雷单元模块劣化指示窗正常，无发黑，焦糊味等情况出现；接地引入线无锈蚀、有无断股，固定牢靠	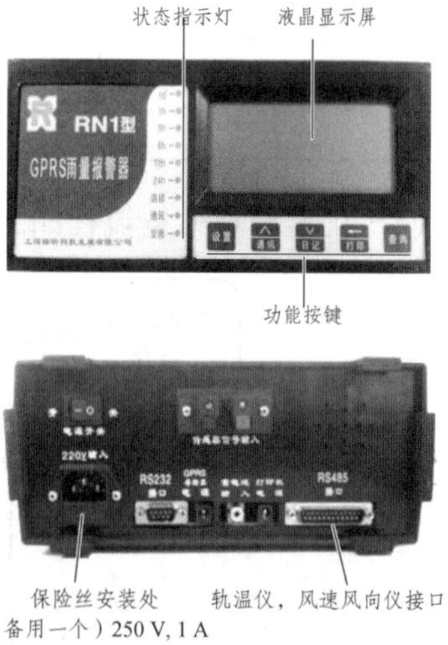

（7）异物侵限监测点检查流程如图 7.26 所示。

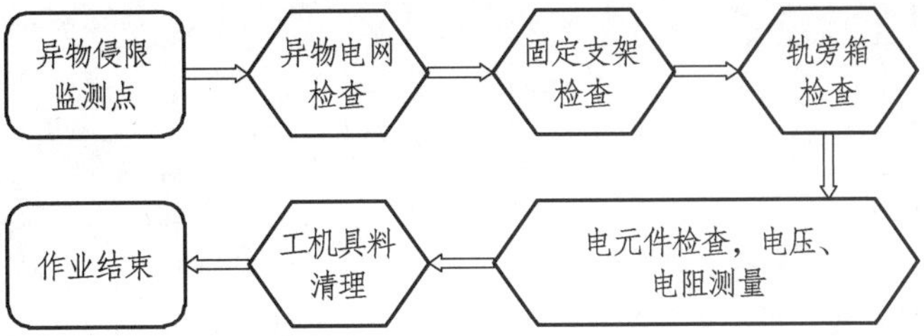

图 7.26　异物侵限监测点检查流程

（8）异物侵限监测点检查作业程序如表 7.7 所示。

表 7.7　异物侵限监测点检查作业程序

作业流程	检查标准	图　例
1.异物电网检查	（1）双电网上无杂物，外观正常。 （2）检测双电网电阻值正常，绝缘性能良好	
2.固定支架检查	（1）双电网安装支架、螺栓等相关金属部件无锈蚀、松动等。 （2）接线盒等固定件无松动、倾斜	
3.轨旁箱检查	（1）轨旁箱箱体密封良好，外观无损伤，无渗水痕迹，箱门开闭良好。 （2）线缆保护管无破损、露线，喉箍无严重锈痕	

续表

作业流程	检查标准	图例
4. 电元件检查，电压、电阻测量	（1）内部各配线无破皮，各部端子无松动、接线牢靠。 （2）设备无发热，接点接触良好，无短接或虚接、无烧损氧化现象等。 （3）检查防雷无发黑、焦糊味；接地线无锈蚀、无断股，固定牢靠；接地电阻、电缆绝缘正常。 （4）测量电网电压、电阻参数均为正常值	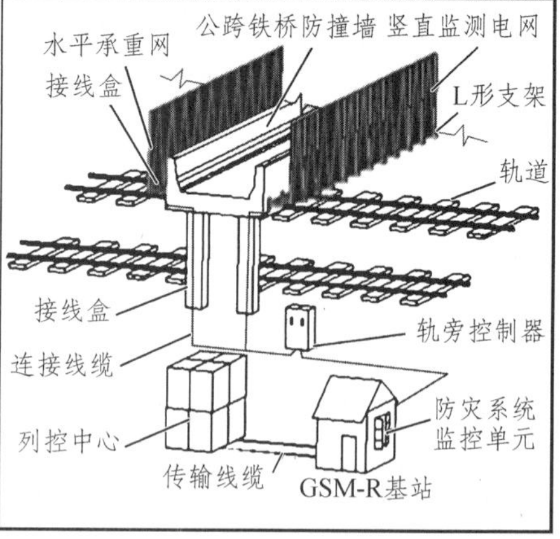

（9）地震监测点检查流程如图 7.27 所示。

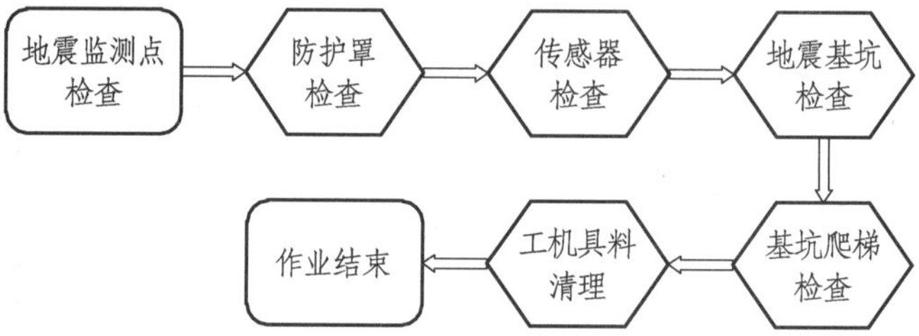

图 7.27　地震监测点检查流程

（10）地震监测点检查作业程序如表 7.8 所示。

表 7.8　地震监测点检查作业程序

作业流程	作业内容	图例
1. 防护罩检查	（1）防尘罩无破损，基础无裂损，四周密封防水状态良好。 （2）防尘罩门打开方便，门锁无锈蚀	
2. 传感器检查	（1）传感器接地线无锈蚀、固定牢靠。 （2）接地电阻、电阻绝缘正常。 （3）线缆保护管无破损，喉箍无严重锈痕	
3. 地震基坑检查、基坑爬梯检查	（1）地震基坑无渗水和积水。 （2）基坑爬梯固定牢固	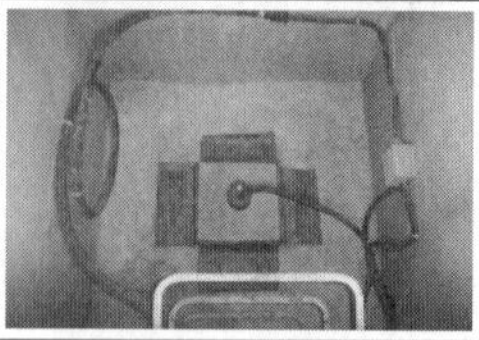

6. 安全注意事项

（1）机工具材料需清点齐全，确认仪表功能正常。

（2）地震监测点检查上下基坑需绑扎好安全绳，梯子摆放稳固，基坑检查严禁对传感器造成震动。

（3）对双电网检查时需绑扎好安全绳，梯子摆放稳固。

7. 安全注意事项

（1）严格按照《高速铁路自然灾害及异物侵限监测系统维护试行办法》（铁总运〔2013〕142 号）要求进行检查作业。

（2）检测发现双电网电阻值不在正常范围内或数值不稳定，需对电网电缆接头及电网电线进行排查，查找故障原因并处理。

（3）定期对固定支架、螺栓进行除锈油漆。

任务 7.3　铁路路基维修作业

铁路路基维修要以“水畅、石稳、路通、坡净”为目标，常态化开展路基维修工作。

7.3.1　清理和整修排水设备

按照“排水设备应经常处于不淤不堵、不渗不漏、不冲刷、沟沟相连、沟涵（桥）相通的状态，确保排水畅通”的原则，常态化开展排水设备清理和整修工作。

每年汛前应全面清理一次排水设备（见图 7.28），彻底清除排水设备表面的杂草、灌木及根系，清理排水设备内的淤积物；要及时整修破损、失效的排水设备，接续断头沟，改造土质沟，增设吊沟口挡水墙；汛期要随淤随清。

图 7.28　整治排水不良

7.3.2 修建和整修检查通道

（1）按照“上至山顶下至坡底都能走得到、有安全隐患的地方都能看得到”的原则，有计划地按标准在防洪地点、危石山坡、隧道进出口仰坡、冲刷岸坡、高堑（堤）坡等地段修建检查通道，要及时砍除检查通道两侧的草灌，整修破损的检查通道（见图 7.29）。

图 7.29 整修检查通道

（2）检查通道不得积水、堵水，不得改变地表径流，防止地表集中水冲刷边坡、山坡而形成溜坍或其他更大的灾害。同时要防止通道的走向与后续增建的天沟发生位置冲突，避免资源浪费。

（3）地面坡度不陡于 1∶1 时，宜选择设置“竖向”或“竖向＋横向”的检查通道。边坡高度大于 10 m 时，可选择设置“竖向＋横向”通道，其横向检查通道垂直间距以 10～20 m 为宜，竖向通道间距以 20～30 m 为宜；边坡高度小于 10 m 时，可选择设置竖向通道，其间距视现场而定。

（4）地面坡度陡于 1∶1 时，应设置“之”字形检查通道，检查通道坡度宜为 1∶1.5。“之”字形检查通道相邻拐点的垂直距离不宜大于 8 m，水平距离不宜大于 15 m；“之”字形检查通道拐点处应修建平台。

（5）检查通道宽度一般不小于 0.8 m（困难地段不小于 0.5 m），厚度不小于 0.1 m，采用 C20 混凝土现浇；台阶式检查通道，每级台阶高度不宜大于 25 cm，踏面宽度不宜小于 30 cm。

（6）陡峭边坡应在检查通道一侧设置 0.7～1.0 m 高的栏杆或扶手，边坡上可设置供拴系安全绳用的安全桩。

（7）普速铁路设置防护栅栏的地段，应适当增设工作门方便检修作业。

7.3.3 清理边坡草灌

（1）按照“圬土表面无杂草、土质边坡无大草、石质边坡无大灌”的原则有计划地进行草灌清理。

（2）清理范围：隧道进出口、路堑边坡清理至天沟，无天沟的清理至堑（仰）坡顶以上 5 m，确保有效检查，及时发现设备安全隐患，观测设备病害变化。

（3）清理标准：圬工体表面彻底清除草灌，挖蔸除根，长效保持；土质坡面可每隔 15 ~ 30 m 清理一条坡面观察通道，每条宽 2 ~ 3 m，具备上下通视条件，土质坡面清除草灌不得喷施除草剂；护坡骨架、锚杆（索）框架梁内坡面的草灌不得影响检查。

（4）清理频次：路堑边坡每年至少清理一遍，防洪重点地点及设备、隧道进出口仰坡应加大清理频次，其他地段每两年清理一遍。

（5）危树排查处理工作按照《铁路沿线危树管理办法》相关规定实施。

7.3.4 其他项目

1. 主、被动防护网

定期检查主、被动防护网系统及其钢丝绳、格栅网、十字卡扣、钢绳网、钢柱、锚杆、减压环、地脚螺栓等部件，及时进行紧松补缺、防锈处理、更换失效部件和填补被动网网底吊空。及时清理被拦截的落石、更换损坏的部件、清除被动网上的藤蔓。

2. 锚杆框架梁

定期对锚杆框架梁进行检查养护，对框架梁内坡面的小坍体及时处理，定期疏通横梁下部的泄水孔，对露筋、破损处所及时修补。

实战任务 1：清除危石作业

1. 学习任务

本任务以 5 名作业人员为一组，清除处理坡面和堑顶危石、孤石，消除危石隐患。

2. 任务分析

清除危石作业是一项高风险的工作，必须高度重视安全。在组织作业时，必须考虑到人员的安全，采取有效的安全措施，严格按照规程进行操作。同时在作业完成后，应进行安全检查和验收，确保作业现场的安全。通过本学习任务，使学员具有危石识别、制定清除计划、准备工机具和材料、清除危石、清理现场、记录和总结的基本技能。在作业过程中，要遵循安全操作规程，确保人员和设备的安全。

3. 任务准备（见表 7.9）

（1）工机具、材料：安全帽、安全带、安全绳、防护服、手套、大锤、手锤、撬棍、钢钎、草刀、砍刀、小土镐、钢锹、锄头、皮盆、扁担、望远镜、对讲机、铁丝、绳索、铁楔等。

（2）作业记录本：《铁路危石记录本》。

表 7.9　任务准备清单

<table>
<tr><th>名　称</th><th>单位</th><th>数量</th><th>图　例</th></tr>
<tr><td>安全帽</td><td>个</td><td>5</td><td rowspan="13">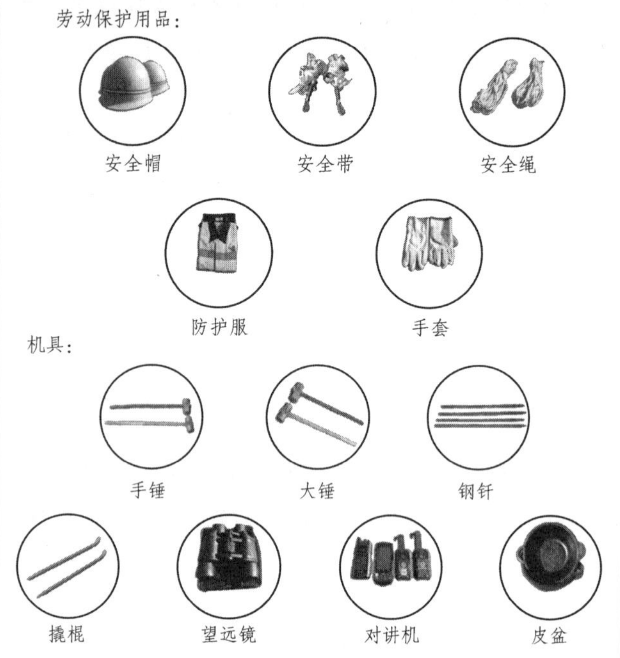
</td></tr>
<tr><td>安全带、安全绳</td><td>根</td><td>各 2</td></tr>
<tr><td>防护服、手套</td><td>套</td><td>5</td></tr>
<tr><td>大锤、手锤</td><td>把</td><td>各 2</td></tr>
<tr><td>撬棍、钢钎、凿钎</td><td>根</td><td>各 2</td></tr>
<tr><td>草刀、砍刀</td><td>把</td><td>各 2</td></tr>
<tr><td>小土镐</td><td>把</td><td>2</td></tr>
<tr><td>钢锹、锄头</td><td>把</td><td>各 2</td></tr>
<tr><td>皮盆、扁担</td><td>个</td><td>2</td></tr>
<tr><td>望远镜</td><td>个</td><td>1</td></tr>
<tr><td>对讲机</td><td>台</td><td>4</td></tr>
<tr><td>铁丝、绳索、铁楔</td><td>根/个</td><td>适量</td></tr>
<tr><td>铁路危石记录本</td><td>本</td><td>1</td></tr>
</table>

4. 任务实施条件

（1）清除危石作业应在维修天窗时间内完成。双线作业，不少于 120 min；单线作业，不少于 90 min。

（2）在“运统-46”《行车设备施工登记簿》中登记，设驻站联络员和现场防护员进行防护。

5. 作业程序及标准（表 7.10）。

表 7.10　清除危石作业程序

<table>
<tr><th>作业流程</th><th>作业内容</th><th>图　例</th></tr>
<tr><td>1. 作业准备</td><td>1.1 主要工（机）具、材料准备
安全帽、安全带、安全绳、防护服、手套、大锤、手锤、撬棍、钢钎、凿钎、草刀、砍刀、小土镐、钢锹、锄头、皮盆、扁担、望远镜、对讲机、铁丝、绳索、铁楔等</td><td></td></tr>
</table>

续表

作业流程	作业内容	图　例
1. 作业准备	1.2 基本作业人员 车间指派1名干部现场盯控，现场作业施工负责人1人（工长或副工长），工地防护员1人，驻站联络员1人，现场作业人员应根据施工条件和工作面大小，确定人员数量。一般在工作量较小、材料运距在50 m以内、平地作业时小型维修每组以5人为宜	 
	1.3 工作量调查 由工区负责对需清理危石的范围及工作量进行现场调查，记录好数量，并拍好相片（全景、局部）	
	1.4 方案制定 由车间组织工区编制实施方案，报技术科备案	
	1.5 工作计划 工区根据“三会制度”编排作业方案及上报点内日作业计划（维修天窗）给车间把关，再由车间上报到日计划办公室汇总，再由技术科室核对后报主管领导，审核通过后日计划办公室下达计划号给车间	

续表

<table>
<tr><th>作业流程</th><th>作业内容</th><th>图　例</th></tr>
<tr><td rowspan="2">2. 设置线路防护</td><td>2.1 设置防护体系
（1）驻站联络员提前 6 min 到位，按天窗点内作业计划登记。
（2）工地防护员佩戴明显标识和携带防护用品。
（3）工地防护员与驻站联络员核对时间，确认通信效果正常，并保持 3～5 min 通话一次，及时向工地通报来车信息，提醒督促人员及时下道避车。
（4）防护体系未设置好前，现场人员不得作业。
（5）前往施工现场：作业人员在现场防护员的防护下按规定的路径前往施工现场</td><td>

</td></tr>
<tr><td>2.2 设置隔离
对路堑地段作业，应设置硬隔离防护，确保滚下物件不上道</td><td></td></tr>
<tr><td>3. 危岩复查</td><td>（1）危岩体位置、形态、分布高程、规模。
（2）危岩体及周边的地质构造、地层岩性、地形地貌、岩（土）体构造类型。
（3）危岩体及周边的水文地质条件和地下水赋存特征。
（4）危岩的详细描述，包括地理位置、形态特征、岩性和岩体结构等</td><td>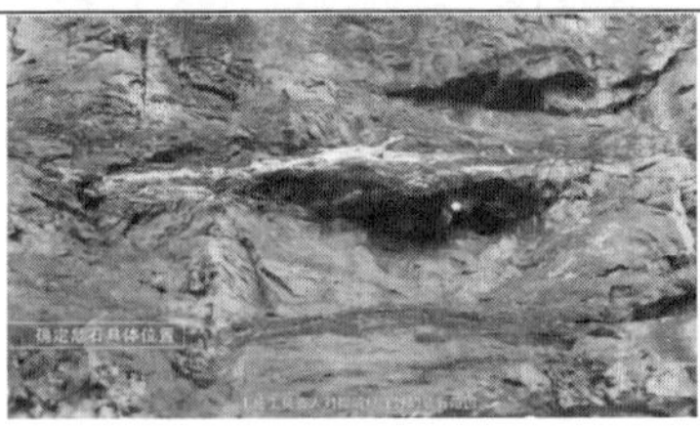

</td></tr>
</table>

续表

作业流程	作业内容	图　例
4. 选定作业平台及埋置位置	（1）作业平台要求有足够的作业空间，搭设位置要求土体稳固且尽量选在山沟坡面不要正对铁路；并在平台靠线路侧设置好安全防护措施。 （2）石块不准坑埋于地表水汇集处及松软土层中	
5. 解小危石	（1）较大石块需凿眼破石：先用凿钎顺节理面的边缘凿开一个长 10～15 cm、宽 3～4 cm、深 5 cm 左右的凹槽；用铁楔嵌入凹槽内，用大锤猛击铁楔，破开危石，将危石分解成多块较小石块。 （2）较小石块用撬棍（钢钎）彻底撬离，不留隐患	
6. 堆码埋置危石	（1）将清破好的小石块搬运至安全地带。 （2）堑顶缓坡及坡度小于 1∶1.5 的土质边坡上的零星孤石，亦可就地挖坑掩埋。 （3）坑埋后要将土夯实、整平，并铺种草皮	
7. 作业回检	对危石清破后边坡坡面进行回检，确保无零星活石、松动孤石	
8. 清理场地	（1）作业经回检合格后，即可清理场地。 （2）用圬工填补加固清破后不稳定的坑穴。 （3）清扫工作面，清理作业场地，将剩余小碎石、杂物清理干净	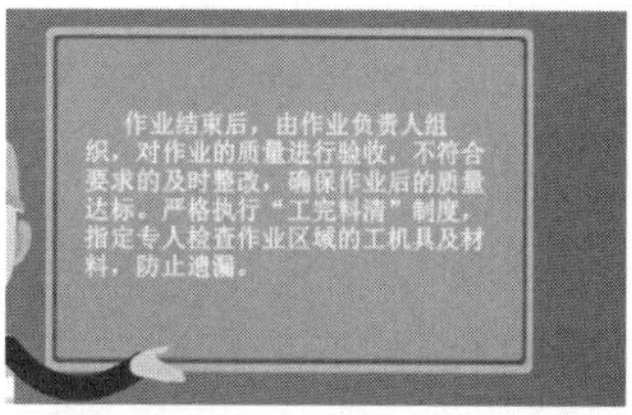
9. 撤除防护	拆除临时安全防护设施，拆除作业所用安全设备	

6. 质量要求

（1）安全警示绳立柱要埋设在道床坡脚且牢固，高度不得小于 1 m，但不得高于轨面，长度不得小于施工影响长度。防护挡板高度不得小于 1.8 m，且应安装牢固，长度伸出施工影响长度两端各 10 m。高空作业安全设备搭设应安全牢固。危石表面及四周清理干净，无杂草、松土、杂物等。

（2）根据现场地形地质情况、危石岩质、体积、裂缝或节理走向、周围土石稳定情况进行认真细致的调查，正确判断危石滚落方向和落地点。危石或孤石应捆绑牢固，确保临时缓冲保护措施正确有效，防止危石冲击损毁设备。

（3）清破后的石块可以人工搬运。清破应彻底，不留隐患。

（4）清破后的小石块全部搬运至安全地带，堆放稳固，现场无遗留。确保堑顶缓坡及坡度缓于 1∶1.5 的土质边坡上的零星孤石已全部清破运走或已全部就地挖坑掩埋，现场无遗留。石块不能坑埋于地表水汇集处及松软土层中。

7. 作业安全要求

（1）作业前针对性地开展安全预想，布置安全注意事项。

（2）按规定设置防护，未设置防护的禁止上道作业。上道作业人员必须按规定穿着防护服，使用劳动保护用品。

（3）上下班时应集体行走路肩，同去同归；上道或跨越线路时，严格执行“眼看、手比、口呼”制度，确认本、邻线无列车时方可上道。

（4）多人共同作业时，应统一指挥，相互间保持一定的安全距离，防止工具伤人。

（5）在自动（半自动）闭塞区段作业，应防止工料具造成轨道电路短路。在电气化区段作业，要严格执行相关规定。

（6）所有料具堆放应安全稳固，严禁侵入限界。

（7）夜间作业必须携带足够的照明设备。

（8）在地面 2 m 以上高处及陡坡作业时，要戴好安全帽、系好安全带或安全绳，不得穿带钉或易滑溜的鞋。

（9）使用脚手架必须满足安全的要求，脚手架要搭设牢固，有专人负责，经常检查整修，不得浮起活动。

（10）临边作业要设置防护围栏和安全网；悬空作业要有可靠的安全防护设施；未设置隔离设施的高处作业，人员不得垂直施工。

（11）在电气化区段清除危石时，要有供电部门人员配合。有碍接触网及行车安全时，应先停电后作业。

（12）人工打眼两人配合作业时，要佩戴防护眼镜，严禁面对面或戴手套打锤，掌钎时要佩戴防护手套。

（13）多人同时在坡面上开挖作业时，要大致在同一高度自上而下进行，严禁上下重叠作业。开挖人相互间距不要小于 2 m。

（14）进行撬石作业时，施工人员站立点必须稳固，不准站在活动的石块上工作。多人同撬一石必须统一指挥。对于可能损坏行车设备、危及行人的石块要分解放下，必要时按规定进行防护或封锁施工。

（15）在有可能发生落石的路堑内作业，应佩戴安全帽。

（16）作业过程中，严禁在危岩边上和边坡脚下休息，严禁将工具任意抛掷和放在危岩下面。

实战任务 2：水泥砂浆勾缝作业

1. 学习任务

本任务以 3 名作业人员为一组，修复圬工设备破损，防止雨水渗漏。

2. 任务分析

本学习任务适用于路基各类砌体勾缝作业，目的是使学员掌握凿缝清缝处理、拌制砂浆、砂浆勾缝、质量回检等作业内容。

3. 任务准备（见表 7.11）

（1）工具：草刀、小土镐、手锤、錾子、钢锹、拌盘、灰桶、灰抹。

（2）材料：水泥、河砂、钢管（木棍）、挡板等。

表 7.11　任务准备清单

名　称	单位	数量	图　例
草刀	把	1	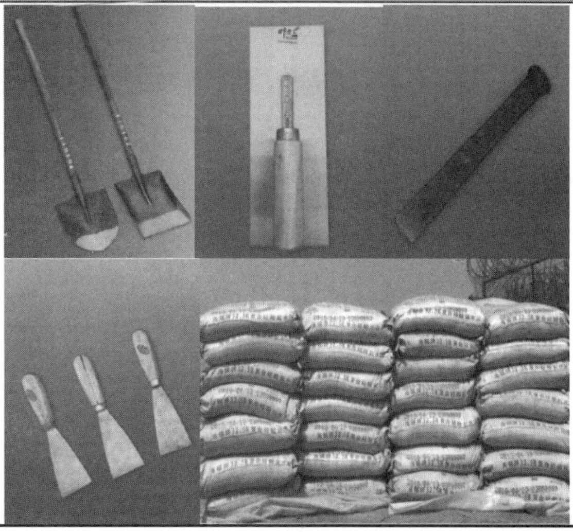
小土镐	把	1	
手锤、錾子	把	1	
钢锹	根	1	
拌盘、灰桶、灰抹	把	1	
土箕、扁担	个	1	
水泥、河砂	袋	适量	
钢管（木棍）	根	适量	
挡板	块	适量	

4. 任务实施条件

（1）在普速铁路水泥砂浆勾缝天窗点内外作业，具体作业条件应根据对设备稳定、使用和行车安全的影响，在施工方案中予以确定。对于高速铁路的勾缝作业，必须在天窗时间内进行。

（2）在“运统-46”《行车设备施工登记簿》中登记，设驻站联络员和现场防护员进行防护。

5. 作业程序

水泥砂浆勾缝作业程序如表 7.12 所示。

表 7.12　水泥砂浆勾缝作业程序

作业流程	作业内容	图　例
1. 作业准备	（1）核对确认现场作业地点、作业范围、工作量。若计划与现场有较大出入，要根据工作需要及时变更作业计划。 （2）检查工具、材料，确认工具能正常使用，材料符合作业需要。 （3）点名分工，开展安全预想，布置安全注意事项。 （4）设备表面和周围 1 米范围内杂草砍净，挖除茅草根。 （5）设备表面杂物，刷净砌体表面青苔	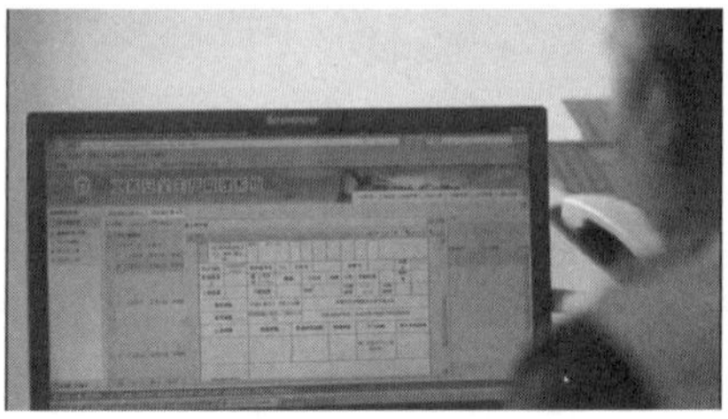  
2. 设置线路防护	（1）设置安全警示绳。 （2）搭设防护挡板。 （3）高空作业要设高空作业安全设备（如脚手架）	

续表

作业流程	作业内容	图例
3. 开缝清缝、拌制砂浆	3.1 开缝凿毛、清缝处理 （1）开缝凿毛，剔除石缝中的旧砂浆，将缝内石锈、石砟粉清除干净。 （2）将缝周围黏附的砂浆清除掉。 （3）用水将灰缝周边（灰石交接面）刷洗干净，对凿开空缝浇水湿润。 3.2 拌制和运送水泥砂浆 （1）根据设计要求和工作量拌制水泥砂浆。 （2）水泥砂浆运至作业现场，随拌随用	  
4. 勾缝	沿砌缝用砂浆填塞并压实	
5. 抹光修平	勾缝后 20 min 左右进行抹光修平	
6. 养生、整理场地	（1）及时覆盖养生，并经常洒水保持湿润，常温下养护期不得短于 7 天。 （2）清点工具，整理场地。 （3）作业回检、拆除高空作业安全设备（如脚手架）	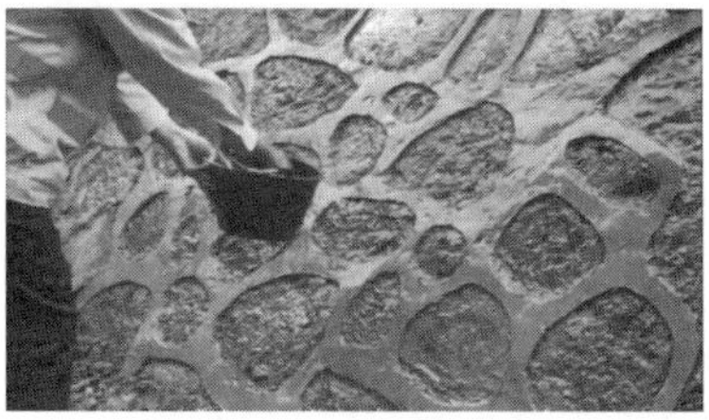

6. 质量要求

（1）安全警示绳立柱应埋设在道床坡脚且确保牢固；高度不得小于 1 m，但不得高于轨面；长度不得小于施工影响长度。

（2）搭设防护挡板高度不得小于 1.8 m；安装牢固；长度要伸出施工影响长度两端各 10 m。

（3）旧缝剔除干净，剔进深度不小于 3 cm。砌体不实砂浆清除干净。拌制和运送水泥砂浆，水泥砂浆强度等级符合要求，配合比正确并有记录。水泥砂浆拌和均匀，颜色一致，稠度适当。

（4）勾缝压实，无空音裂纹，断道空响处所不超过 5%。无肥边，无砂浆堆积。表面美观。勾缝深度不小于 3 cm。

（5）灰缝光滑平顺，无毛边。常温下养护期不短于 7 天。修补部位应干净整洁美观，场地平整。

7. 作业安全要求

（1）作业前针对性地开展安全预想，布置安全注意事项。

（2）按规定设置防护，未设置防护的禁止上道作业。上道作业人员必须按规定穿着防护服，使用劳动保护用品。

（3）上下班时应集体行走路肩，同去同归；上道或跨越线路时，严格执行“眼看、手比、口呼”制度，确认本、邻线无列车时方可上道。

（4）多人共同作业时，应统一指挥，相互间保持一定的安全距离，防止工具伤人。

（5）在自动（半自动）闭塞区段作业，应防止工料具造成轨道电路短路。在电气化区段作业，应严格执行相关规定。

（6）所有料具堆放应安全稳固，严禁侵入限界。

（7）夜间作业必须携带足够的照明设备。

（8）在地面 2 m 以上高处及陡坡作业时，要戴好安全帽、系好安全带或安全绳，不得穿带钉或易滑溜的鞋。

（9）使用脚手架必须满足安全的要求，脚手架要搭设牢固，有专人负责，经常检查整修，不得浮起活动。

（10）临边作业要设置防护围栏和安全网；掏底作业要有可靠的安全防护设施；未设置隔离设施的高处作业，人员不得垂直施工。

实战任务 3：整修（清理）圬工水沟（盖板）作业

1. 实训任务

本任务以 3 名作业人员为一组，使用工具和材料完成一段 10 m 长的圬工水沟（盖板）整修（清理）作业。

2. 任务分析

整修（清理）圬工水沟（盖板）作业主要修理、更换、补充水沟（盖板），保持水沟（盖板）正常使用，安全牢固，排水畅通。

3. 任务准备（见表 7.13）

（1）工具准备：草刀、小土镐、撬棍（钢钎）、钢锹、锄头、土箕（或抬筐）、扁担（或抬杠）、扫把、手锤、凿钎、拌盘、灰桶、灰抹、砌刀、弦线、钢卷尺、木模板等。

（2）材料准备：砂子、片石或碎石、水泥、铁钉、铁丝等。

表 7.13　任务准备清单

名　称	单位	数量	图　例
草刀	把	1	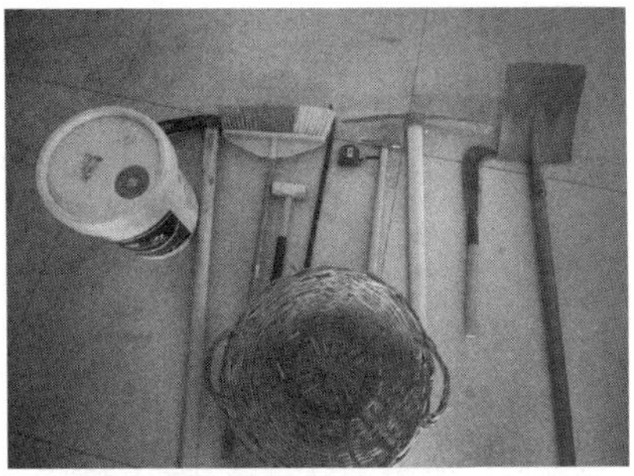 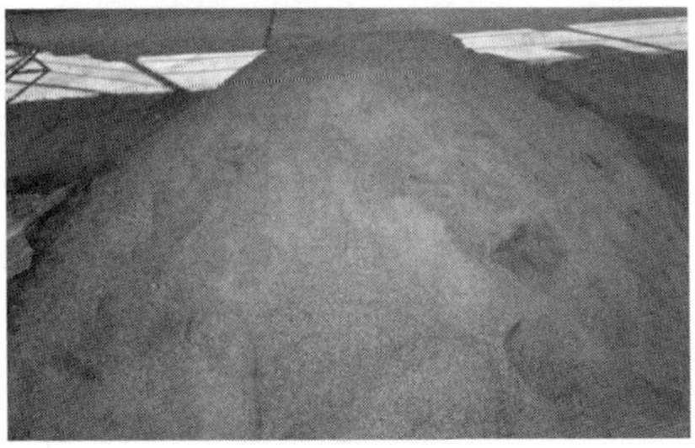
小土镐	把	1	
撬棍	根	1	
钢锹	把	1	
锄头	把	1	
土箕	个	1	
扫把	把	1	
手锤	把	1	
灰桶	个	1	
灰抹	把	1	
砌刀	把	1	
钢卷尺	把	1	
砂石水泥等材料	立方	适量	

4. 任务实施条件

（1）作业前要开展安全预想，布置安全注意事项，设置安全警示绳，安设防护挡板。

（2）高空作业要安装高空安全设备（如脚手架）。

5. 作业程序

整修（清理）圬工水沟（盖板）作业程序如表 7.14 所示。

表 7.14 整修（清理）圬工水沟（盖板）作业程序

作业流程	作业内容	图 例
1. 作业准备	（1）检查工具、材料，确认工具能正常使用，材料符合作业需要。 （2）点名分工，开展安全预想，布置安全注意事项。 （3）设置安全警示绳，安设防护挡板	
2. 揭开盖板	（1）清除水沟沟帮两侧 1 米范围内杂草、小树、杂物，清除水沟盖板面上土石、杂草、杂物。 （2）用撬棍将水沟盖板揭开，堆放平稳	
3. 清理水沟	（1）彻底清除沟内淤积物和沟帮、沟底青苔。 （2）清除松散圬工或失效灰缝，有水时要采取截流引排措施。 （3）凿除破损地段松散圬工或失效灰缝，并清洗干净	
4. 整修水沟	（1）根据现场情况进行简单设计，安装模板。 （2）根据设计要求和工作量拌制混凝土或砂浆；将拌制好的混凝土或砂浆运至施工现场。 （3）填补混凝土或砂浆，并捣实或压实，抹光修平。 （4）勾缝结束后，清洁作业面，消除灰边和堆积砂浆	
5. 养生收尾	（1）混凝土浇筑后 12 h 内要覆盖和洒水，直至规定养护时间；砂浆勾缝完毕后要及时覆盖，并经常洒水保持湿润。 （2）拆除模板，模板拆下后要洗净修补，分类堆存，以备再用	

续表

作业流程	作业内容	图 例
6.作业回检	（1）清理圬工水沟：单项保养作业质量评定扣分达 10 分及以上，该保养作业项目即为失格项目，必须返工直至合格。 （2）整修圬工水沟：单项作业验收评分在 60 分以下，该作业项目即为不合格项目，必须返工直至合格	
7.清理场地	（1）作业经回检合格后安放盖板。 （2）拆除作业所用安全设备，清理作业场地	

6. 质量要求

（1）水沟沟帮两侧 1 m 范围内无杂草、小树、大茅草（小树）兜、杂物。

（2）盖板轻起轻放，堆放平稳整齐。

（3）沟底无淤积物、杂草、青苔。

（4）有水时应采取截流引排措施；松散圬工或失效灰缝凿除彻底（浆砌片石灰缝凿除深度不小于 3 cm），清除干净。

（5）模板安装牢固，尺寸符合要求。

（6）混凝土或砂浆标号符合设计要求并不得小于圬工体所用标号；混凝土或砂浆配合比正确并有记录；混凝土或砂浆拌和均匀，颜色一致，稠度适当，随拌随用。

（7）修补后沟底无漏水、渗水，沟墙泄水孔、出入水口畅通；水沟断面、纵坡符合要求；沟底平顺，无积水；混凝土捣固密实，无蜂窝麻面；砂浆压实，无肥边，无砂浆堆积；新旧圬工结合良好，接茬平顺、光滑。

（8）水沟养生良好。

7. 安全注意事项

（1）安全警示绳立柱要埋设在道床坡脚且牢固，高度不得小于 1 m，但不得高于轨面，长度不得小于施工影响长度。

（2）防护挡板高度不得小于 1.8 m，安装牢固，长度要伸出施工影响长度两端各 10 m。

（3）高空作业安全设备搭设要安全牢固。

（4）夜间作业必须携带足够的照明设备。

（5）多人共同作业时，要统一指挥，相互间保持一定的安全距离，防止工具伤人。

（6）所有料具堆放要安全稳固，严禁侵入限界。

（7）圬工凿除或人工打眼两人配合作业时，要佩戴防护眼镜，严禁面对面或戴手套打锤，掌钎时要佩戴防护手套。

（8）作业过程中，严禁在危岩边上和边坡脚下休息，严禁将工具任意抛掷和放在危岩下面。

实战任务 4：浆砌片石作业

1. 实训任务

本任务以 3 名作业人员为一组，使用工具和材料完成一段 2 m 长的浆砌片石作业。

2. 任务分析

浆砌片石作业主要是砌筑浆砌物，利用浆砌物防止冲刷或浆砌物自重防止山体溜坍和滑坡；适用于路基排水、防护加固作业，如排水设备、挡土墙、护坡、护墙、挡泥墙等防护支挡浆砌作业，也适用于危岩落石嵌补、支顶浆砌作业。

3. 任务准备（见表 7.15）

（1）工具准备：大锤、手锤、凿钎、钢锹、灰桶、灰抹、弦线、坡度尺、钢卷尺等。

（2）材料准备：片石、砂子、水泥、2 cm 木板、短钢筋或小木桩（定位挂线）、钢管（木棍）、挡板等。

表 7.15　任务准备清单

名　称	单位	数量	图　例
大锤	把	1	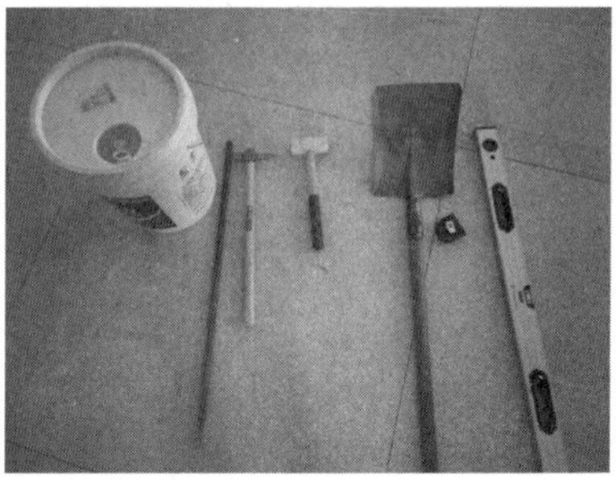 
手锤	把	1	
凿钎	根	1	
钢锹	把	1	
灰桶	个	1	
灰抹	把	1	
弦线	根	1	
坡度尺	把	1	
钢卷尺	把	1	
砂石水泥等材料	立方	适量	
2 cm 木板	块	适量	
短钢筋	根	适量	
挡板	块	适量	

4. 任务实施条件

（1）作业前要开展安全预想，布置安全注意事项，设置安全警示绳，安设防护挡板。

（2）高空作业要安装高空安全设备（如脚手架）。

（3）核对确认现场作业地点、作业范围、工作量。

5. 作业程序

浆砌片石作业程序如表 7.16 所示。

表 7.16　浆砌片石作业程序

作业流程	作业内容	图　例
1.作业准备	（1）检查工具、材料，确认工具能正常使用，材料符合作业需要。 （2）点名分工，开展安全预想，布置安全注意事项。 （3）设置安全警示绳，安设防护挡板。 （4）按要求打定位桩、放样挂线、立伸缩缝隔板	 
2.基底清理	（1）清除基底清除浮土、松石；对坑凹、冲沟等回填夯实，抽干积水。 （2）如果为浆砌片石，要将原砌体表面清洗干净，如果为混凝土，要将表面凿毛	
3.石料及砂浆准备	（1）挑选面石、角石并加以修整。 （2）洗刷石料，用水充分打湿，运送石料至现场。 （3）根据砌体工程所用砂浆强度等级和工作量拌制砂浆，运送砂浆至现场	

续表

作业流程	作业内容	图例
4.砌石作业	（1）根据放样情况砌筑片石，铺砌反滤层，每砌筑 1.2 m 高度以内要找平 1 次。 （2）预留沉降缝或伸缩缝和泄水孔。 （3）填塞伸缩缝或沉降缝。 （4）水泥砂浆勾缝、抹面	
5.养生收尾	（1）砂浆勾缝完毕后要及时覆盖，并经常洒水保持湿润，进行养生。 （2）清理场地、作业回检、拆除高空作业安全设备（如脚手架）	

6. 质量要求

（1）基底、坡面大致平整、干净，无积水。

（2）放样挂线时横断面间距合理，放样槽符合要求；坡面平顺稳定，无浮石、活石，坡度符合设计要求。

（3）石料清洁，无风化、无水锈、无裂纹。

（4）砂浆强度等级符合设计要求，砂浆拌和均匀，颜色一致，稠度适当。

（5）砌体前要铺设反滤层（浆砌排水设备可不设），砌体要采用挤浆法分层、分段砌筑，片石间砂浆饱满，并预留泄水孔；砌体坡度平顺，用 2 m 弦线测量，凹凸不超过 ±30 mm，尺寸偏差符合要求；两层片石间错缝不少于 8 cm；三块石料相砌，内切圆不大于 7 cm，砌缝宽度 2～4 cm；灰缝超限处所每 10 m^2 不超过 5 处。

（6）砌体砌筑完毕要及时覆盖，并经常洒水保持湿润，常温下养护期不得少于 7 天。

7. 安全注意事项

（1）在离地面 3 m 以上的高空及陡坡上作业，应根据现场情况及需要，搭设脚手架。脚手板宽度不小于 60 cm，厚度不小于 50 mm，坡度不陡于 1：3，板面应加防滑木条，脚手板接头不得悬空。

（2）按规定设置防护、未设置防护禁止上道作业；上道作业人员必须按规定穿着防护服，使用劳动保护用品。

（3）上下班集体行走路肩、同去同归，上道或跨越线路时，严格执行“眼看、手比、口呼”制度，确认本、邻线无列车时方可上道。

（4）多人共同作业时，要统一指挥，相互间保持一定的安全距离，防止工具伤人。

（5）在自动（半自动）闭塞区段作业，要防止工料具造成轨道电路短路；在电气化区段作业，要严格执行相关规定。

（6）作业时不得朝有人的方向敲打石块，以防飞石伤人。

（7）在地面 2 m 以上高处及陡坡作业时，要戴好安全帽、系好安全带或安全绳，不得穿带钉或易滑溜的鞋。

（8）使用脚手架必须满足安全的要求，脚手架要搭设牢固，有专人负责，经常检查整修，不得浮起活动。

（9）临边作业要设置防护围栏和安全网；掏底作业要有可靠的安全防护设施；未设置隔离设施的高处作业，人员不得垂直施工。

项目 8 铁路桥隧修理

项目描述

桥隧设备修理是管理运营铁路桥隧设备的核心。合理投入人力、物力，运用工务安全生产管理系统，实行检查和养修分开的管理体制，通过有计划地对设备进行整治、加固，使桥隧建筑物状态均衡良好，确保列车能以规定的速度安全、平稳和不间断地运行。

本项目内容包括铁路桥隧修理的组织结构、工作流程，信息化管理系统的应用，桥隧设备常见病害的检查、维修作业项目，为今后从事桥隧工岗位工作奠定坚实基础。

教学目标

1. 知识目标

（1）熟悉铁路桥隧修理组织管理和工作流程。

（2）掌握桥隧设备检查制度，维修和大修内容。

（3）掌握桥隧养修管理系统功能。

2. 能力目标

（1）会按照桥隧修理流程作业。

（2）会正确选择检查方式。

（3）会判断桥隧状态裂化等级，选择桥隧维修方式。

（4）会正确使用桥隧养修管理系统功能。

3. 素质目标

（1）具有严谨细致的工作作风。

（2）具备较高信息化素养。

（3）具备安全环保意识。

（4）具备团结协作精神。

任务 8.1 铁路桥隧修理组织管理

8.1.1 桥隧修理总体要求

（1）桥隧修理工作原则。桥隧修理工作采用状态修与周期修相结合的方式进行，以状态修为主，通过综合维修与经常保养相结合，整治既有病害，及时消除危及行车安全处所，经常保持桥隧建筑物状态均衡完好，使列车能以规定的速度安全、平稳和不间断地运行。

（2）桥隧修理组织及配置。铁路局集团公司设置工务段（桥工段、工电段、综合维修段，以下统称“工务段”）及桥隧大修设计、施工和桥隧检定等组织；对技术复杂的特大桥梁、特长隧道，可视具体情况设置专门维修管理机构；配置必要的施工作业机具、测试仪器及检修设备。

（3）桥隧修理工作内容。铁路桥隧建筑物修理依据国铁集团标准、规则及办法进行管理，实行检查与养修分开的管理体制。修理工作分为检查、维修和大修，维修工作分为经常保养和综合维修。

（4）桥隧修理工作管理。桥隧修理工作认真执行检查、分析、计划、作业、验收等基本工作制度，运用工务安全生产管理系统，实现检查、分析、计划、作业、验收五个环节闭环管理和资源共享，及时准确地传递信息，提高管理效能，大力发展机械化作业，不断提高工作效率和经济效益。

（5）桥隧修理施工安全。桥隧修理施工作业，应特别注意行车和人身安全，严格遵守营业线施工作业相关规定，影响行车安全纳入天窗项目的施工作业必须在天窗内进行，正确处理施工作业与运输的关系，在保证安全和质量的前提下，尽量减少中断行车和限制行车速度的时间。

8.1.2 桥隧修理组织

8.1.2.1 桥隧设备管理工作体系

为使桥隧设备的管理和维修工作生产全过程的管理逐步走上标准化、规范化的轨道，为实现管理科学化创造条件，应建立起行之有效的管理工作体系。

（1）桥隧设备的修理管理工作由工务段负责，工务段下设桥隧科和路桥科，全面负责桥隧技术管理工作。

（2）工务段根据管辖桥隧建筑物的管辖长度、设备数量、交通条件、地形地貌等因素，在普速铁路设置桥隧（梁）车间或综合车间，高速铁路设置路桥检查车间或综合车间，桥隧车间下设桥隧检查工区和养修工区；工务段依据需要可增设桥隧检测小组，由桥隧科或路桥科直接管理。

（3）普速桥隧车间管辖桥隧换算长不宜超过 3 km；普速桥隧车间管理的营业长度，平原微丘区不宜超过 250 km、重丘山区不宜超过 200 km、险峻山区不宜超过 150 km、草原沙漠戈壁地区不宜超过 400 km。高速铁路车间管辖里程宜为 300 km 左右，且不超过 400 km。

（4）普速桥隧车间下设 1 ~ 2 个桥隧检查工区，高速铁路检查工区管辖的营业长度 100 km 左右，山区铁路检查工区管辖范围可适当缩短。

8.1.2.2 桥隧设备管理机构工作职责

（1）工务段桥隧科须按照铁路局集团公司相关要求及批准下达的桥隧生产任务、指标，根据管内桥隧设备实际状态并结合维修周期，制订年度维修计划及组织、技术措施；审核批准桥隧车间维修月度生产计划，保养和检查的年度、月度生产计划；组织定期检查，掌握安全生产信息；对生产过程进行指导、监督、验收和考核。

（2）桥隧车间或综合车间（统称“桥隧车间”）全面负责所辖设备状态检查维护，组织生产，掌控作业安全、质量和进度。桥隧车间负责编制维修月度生产计划和保养、检查的年度、月度生产计划，报工务段审核批准后执行；根据批准计划，编制各工区月度生产计划和检查、养修作业日计划，申报天窗作业计划；按规定完成设备检查、保养质量评定和维修质量复验，并对作业安全和质量进行全过程跟踪检查和考核。定期分析设备质量状态，适时调整生产计划。

（3）桥隧检查工区负责桥隧设备日常检查，对桥隧车间制定的日计划提出建议，提报周检查报告；参加工务段组织的定期检查；参与保养质量评定、维修质量复验、维修工作量调查等工作。

（4）桥隧养修工区负责桥隧设备保养、维修和部分大修工作以及桥隧周边环境检查工作，除河床断面测量以外的水文观测项目，对桥隧车间制订的日计划提出建议；完成保养质量自评、维修质量自检；参与维修工作量调查；参与防洪、地震等临时检查工作和现场应急处置。

（5）桥隧检测小组负责桥隧专项检测，以及水文观测中的河床断面测量，对技术复杂、难度大的项目可委托专业单位进行检测。

（6）工务段、桥隧检测小组、桥隧车间、桥隧养修及检查工区按照专业化管理的需要配备相应的交通运输工具、动力机械、专用检测设备及作业机具，建立机具运用台账和做好使用情况分析。

8.1.2.3 桥隧换算长度计算标准

由于钢桥、圬工桥、涵渠、隧道等每年需要花费的维修工作量不一样，而且相差很大，为了便于计算和合理配备修理人员，须把各类建筑物按其维修长度换算成统一的桥隧换算米。

依据《普速铁路桥隧建筑物修理规则》规定桥隧换算长度计算标准，如表 8.1 所示。

表 8.1 桥隧换算长度计算标准

序号	设备分类	分类明细	折合桥隧换算/m
1	钢梁和组合梁桥	跨度 40 m 以下的钢板梁（包括结合梁、箱形梁）	1.0
		跨度 40 m 及以上的钢板梁、结合梁、箱形梁及跨度小于 64 m 的钢桁梁	1.5
		跨度 64～80 m 的钢桁梁	2.0
		跨度 64～80 m 的混凝土梁＋钢管拱组合结构	2.2
		跨度大于 80 m 的钢桁梁	3.0
		跨度大于 80 m 的混凝土梁＋钢管拱组合结构	3.2
2	圬工桥	圬工桥（含框构桥）	0.3
3	隧道	隧道、明洞和棚洞（全长在 1500 m 及以下）	0.4
		隧道（全长在 1500 m 及以上）	0.5
4	涵洞	涵洞	0.2
5	河调	调节河流建筑物及桥涵上下游防护设备（每立方米体积）	0.025
6	桥涵限高防护架	钢管或型钢防护架（每吨钢材）	1.0
		钢轨防护架（每吨钢材）	0.5
		钢筋混凝土防护架（按跨度每米）	0.2

注：（1）混合桥按类分别计算。

（2）公路、铁路两用桥的公路部分及站内检查坑、渡槽比照圬工桥，天桥比照桥梁，地道比照隧道，倒虹吸管比照涵洞。

（3）设有整体道床的隧道，维修长度每米增加 0.1 桥隧换算米；设有通风及照明的隧道，维修长度每米增加 0.005 换算米。

8.1.2.3 桥隧修理工作流程

桥隧修理工作流程包括桥隧检查、分析、计划、作业和验收五个基本环节。

1. 检 查

桥隧建筑物检查、监控是全面掌握设备状态变化的重要手段，是保证行车安全的基础性工作。通过人工或技术手段进行水文观测、经常检查、定期检查、临时检查、专项检查、检定试验等，可详细了解桥隧建筑物在运营中所发生的变化，及时发现病害和分析病害原因，并据以采取有效防治措施，合理安排桥隧维修计划，为建筑物维修方案制定提供有力依据。

2. 分 析

（1）为合理地编制桥隧建筑物修理计划，设定设备的使用条件，制订桥隧建筑物修理的长远规划，需对桥隧建筑物检查结果进行分类、筛选、统计、分析。

（2）分析包括经常检查分析、定期检查分析、临时检查分析、专项检查分析。

（3）桥隧检查工区根据经常检查结果形成周分析报告，桥隧车间形成月度分析报告并报工务段。周、月分析报告包括检查基本概况、重点及病害设备检查情况、设备病害分析及整治措施、检查结果问题库销号情况和下一步处理意见，以利于工务段、桥隧车间、桥隧养修工区对桥隧设备检查结果进行分析掌控。

（4）工务段根据春秋季检查情况，形成定期检查分析报告。临时、专项检查完成后，根据检查情况，形成分析报告。

（5）工务段、桥隧车间、检查工区应按规定完成各类分析，确保分析结果准确可靠，不断积累分析结果形成的大数据，探索桥隧修理规律和设备病害发展趋势。

（6）分析原则上以大数据和桥隧建筑物裂化状态评定等级为依据，裂化程度分为 A、B、C 三级，表 8.2 所示为状态劣化等级。

表 8.2　状态劣化等级

<table>
<tr><th colspan="2">劣化等级</th><th>对结构功能和行车安全的影响</th><th>措　施</th></tr>
<tr><td rowspan="2">A</td><td>AA（极严重）</td><td>结构功能严重劣化，危及行车安全</td><td>立即采取措施，如停运、限速或限制荷载</td></tr>
<tr><td>A1（严重）</td><td>结构功能严重劣化，进一步发展会危及行车安全</td><td>尽快采取措施</td></tr>
<tr><td colspan="2">B（较重）</td><td>如劣化继续发展，将升至 A 级</td><td>加强监视，必要时采取措施</td></tr>
<tr><td colspan="2">C（轻微）</td><td>影响较小</td><td>正常保养、巡检</td></tr>
</table>

3. 计　划

桥隧修理计划是开展桥隧维修工作的根本依据。修理计划包括桥隧大修计划、保养计划、综合维修计划，计划分年度、月度、周、日计划四级。原则上每级计划均按上一级计划执行，如遇特殊情况还可有指令性计划。为确保修理工作的正常开展，还应制订检查计划和铁路施工维修天窗利用计划等。原则上年度计划由段编制，铁路局集团公司审批，月度计划由车间编制，工务段审批，周计划由车间根据月度计划进行分解，日计划由工区编制由车间及段审批后执行。

4. 作　业

桥隧作业质量是保障列车行车安全的直接影响因素。按照影响程度分为保养、维修和大修作业；维修按作业项目分为天窗点内和天窗点外作业项目，其中天窗点内作业项目又根据影响程度分为 I 级和 II 级进行管理。桥隧修理作业的组织基本以车间和工区为单位组织开展，按照桥隧作业指导书组织实施。作业过程严格按照作业标准进行，实行质量控制，保证达到规定的质量要求。

5. 验　收

桥隧验收是设备和作业质量控制的关键环节，维修验收由工区、车间、工务段三级分别组织，实行三级验收，对于大修等关键作业质量的验收由铁路局集团公司组织开展，验收应填写验收证作为作业质量合格的凭证。

任务 8.2 桥隧养修管理系统

我国现已成为世界上铁路桥隧数量最多、累计里程最长的国家。如此众多的桥隧设备迫切需要通过科学高效的桥隧健康诊断及养护维修技术手段来保证铁路安全运营。这就需要在遵循《普速铁路桥隧建筑物修理规则》和《高速铁路桥隧建筑物修理规则》的前提下，应用物联网、云计算、移动互联网、大数据等新一代信息技术和人工智能技术，实现桥隧养修管理信息系统迭代升级，深化桥隧检测监测数据运用，提高检测监测装备智能化水平，结合工程建造阶段 BIM 技术以及运营阶段的养护维修数据，推进桥隧设备全生命周期健康管理，开发工务安全生产管理信息系统桥隧子系统。

8.2.1 系统建设思路

用工务安全生产管理信息系统桥隧子系统辅助工务桥隧专业规范生产作业流程和生产机构设置，集成各铁路局集团公司工务桥隧生产系统优点，整合外网监控系统，以工务桥隧设备资产为基础，以“检查→分析→计划→作业→验收”为主线，实现桥隧安全生产闭环管理；在建设过程中，通过建立桥隧数据标准，把标准化后的检查数据、作业数据、地理数据、台账数据按照现行资产维度进行整理，为站段、车间组织作业提供辅助决策依据。充分贯彻桥隧修理规则，利用大数据等信息化手段，体现桥隧养修体制改革理念和思路。

8.2.2 系统建设历程

工务安全生产管理信息系统桥隧子系统由中国国家铁路集团有限公司组织建设，中国铁道科学研究院集团有限公司电子计算技术研究所和上海局集团公司为研发单位联合研制，是工务专业开展桥隧生产管理的主要信息平台。

2016 年，提出全面应用“铁路桥隧建筑检养修系统”和生产信息系统，实现桥隧修理“检查、分析、计划、作业、验收”五个环节的衔接的目标，桥隧管理模块纳入研发计划。

2017 年，完善系统资产管理功能，补充安全管理模块、调度信息模块、桥梁管理模块等功能。系统综合运用云计算、物联网、大数据、移动应用等手段，统一规范检测检查标准，利用移动终端设备开展桥隧检查数据采集、生产过程控制，提升数据自动化采集能力。

2018 年工务安全生产管理信息系统桥隧子系统功能通过全路评审并全路推广，从2018 年度开始桥隧秋检工作通过系统配置的手持终端实现了现场实时采集数据，完成季节性秋检工作。

2019 年针对《普速铁路桥隧建筑物修理规则》中状态评定标准、保养质量评定标准和修理作业验收标准的变化完成标准修订，并对桥隧检查标准进行细化和完善。通过不断完善应用功能，各铁路局集团公司实现全面应用系统管理日常桥隧修理工作。

8.2.3 系统功能

工务安全生产管理信息系统桥隧子系统通过构建管理模块，以工务桥隧设备资产信息为管理基础，以检修作业标准为准则，以“检查→分析→计划→作业→验收”为主线，运用移动数据终端完成数据采集，实现桥隧安全生产闭环管理，推进桥隧安全生产信息化、标准化全面管理。

系统基本功能架构如图 8.1 所示。桥隧设备五个生产管理环节功能如图 8.2 所示。

1. 检查模块

桥隧检查主要对管界内的桥隧设备进行检查，了解掌握设备状态，录入设备存在的病害，以便采取维修保养措施，确保设备状态均衡完好，保障列车运行安全。桥隧检查模块主要包括经常检查、水文观测、病害观测及设备秋检四个功能模块，其中经常检查、设备秋检和病害观测的数据来源是移动终端和页面端填报，水文观测需要用户在页面端进行填报。

2. 分析模块

桥隧分析主要是车间对桥隧设备各种检测数据进行状态分析和单元评价，指导养修工区作业。桥隧分析功能主要包含桥隧单元划分、桥隧单元计算、桥隧单元看板、维修保养单元计算等。

3. 计划模块

桥隧计划主要是各级单位根据单元评价结果、设备病害库及重点工作，制订作业月、周天窗及次日上道日计划，对桥隧设备病害处理进行计划安排，合理有效处置设备病害，确保设备状态满足列车运行安全条件。

4. 作业模块

桥隧作业（见图 8.3）主要是工区根据日计划派发作业工单和驻站派工单，对桥隧设备病害进行处理。通过移动终端可实现作业过程控制，确保正常作业及流程完整。

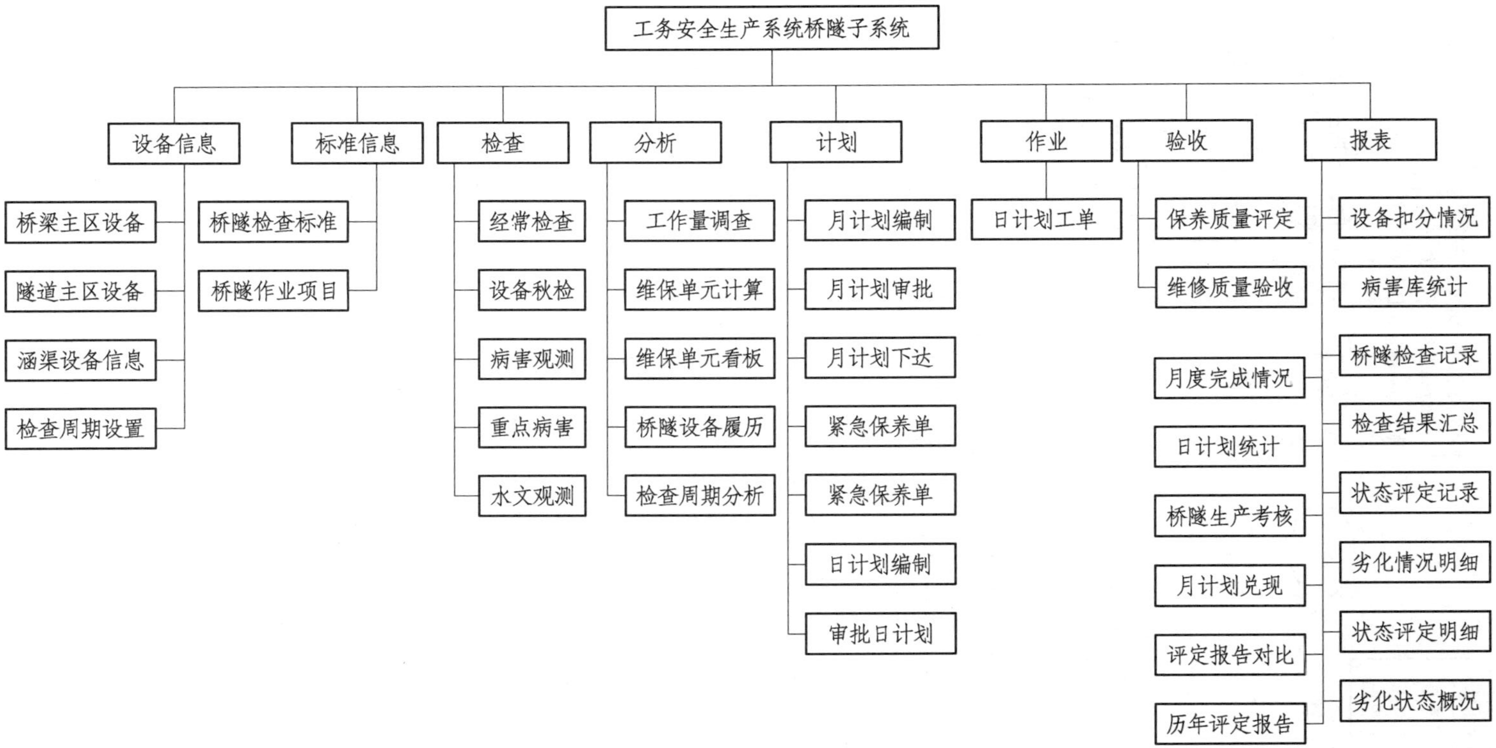

图 8.1 工务安全生产系统桥隧子系统

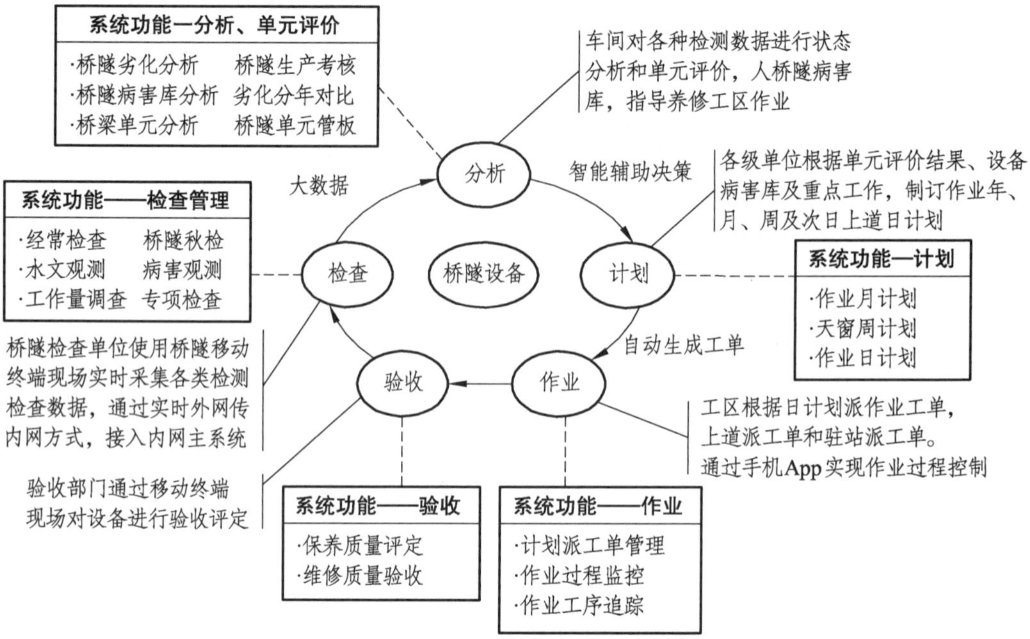

图 8.2　桥隧设备生产管理环节功能示意

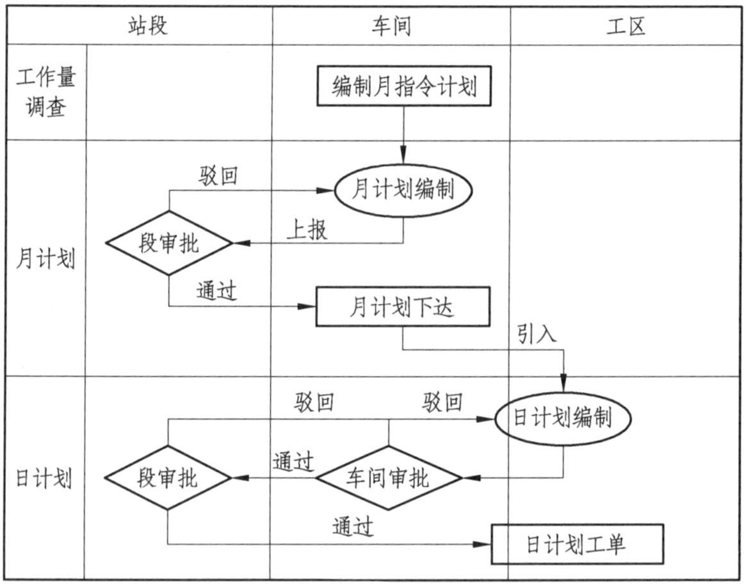

图 8.3　桥隧计划审批流程图

5. 验收模块

桥隧验收主要是各部门通过移动终端现场对设备的维修计划及保养情况进行验收评定，确保设备病害处理完好，提升桥隧设备状态质量。桥隧验收功能主要包含保养质量评定和维修质量验收。

6. 移动终端数据采集功能

系统配套使用的手持移动终端由硬件和软件两部分组成，硬件是定制的三防手机，软件是由系统开发团队研发的终端 App。移动终端手机安装终端 App，实现桥隧检查单位使用移动终端现场实时采集各类检测检查数据，通过实时外网传内网方式，接入内网主系统。目前经常检查和设备秋检已经实现使用移动终端实时采集现场病害的数据和图片并上传管理系统。

任务 8.3　桥梁（涵洞）常见病害及整治

桥梁建筑物是铁路线路极为重要的组成部分之一，桥梁施工完成后，后期的检修工作尤为重要，桥梁检修是整个铁路线路维护不可忽视的一环。本节主要介绍铁路桥梁桥面和支座病害的检查及整治。

8.3.1　铁路桥梁桥面病害检查及整治

8.3.1.1　桥面病害检查

1. 明桥面护轨检查

（1）用尺量、目视方式检查护轨是否符合铺设标准。
（2）用 5 mm 厚的吊板器检测吊板。
（3）护轨爬行量可从轨底痕迹上量出，亦可设爬行观测标观测，如图 8.4 所示。

图 8.4　明桥面护轨检查

2. 桥枕和护木检查

（1）用目视、尺量方式检查是否符合铺设要求，表面腐朽以及垫板螺栓垫圈切入木料尺寸；顶面及侧面裂纹宽度，灌缝的质量等。

（2）对桥枕是否压钢梁上平联杆件，可用 3 mm 厚铁片（或木塞）进行检查。

（3）结合下列方法检查腐朽情况：

① 看：目视桥枕外表腐朽情况及列车通过时桥枕挠曲状态，道钉浮起情况。

② 敲：用检查小锤敲击木料侧面或顶面，根据声响来判断内部是否腐朽。

③ 探：用直径 3 ~ 5 mm 的探针，对内部可能腐朽处进行探测。

④ 钻：用 12 ~ 14 mm 的木钻进行取样检查，若钻末腐烂即为腐朽失效。

垫板底下钉孔部位和螺栓孔周围是枕木最易腐朽处，应特别加强检查。明桥面检查如图 8.5 所示。

图 8.5　明桥面检查

3. 钢梁纵断面检查

跨度在 30 m 及以上的钢梁，桥上线路应设置上拱度。以桁梁纵断面检查为例（见图 8.6），其纵断面常用水平仪进行测量，通过测量与桥面系同一水平面弦杆上各节点的高差来判别桁梁纵断面状态。测量方法如下：

（1）测量下弦杆时，水准尺可放在弦杆角钢上，测量上弦杆时，可放在盖板上，有困难时也可把水准尺放在横梁上。

（2）水准尺放置地点要固定不变，用油漆做测点标记，放置水准尺前应清除测点上的脏污、铁锈和尘土。

（3）所用水平仪应经过校正，水准尺经过检定。

（4）对长大桥梁测量时，应先测墩台上桁梁端节点，上下游闭合后再逐孔、逐节点进行测量，并应将标高与桥梁附近水准基点联系起来。

（5）测量宜在无风阳光较弱时进行，并记录天气、气温、日照情况、钢梁温度、风力以及水平仪放置位置等。

（6）将每个桁架端节点和终点连成直线作为基线，即可看出桁架的上拱度和挠度。

（7）每次测量结果与竣工或以往多次测量比较即可知道桁梁纵断面的变化，分析其状态是否正常。

图 8.6　明桥面检查

4. 高速铁路桥面检查

高速铁路桥面检查以目视法检查为主，主要检查项点如下：

（1）无砟轨道桥面防水（保护）层开裂、破损、脱皮、空鼓（见图 8.7）。

（2）桥面积水严重或积水引起冻胀。

（3）梁缝挡作板松动、锈穿。

（4）泄水孔堵塞、漏水、管盖丢失。

（5）无砟轨道梁端止水带漏水、脱落、堵塞。

（6）混凝土栏杆松动、脱落。

（7）声屏障倾斜、锈蚀、螺栓松动等。

图 8.7　桥面防水层破损

8.3.1.2　桥面病害整治

明桥面木桥枕由于长期在风雨霜雪侵入、菌类腐蚀、昆虫蛀蚀、列车动荷载等作用下，桥枕易出现内部腐蚀、外部开裂、钉孔周围腐朽、钩螺栓锈蚀等诸多病害，影响使用寿命，需要通过维修作业改善桥枕状态。现有木桥枕断面尺寸不符合规定时，要逐步更换为标准木桥枕，推广应用复合材料桥枕。

1. 桥枕防腐整治

1）桥枕腐朽多发部位

道钉孔（包括护轨道钉孔）：道钉孔边的裂缝；铁垫板底（包括钢轨铁垫板和钩护螺栓垫板）部位；螺栓孔（包括钩螺栓、护木螺栓、防爬角钢联结螺栓等）；与主梁或纵梁相扣的槽口处；已经削平或挖补及镶拼的处所；桥枕面被压伤凹陷及裂缝较宽处所。

2）桥枕腐朽防治措施

常用的枕木防腐材料包括氟化钠、煤焦油、防腐浆膏、防腐油膏。防腐浆膏是用氟化钠和煤焦油按质量比 1∶1 调配而成，防腐油膏是用塑橡油膏、煤焦油及氟化钠以 1∶1∶0.25 质量比配制而成，用于枕木裂缝灌注，具有不下沉、防水性强和与木质黏结好的优点。

道钉孔防腐：新钻钉孔可在钉孔内注入氟化钠 5 ~ 6 g，普通道钉端部蘸煤焦油打入，螺纹道钉需经渗锌处理后旋入。原有钉孔应清除腐朽部分后用氟化钠饱和溶液浸煮过的木塞打入，氟化钠溶液加温到 40 °C 以上不超过 80 °C，将木塞泡至 24 h 后取出晾干待用。

螺栓孔防腐：一般可用防腐油或防腐浆膏涂抹孔眼，但不能漏涂。

裂缝防腐：桥枕顶面及侧面上能进水的裂缝均应灌缝。缝宽 2 mm 及以上的裂缝用防腐浆膏灌注，微小缝隙在缝口用浆膏涂刷封闭。

表层防腐：注油桥枕，因开槽、挖补等作业后，新削面应涂刷防腐油防腐。使用中的注油桥枕也应每隔三年或稍长的时间涂刷防腐浆膏。

2. 桥枕防裂整治

1）桥枕灌缝

桥枕、护木顶面裂缝（2 mm 以上）以及侧面向上能进水的裂缝（5 mm 以上）均应灌缝。较宽的裂缝将塑橡油膏、煤焦油、氟化钠按 1∶1∶0.25 的比例加温配制成防腐油膏进行灌注。

宽度较小的裂缝可将氟化钠、煤焦油按 1∶1 的比例加温配置成防腐浆膏进行灌注，灌缝后在列车振动下防腐浆膏会下沉，则要再灌第二、第三次，直至不再下沉时捣实刮平即可。灌缝之前应将缝内污垢尘屑等杂物清除干净。

2）防裂处理

桥枕端部产生裂纹后，可在桥枕端面钉棘齿组钉板，当裂纹长 100 ~ 130 mm 时也可钉 C 钉或 S 钉，防止裂纹继续发展。

用直径 35 ~ 40 mm 的镀锌铁线在距枕木头 100 mm 处捆 2 ~ 3 圈，铁线与枕木各边应垂直，铁线两头均应钉固在枕木侧面上，防止松弛。

3. 桥枕削平及挖补

桥枕表层因钢轨垫板机械磨损产生毛刺或切入枕面，当铁垫板切入桥枕深度在 3 mm 以上时，应进行削平以利排水，削平范围为垫板外 30 ~ 60 mm。削平面应平顺无积水，并涂刷防腐剂。

桥枕磨损或腐朽较严重时，应进行挖补，挖补厚度不超过 30 mm，并用木螺钉固定。镶木块应做成楔形，并进行防腐处理。侧面应有斜坡、顶面窄、底面宽，以达到嵌紧密实。

4. 桥枕更换

1）"大揭盖"法

拆除桥上线路，移出钢轨，然后将旧枕全部拆除换上新枕，再恢复线路。一般采用一节钢轨长为一单元，旧枕由中间向两端（或由一端向另一端）依次运走，然后依次由两端（或由一端）运入新枕，并指派专人接放枕木于预先指定的位置，在防爬角钢处，在桥枕铺上后立即穿上防爬螺栓。

2）逐段抽换法

在一定长度内松开桥上钢轨与桥枕的联结，用千斤顶（起重能力 5 ~ 8 t）顶起钢轨及护轨并用垫木楔住，旧枕与新枕均由两侧横向移出或穿入，最后落下钢轨恢复线路，单根抽换轨枕可采用此法。整孔更换时应根据钢轨接头、防爬角钢位置确定桥枕净距及布置、计算桥枕根数并进行编号，进行桥面抄平，决定防磨垫板厚度，计算每根桥枕刻槽深度及桥枕高，如图 8.8 所示。

图 8.8　桥枕更换图

8.3.2 铁路桥梁支座病害检查及整治

8.3.2.1 支座病害检查

1. 铸钢支座检查

1）铸钢支座检查重点

（1）支座主要钢构件裂损或脱焊，钢部件的锈蚀。

（2）观察活动支座滑动面的洁净与滑润状态及磨损情况。

（3）支座倾角、位移是否超限，发现异常超限或固定支座不固定时，应检查锚栓状态，必要时顶梁检查支座销钉，如图 8.9 所示。

图 8.9 铸钢支座位移超限

（4）支承垫石是否裂损（见图 8.10）、不平，排水是否良好，有无“三条腿”、翻浆冒锈等。

图 8.10 支承垫石裂损

（5）摇轴支座上下摆错动情况，有异常时应检查销钉是否剪断。

（6）支座上下座板与梁身、支座与支承垫石之间是否密贴，支座各部分是否完好。

2）铸钢支座位移检查方法

（1）平板支座位移量的测量：钢梁的平板支座，可量取活动端锚栓至椭圆孔壁沿桥轴方向的距离。

（2）弧形支座位移量的测量：在支座活动端上摆和下摆的侧面标出中心线，量取两中心线的距离。

（3）摇轴支座位移量的测量：在活动端上摆、摇轴及底板侧面标上中心线，由上摆中心线向底板作垂线，量取垂线与底板中心线间的距离。

（4）辊轴支座位移量的测量：在活动端下摆、辊轴联系缀板同底板的侧面都标上中心线，量取各中心线的距离。

2. 橡胶支座检查

1）板式橡胶支座检查重点

（1）梁端横向位移的限位装置作用是否良好。

（2）平板橡胶支座有无裂纹、不均匀外鼓、钢板外露锈蚀、剪切变形超限、位置串动等情况。

（3）支座与梁身、支承垫石间是否密贴，如图 8.11 所示。

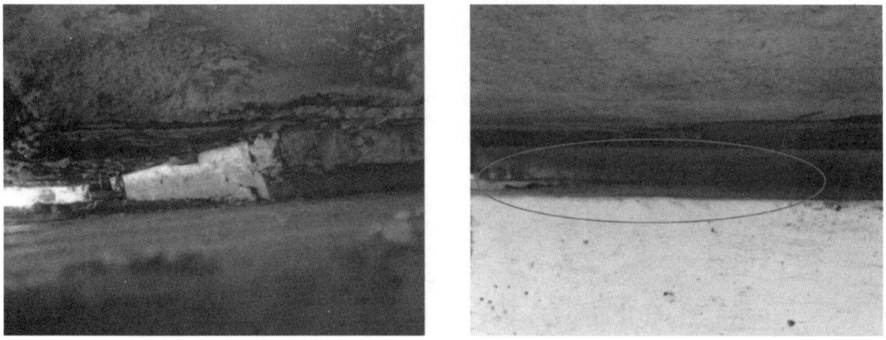

图 8.11 板式橡胶支座腐蚀、不密贴

2）板式橡胶支座检查方法

（1）对支承垫石顶面标高可用水平杆及水平尺检查。对局部缝，隙可用塞尺检查。对边缘凸裂、钢板锈蚀、膨胀，可用眼看和放大镜检查。

（2）对橡胶支座的纵向及横向剪切变形可使用以下两种工具检查：

① 剪切变形简便测尺检查：该尺为透明有机玻璃直尺。使用时将测尺置于水平，使其 O 线与通过橡胶支座倾斜边下端点的竖直线相重合，则倾斜边上端点测尺所指的读数，即为支座在该方向的剪切变形（倾斜）值。此尺使用简便，但精度较低。

② 多用位移测量计检查：用以测量钢筋混凝土梁与橡胶支座在活载作用下所产生的纵向和横向位移。施测前将底座放置在适当位置，然后调整底座、支架、测针或读数尺等，使测针一端顶紧侧面或测点，当列车通过时，根据测针另一端在读尺上的位置，可以得到该测面或测点在列车活载作用下的纵向和横向位移。

3）盆式橡胶支座检查重点

（1）检查支座锚栓有无剪断，支座橡胶密封圈有无龟裂和老化，支座橡胶板有无挤出，如图 8.12 所示。

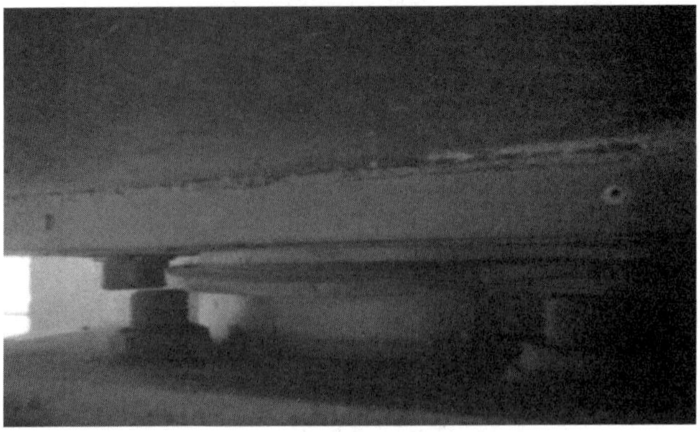

图 8.12　橡胶垫板挤出

（2）检查支座相对位移是否正确，并逐个检查支座位移量。检查时应观察支座侧面的位移尺，根据箭头所指的位移量变化确定支座位移，如图 8.13 所示。

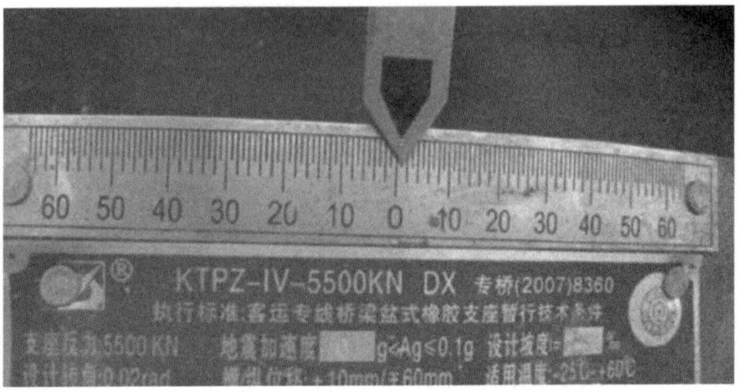

图 8.13　支座位移检查

（3）支座转角是否超过设计限值。检查时测量支座上下支座板之间的高度差，转角根据 h_1、h_2 的差值求出，如图 8.14 所示。

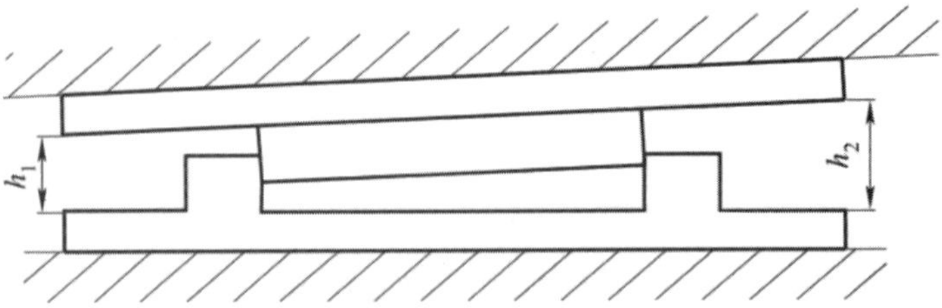

图 8.14　支座转角检查

3. 曲面钢支座检查

（1）支座螺栓是否锈蚀、脱落、剪断。

（2）支座焊件、限位块是否脱焊或开裂。

（3）支座转角是否超限。

8.3.2.2 支座病害整治

1. 支座上下锚栓折断、弯曲整治

1）下锚栓

在支座底板旁斜向凿去部分混凝土，取出旧锚栓，更换新锚栓。

2）上锚栓

（1）将支座上摆与混凝土梁底镶角板焊起来（当镶角板与梁体为整体时），每个支座用 2 根 200 mm 长，60 mm × 40 mm × 8 mm 的不等支角钢（也可用 10 mm 钢板弯制而成）。沿梁长方向将角钢短肢焊在梁底镶角板上，长肢焊在支座上摆上。

（2）夹板加固法：每个支座用 2 块 480 mm × 70 mm × 20 mm 钢板与 2 根 20 mm 螺栓将其置于支座上摆两侧夹紧于梁体上（如支座与梁底不等宽，则钢夹板与支座间应加填板，并与钢夹板焊牢），并在夹板中间钻孔做丝扣，用顶丝顶紧在支座上摆上，使夹板与支座上摆联结成一体。

（3）上摆与梁底胶结法：先将锚栓割除平齐，镶角板面，然后在上摆与镶角板间用结构胶黏结牢固。

2. 支承垫石裂损、梁体“三条腿”整治

顶起梁身，如垫石损坏应先凿除其损坏部分，如图 8.15 所示。

（1）当抬高量为 30 ~ 100 mm 时，可捣填半干硬性砂浆。

（2）当抬高量为 50 ~ 200 mm 时，可分两至三次捣填半干硬性砂浆。

（3）当抬高量在 200 mm 以上，可灌注钢筋混凝土垫块或更换钢筋混凝土顶帽。

（4）抬高量在 30 mm 以内时也可采用压力灌注高分子化学浆液。

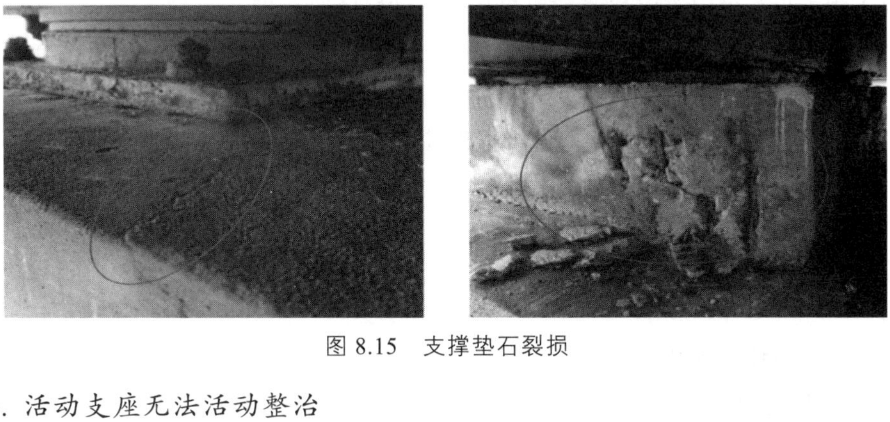

图 8.15 支撑垫石裂损

3. 活动支座无法活动整治

弧形支座应顶起梁身，对上下支座板的穿销除锈涂黄油，并清除椭圆孔内的坛垢杂物或移动活动支座下座板，使穿销居于椭圆孔中央；如发现固定支座和活动支座位置安装错误，应予以调整。找出摇轴及辊轴支座不活动的原因并进行处理，必要时予以更换。

4. 支座积水、流秀整治

使支座底板略高出墩台支承垫石，细凿垫石呈 3%的排水坡。墩台面也应修凿成大于 3%的坡面，以利排水，如图 8.16 所示。

图 8.16　支座积水、流锈

5. 更换支座

1）准备工作

（1）需重新锚固锚栓的应事先测量并计算好，在支承垫石上放出支座纵横中心线和锚栓位置，并将锚栓孔凿好。

（2）检查新支座各部件是否齐全，固定、活动支座位置是否正确。

（3）线路原始标高测量。

（4）搭设保险枕木垛，枕木垛基础坚实稳固；或布置好液压顶升系统。

（5）试顶梁身。

（6）根据设计确定支座位置和顶起高度，做好标记。

2）作业步骤

（1）根据施工计划和施工命令，按规定设置施工防护。

（2）旋松梁端附近基本轨轨卡螺栓及螺帽起护轨道钉，并松开钢轨接头螺栓。

（3）顶起梁跨、临时支垫稳妥，操作千斤顶速度要均匀，要稳。做到随起随垫，起梁应留 1 ~ 2 mm 的沉落量。

（4）卸下并移出旧支座。凿除失效混凝土，将新面凿毛并清洗干净，铺砂浆整平支承垫石。

（5）埋设锚栓、安装新支座。

（6）支座捣垫砂浆，使支座底板平稳，无缝隙。捣填砂浆要养生 7 天。

（7）落梁、灌注锚栓孔砂浆，支座活动面涂黄油、其他部位除锈油漆，拧紧锚栓帽，装好防尘罩。

（8）线路几何尺寸检查，轨道精调，如图 8.17 所示。

图 8.17　支座更换

实战任务：桥梁支座检查作业

1. 实训任务

本任务以两名作业人员为一组，在铁路桥梁现场，按要求正确的作业程序、质量标准，在规定的时间内，安全地完成一跨桥梁支座的检查任务。

2. 任务分析

桥梁支座是桥梁桥跨结构和下部结构的重要连接构件，桥梁支座状态的好坏关系到桥梁整体结构的受力状态和使用寿命，同时对行车安全也有很大影响。通过本实训任务，使学员掌握桥梁支座检查的方法和流程，并能熟练开展桥梁支座检查作业。

3. 任务准备（见表 8.3）

（1）料具准备：检查记录本及笔、照明设备、检查锤、塞尺、扳手、螺丝刀、刻度放大镜、水平尺、钢卷尺、裂纹测宽仪、照相机、手套、安全帽、安全带、升降梯等。

（2）检查并确保工机具、材料能够正常使用。

表 8.3　任务准备清单

名　称	单位	数量	图　例
照明设备	套	1	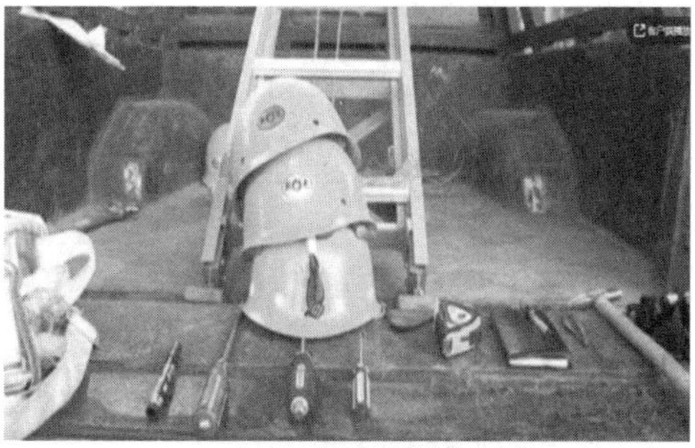 支座检查工器具
检查锤	把	1	
塞尺	把	1	
扳手	把	1	
螺丝刀	把	1	
刻度放大镜	套	1	
水平尺	把	1	
钢卷尺	把	1	
裂纹测宽仪	台	1	
照相机	台	1	

4. 任务实施条件

（1）普速铁路桥梁支座检查可与“维修天窗”“施工天窗”时间共用或利用列车间隔时间。高速铁路桥梁支座检查必须安排在天窗时间。

（2）在“运统-46”《行车设备施工登记簿》中登记，设驻站联络员和现场防护员进行防护。

5. 作业程序

桥梁支座检查作业程序如表 8.4 所示。

表 8.4　桥梁支座检查作业程序

作业流程	作业内容、方法及标准	图　例
1. 点前准备作业	（1）点名分工，布置任务。 （2）驻站联络员提前 60 min 到车站办理登记手续。 （3）现场防护员到达指定地点设置点外防护，确保通话畅通，并保持 3 ~ 5 min 通话一次。 （4）现场负责人做到盯控确认作业重点地段，设备状态。 （5）作业前佩戴整齐劳保用品	
2. 桥梁支座检查作业	检查防尘罩是否有效 检查方法：眼看、尺量	
	检查支座安装是否水平 （1）观察、核对支座位置是否符合设计图纸、规范要求。 （2）使用水平尺测量下垫塞尺的方法测量支座底板相对高差	
	检查上支座板与梁身、下支座板与支承垫石之间是否密贴 保养质量评定标准：用 1 mm 塞尺插入深度不超过 50 mm	

续表

作业流程	作业内容、方法及标准	图　例
2. 桥梁支座检查作业	检查下支座板是否变形 检查方法：目测、弦线配合钢直尺精确测量	
	检查支座垫石有无开裂、掉块 检查方法：眼看、锤敲、尺量；裂缝宽度采用裂缝侧宽测深仪测量	
	检查支座螺栓是否齐全有效 检查方法：眼看、锤敲	
	检查钢部件锈蚀情况 检查方法：眼看、锤敲；采用漆膜测厚仪进行测量	
	检查支座活动、临时约束是否拆除 检查方法：眼看	

续表

作业流程	作业内容、方法及标准	图　例
2. 桥梁支座检查作业	检查支座转角 （1）在支座下座板四角，沿对角线距下座板纵横边缘 10 mm 处确定 4 个测点。 （2）量具必须垂直检测面，在读数显示最小时，截取数值，准确记录。 （3）取最大值和最小值 2 个数值，计算出它们的差值。 （4）计算转角，用差值除两测点间距离	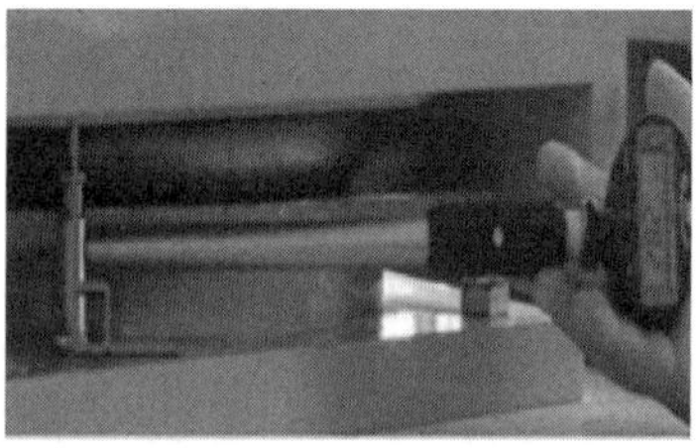
	检查聚四氟乙烯板有无窜出、密封条是否完好 检查方法：眼看、尺量	
3.作业完成	作业完毕后，作业负责人确认人员、工机具、材料已撤至限界以外，通知防护员销记开通	

6. 质量要求

（1）支座位置安装正确，必须水平安装，支座与梁底及支座与垫石间必须密贴无缝隙，水平各层部件间应密贴无缝隙。活动支座滑动面应保持洁净润滑，保证梁跨自由伸缩、转动。固定支座应稳固可靠。

（2）安装允许偏差在规定范围以内。

（3）支座钢部件无锈蚀、涂装无失效。

（4）支承垫石无裂损、不积水。

（5）检查四角高差，转角不超限。

（6）聚四氟乙烯板无窜出。

（7）密封条脱落、缺失。

（8）纵向或横向位移无超限。

7. 安全注意事项

（1）进入栅栏网严格执行工务五条禁令、双命令制度，按规定设置防护，作业范围超过 50 m，通信不良或瞭望不良地段应增设防护员。

（2）作业人员上道作业或穿越线路、侵入邻线限界时，严格执行“手比、眼看、口呼”的规定，做到“一停、二看、三通过”，严禁来车时抢越。

（3）严格执行下道避车制度，下道避车应面迎列车方向，禁止在两线间停留、站立，一旦防护联络中断，防护员立即组织作业人员下道至安全处所避车，待恢复联络、确认无车后方可上道作业。

（4）作业人员按规定佩戴劳动保护用品，离地面 2 m 及以上进行检查时，按规定使用安全帽、安全带（绳、网），上下梯子时要抓牢踩稳，不得穿易溜滑或带钉的鞋子，遇六级及以上大风须停止作业。

（5）检查人员在下部检查吊篮走动时，要注意脚下不要踩空而造成意外伤害。

（6）严格执行电气化铁路区段安全作业相关规定。

任务 8.4　隧道常见病害及整治

运营隧道受各种自然条件和人为因素的影响，往往会产生各种各样的病害，有的甚至严重影响行车安全，为此，要采取一些必要的手段进行防治。隧道病害主要类型包括水害、衬砌裂损、冻害、震害、洞门损坏、整体道床损坏及附属建筑物损坏等。

8.4.1　隧道漏水检查及整治

8.4.1.1　隧道漏水检查

隧道水害的成因：修建隧道时，破坏了山体原始的水系统平衡，隧道成为所穿过山体附近地下水集聚的通道。当隧道围岩与含水地层连通，而衬砌的防排水设施及方法不完善时，就必然要发生隧道水害。

1. 衬砌漏水检查

隧道衬砌的漏水现象一般表现为渗、滴、淌、冒几种。“渗”是指地下水从衬砌向外润湿，使衬砌表面出现面积大小不等的湿渍；“滴”是指水滴间断地脱离衬砌滴落的现象，有时连续出水，即滴水成线，常称为漏水；“淌”是指漏水连续沿衬砌流淌而下；“冒”是指有一定压力的水从衬砌或隧底外冒。这几种漏水现象，其部位与出水程度不同，检查方法也不同，如图 8.18 所示。

图 8.18　隧道衬砌漏水

2. 隧道外漏水检查

（1）洞顶地表坡面是否平顺，有无裂隙、洞穴、洼地，排水设备是否完好。

（2）在山顶积水处或高于隧道的远处河流中放入可溶性荧光素，荧光素溶于水能发出强烈绿色荧光，检查洞内漏水处是否有绿色水液流出，可查明水源所在。

3. 隧道内漏水检查

（1）查清漏水量大小、持续时间及变化，绘出漏水量变化曲线，查明漏水属地下水还是地表水造成的。

（2）每年在流量最大的月份和地点测量流入隧道内的水的流量和水温（严寒地区冬季最冷月份应增测水温），必要时，取样化验水质，了解其对砂浆和混凝土衬砌的侵蚀作用。

（3）在寒冷及严寒地区，夏季漏水的隧道冬季还需要检查挂冰、围岩冻胀等所造成隧道病害的程度以及对限界的影响。

（4）应根据流水程度将漏水病害处所在衬砌分格检查病害展示图上标明，定期进行测量，比较病害有无发展。

8.4.1.2　隧道漏水整治

隧道漏水与隧道所处的环境和结构以及施工质量有关，应在充分调查的基础上（如隧道所处的地质、衬砌构造及施工质量、水源、漏水位置及水量的大小等），遵循“防、截、排、堵相结合，因地制宜，综合治理”的原则进行整治。

1. 洞顶地表水处理

（1）隧道外地表水丰富时，特别是对埋深较浅，覆盖层系易于渗漏冲刷的大孔隙砂质土壤、松散岩石等，应填平坑洼、清除杂草树丛乱石等易积水处所，并采用疏导、勾补、铺砌等方法利于排水。必要时设置浆砌片石的截、排水沟。

（2）对原地质钻孔、探孔、施工集水坑应回填夯实，或加以铺砌，废弃的竖井及斜井应封闭出口。

2. 岩层排水处理

（1）边墙背后设置竖向盲沟，边墙以上钻扇形排水孔。适用于Ⅱ级以下围岩（松散破碎岩层及土层隧道不适用），利用隧道内避车洞或专设横洞，向上用钻机钻扇形孔道，再用暗沟（或盲沟）经截水沟将水排出，如图 8.19 所示。

图 8.19 隧道衬砌竖向盲沟排水

（2）利用导坑排水。做好长大隧道平行导坑的防坍衬砌，降低洞底，利用导坑排除隧道渗漏水。

（3）严寒地区岩层排水。围岩含水丰富时，宜做深埋中心水沟或泄水洞，深度应在冻结线以下。局部范围漏水或衬砌背后积水对边墙产生冻胀等病害时，可在衬砌背后沿隧道纵向适当距离设置竖向排水管或滤水管，其上部用钻孔把拱部前后积水引出。如用盲沟，其宽可为 60 ~ 100 cm，深度 20 cm 以上（还应考虑保温措施）盲沟两侧亦可用钻孔引水。

（4）一般部位漏水处理。在施工缝及衬砌空洞涌水处设置泄水孔，根据漏水量安装管路或排水暗槽排除衬砌背后积水，封闭排水暗槽时中间层宜用柔性防水材料防止暗槽渗漏。

3. 衬砌结构漏水整治

隧道洞内漏水病害的整治采用“拱堵边排”方案，即拱部以封堵为主，边墙以引排为主，通过堵与排的结合处理，尽可能将渗漏水引排流入侧沟。为了保证治漏的质量，不论堵或排的部位，均应按先后顺序，设有临时堵漏（用双快水泥或水泥水玻璃）、柔性防水和刚性防水等多道防水层，切忌单一处理，以防止堵水材料因收缩而失效。因此，在进行漏水整治时，一定要因地制宜，优化材料，精心施工，如图 8.20 所示。

图 8.20　隧道漏水整治

1）拱部（或边墙）漏水

注浆是将不透水的胶凝物质，防水材料可根据情况，可选用丙凝、聚氨酯浆液等，通过钻孔注入扩散到衬砌及背后一定深度（如最大冻深）的岩层裂隙中去，把裂隙中的水挤走，堵住地下水的通路，减少或防止衬砌漏水，同时起到固结破碎岩层的作用。这种方法只要应用得当，对整治隧道漏水是有一定作用的。但要注意压注浆液不是为了简单地把水流封闭在围岩内，一般都应给每一压浆防水段落的地下水安排一条出路。禁止使用水玻璃浆液做永久堵水材料。因为水玻璃短期内效果虽好，但不耐久，故永久防水不得使用。

衬砌外贴防水层，如和排水设施结合得好是能够根治水害的，可采用防水性较好的焦油聚氨酯冷涂或其他防水材料。由于外贴防水层施工困难，失效后不易重做。

衬砌内贴防水层是整治衬砌大面积漏水病害的常用方法。常用的有抗裂性防水涂料和防水砂浆（掺入防水剂和速凝剂的水泥砂浆）抹面等。

2）边墙淌水

可采用边墙内间隔一定距离设竖向排水暗槽或边墙背后设竖向盲沟排除。为扩大集水范围，在不影响围岩稳定或引起盲沟堵塞的前提下，可以盲沟为轴心，在垂直面上、左、右三方面适当钻一些集水孔，以拦截水流，集中排出。

3）施工、伸缩缝、沉降缝渗漏水

可采用嵌填弹性防水橡胶条、防水膨胀嵌缝腻子条、粘贴橡胶止水带等，对施工接缝也可用压注水溶性聚氨酯等速凝止水浆液。当隧道内结冰时，不论是挂浆或冰溜、冰柱或侧冰以及冰锥，当其侵入限界或冰锥覆盖轨面时都将危及行车安全，或者隧道内排水设备出现冰塞，不但造成沟、管自身破碎不能再用，冬季不能排水，同时隧道内各种病害现象接踵而来，所以都必须及时排除。

（4）隧底冒水一般可采用压注速凝水泥或化学堵水浆液以堵塞隧底裂隙，加大、加深或增设排水沟使隧底水流能迅速排出等方法整治。

8.4.2 隧道质量检查及衬砌裂损整治

8.4.2.1 隧道质量检查

1. 衬砌裂损检查

对衬砌腐蚀、裂纹、变形、错牙等病害处所安设测标，定期观测。对裂纹的扩张及错牙情况，可以安设牵钉测标测量其变化值。用分格法，纵向每 25 ~ 45 m 为一段，每米为一格，横向衬砌分部位，将查出的病害正确显示在隧道病害展示图上。

2. 衬砌腐蚀检查

1）水蚀

地下水对隧道衬砌的侵蚀是极为严重的。由于地下水的化学成分的不同，对隧道衬砌的侵蚀程度和形式也不相同。一般有溶出型侵蚀、碳酸型侵蚀、硫酸盐侵蚀和镁侵蚀等。隧道的拱部、边墙、仰拱、排水沟和电缆槽等部位都可能出现水侵蚀病害。尤其是高度在 1 m 以下的墙脚部位最为严重。排水沟、整体道床表面次之，漏水的拱顶，衬砌接缝，各种施工缺陷和裂纹周围也较普遍。

2）烟蚀

蒸汽机车排出的废气中含有大量的有害气体，如一氧化碳（CO）、二氧化碳（CO_2）和二氧化硫（SO_2）等。这些有害气体都溶于水，与水作用形成腐蚀性强酸，对混凝土衬砌腐蚀很大。在蒸汽机车牵引区段上的隧道，常常在拱部宽 1 ~ 2 m 范围内有条带状的腐蚀剥落，尤其是渗水或漏水部位腐蚀剥落更为严重。

在内燃机车牵引区段，因内燃机车排放的废气中含有大量的氮氧化合物，尤其是二氧化氮（NO_2）极易溶于水，与水结合成硝酸，这也是一种侵蚀很强的有害物质，对衬砌产生酸性和化学性侵蚀。这些化学侵蚀是无孔不入的，在旧隧道的衬砌翻修中，发现衬砌内部及衬砌背后围岩处都有化学侵蚀的迹象，如图 8.21 所示。

图 8.21 隧道烟蚀

3）冻蚀

严寒地区的隧道，由于衬砌混凝土中存在孔隙，冬季孔隙中含水结冰冻胀，使混凝土破坏开裂，导致衬砌损坏。尤其在地下水丰富、排水不良的隧道，衬砌内含水，一旦结冰，破坏更为严重，如图 8.22 所示。

图 8.22　隧道冰蚀

4）集料溶胀

混凝土中使用了遇水能发生溶解和体积膨胀的岩石作为集料。由于遇水膨胀软化，会发生混凝土腐蚀。所以在衬砌混凝土的灌筑时，对粗细骨料要按规定进行严格筛选，不合格者坚决不用。

当衬砌采用石料砌筑时，也存在以上的腐蚀现象。多表现在灰缝腐蚀，黏结力和抗压强度的降低，直至完全丧失，灰缝脱落，砌块松动，导致衬砌变形。如采用抗风化腐蚀能力甚差的砂岩做衬砌的石料，就会发生灰缝完好但砂岩很快层层剥落，使得衬砌厚度渐渐变薄，导致衬砌失去承载能力而损坏。

3. 隧道限界检查

隧道限界检查方法主要有横断面法、摄影法两种。

1）横断面法

横断面法是一种定位测量断面的方法，即先选定施测横断面位置，逐个测出隧道的净空轮廓，然后综合全隧道各横断面的最小内轮廓点（包括附属设备突出点），构成综合最小限界的方法，如图 8.23 所示。

2）摄影法

（1）隧道限界摄影检查车。

隧道限界摄影检查车上装有固定摄影机，可以在行车条件下，对固定焦距处显示隧道内轮廓的光带，定时一个个地拍照，经过冲洗，判读换算出隧道断面的实际尺寸或找出区段的最小综合断面尺寸，如图 8.24 所示。

图 8.23　横断面法检查隧道断面

图 8.24　摄影法检查隧道断面

（2）激光带断面仪。

激光带断面仪由主体部分、里程显示器、比例方尺、挡光板及摄影机等部分组成。测量时，把激光光带发射仪主体置于被测断面处，摄影机安在任意端 20 m 处，里程显示器安在前两者之间，距摄影机 5 m 处，数字面对摄影机。将摄影机焦轮调至 20 m 刻度对好，激光光带发射器接通电源，进行光带曝光，与此同时进行比例光点曝光，拍好后不卷动胶片，将摄影机焦轮在 5 m 刻度处对好，接通里程显示器电源，进行里程曝光（光带及里程利用重复曝光拍在同一张底片上），拍好后关闭电源，卷好胶片。

4. 衬砌质量检查

近来，由于施工原因造成衬砌防水能力不足等质量缺陷问题时有发生，开通运营后存在衬砌掉块隐患，往往无法通过目视检查发现，威胁铁路运营安全，尤其是高铁运营安全，目前主要采取人工敲击检查、无损检测、衬砌表面成像检测等检查、检测手段。

1）人工敲击检查

人工搭设脚手架或轨道作业车登顶，以锤（棒）在衬砌混凝土表面进行敲击，通过敲击声辨别隧道衬砌是否存在空洞、不密实。对施工缝、混凝土存在色差、渗漏水等部位进行重点敲击检查，必要时取芯进一步验证，如图 8.25 所示。

图 8.25　人工敲击检查

2）无损检测

对混凝土厚度及衬砌背后缺陷采用地质雷达进行检测，并钻孔取芯予以验证。测线设置：无损检测环向至少设置 7 条测线，拱顶 1 条，拱腰、边墙、底板左右两侧各 1 条，如图 8.26 所示。

图 8.26　无损检测

3）衬砌表面成像观测

隧道衬砌表观病害成像检测系统搭载于隧道检查车，可对隧道衬砌表观裂缝、漏水、混凝土色差等表观图像进行快速连续采集，并利用人工智能技术实现快速自动识别，为病害确认提供依据，如图 8.27 所示。

图 8.27　隧道检查车

8.4.2.2　衬砌裂损整治

1. 压浆加固

1）圬工体内压浆加固

衬砌裂损发展非常缓慢或者已呈稳定状态时，可向圬工体内压浆。一般以压环氧树脂浆为多。

2）衬砌背后压浆加固

衬砌背后压浆的目的是增加拱或边墙的约束，提高衬砌的刚度和稳定性。所以一般可以在外鼓部位局部应用。如果衬砌同时存在外鼓和内鼓部位，应首先采取临时措施控制内鼓继续发展，然后在外鼓变形部位压浆加固之后，再对内鼓变形采取加锚措施。最后达到对全断面进行整体加固的目的，如图 8.28 所示。

图 8.28　隧道压浆加固

2. 嵌　补

对已呈稳定暂不发展的局部裂损，可以采用嵌补的方法进行修补，即将裂损部分凿除剔净，再用水泥防蚀砂浆、环氧树脂防蚀砂浆、环氧防蚀混凝土进行嵌补，如图 8.29 所示。

图 8.29　隧道嵌补

3. 钢拱架加固及嵌轨加固

当衬砌裂损严重而且发展很快时，为确保行车安全，可以采用钢拱架临时加固。加固拱部时，拱架脚可以嵌入墙顶或支承于埋设在墙顶的牛腿上，并加纵向连接。全断面加固时，可以用长腿钢拱架直接支承于墙脚上，做好纵向连接。钢拱架与被加固的衬砌间的缝隙，应用密排木楔楔紧顶严，木楔间距不可过大并要注意均匀分布，要保证拱脚或墙脚不发生下沉和移动。如需变钢拱架做永久加固，当限界允许时，可以把钢拱架作为加设套拱的劲性构架，在其外灌注混凝土，做成加固套拱。当净空不足时，钢拱架可以嵌入原衬砌内，并在钢拱架之间加纵向联结，然后再灌注混凝土做成套拱，如图 8.30 所示。采用嵌轨加固的施工方法与嵌钢拱架大致相同，但应注意避免对衬砌原有截面的过大削弱。

图 8.30　隧道拱架加固及嵌轨加固

4. 锚杆加固

衬砌内弯变形和向内位移，当背后围岩坚固良好时，采用锚杆加固是有效的，如图 8.31 所示。有条件时，最好采用预加应力锚杆加固，效果更好。

图 8.31　隧道锚杆加固

5. 喷射混凝土加固

喷射混凝土作裂损衬砌的加固措施，其作用大致有：

（1）高压喷射的混凝土在裂损衬砌上形成极密实的喷层，与衬砌圬工体在高压下紧密黏合，大大提高了黏结强度，可以有效地阻止破损衬砌的松动。

（2）喷射混凝土可使水泥浆在喷射压力作用下嵌入裂缝内一定的深度，使碎裂的衬砌重新黏合起来，恢复原来的整体性。

（3）新旧混凝土间黏结力强，加之水泥浆的渗入，提高了碎裂的衬砌整体性。新旧混凝土共同承力，较大幅度地提高了裂损衬砌的承载力，达到了加固的目的。

为了减少和防止喷层的收缩裂纹，一般常采用挂钢筋网喷射混凝土。这种钢筋混凝土喷层，增强了结构的整体性和抗震、抗冲击的能力，在运营线上多被采用，如图 8.32 所示。

图 8.32　隧道喷射混凝土加固

6. 喷锚结合加固

把锚杆加固与喷混凝土加固并用，可以使锚杆、高压喷层和钢筋网相互发挥其优点，弥补其缺点，对提高裂损衬砌的刚度、稳定性、承载能力效果更好，如图 8.33 所示。

图 8.33　隧道喷锚结合加固

7. 模筑钢筋混凝土加固

在原衬砌的线路侧重新吊模施工 25 ~ 30 cm 的钢筋混凝土（见图 8.34），优点是设计及施工可标准化，无须拆除原衬砌，耐久性好；缺点是减小隧道净空面，可能会导致限速或者影响未来的提速。在高铁隧道上，永久整治施工冷缝、大面积防水板切割二次衬砌或衬砌厚度不足等缺陷问题时多采用此方法。

图 8.34　隧　道

实战任务：铁路隧道检查作业

1. 实训任务

本任务以两名作业人员为一组，在铁路隧道现场，按要求完成作业程序、质量标准，在规定的时间内，安全地完成隧道质量的检查任务。

2. 任务分析

铁路隧道是铁路线路的重要组成部分，通过对铁路隧道的检查和维护，使铁路隧道保持良好的工作性能，增强铁路行车安全性。通过铁路隧道检查作业实训任务，可以使学员熟练掌握铁路隧道的检查项点和方法，并能熟练开展铁路隧道检查作业。

3. 任务准备（见表 8.5）

（1）料具准备：钢卷尺、检查锤、水性笔、塞尺、铁路桥隧检查记录簿、照相机、GSM-R 手机、手提式防爆灯、头灯或强光手电筒、手套、安全帽、安全带等。

（2）检查并确保工机具、材料能够正常使用。

表 8.5　任务准备清单

名　称	单位	数量	图　例
钢卷尺	把	1	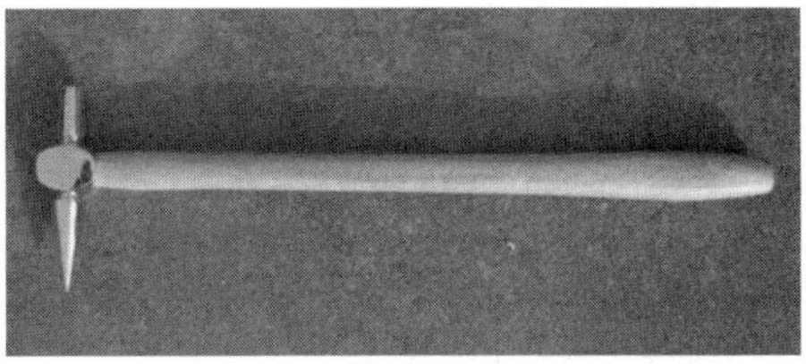 检查锤  强光手电筒  钢卷尺
检查锤	把	1	
照相机	台	1	
塞尺	把	1	
手提式防爆灯	把	1	
强光手电筒	把	1	
铁路桥隧检查记录簿	本	1	
GSM-R 手机	部	1	
手套	副	2	
安全帽	顶	2	

4. 任务实施条件

（1）普速铁路隧道检查可与“维修天窗”“施工天窗”时间共用或利用列车间隔时间。高速铁路隧道检查必须在天窗时间。

（2）在“运统-46”《行车设备施工登记簿》登记，设驻站联络员和现场防护员进行防护。

5. 作业程序

铁路隧道检查作业程序如表 8.6 所示。

表 8.6 铁路隧道检查作业程序

作业流程	作业内容、方法及标准	图 例
1.准备工作	（1）点名分工，布置任务。 （2）驻站联络员提前 60 min 到车站办理登记手续。 （3）现场防护员到达指定地点设置点外防护，确保通话畅通，并保持 3～5 min 通话一次。 （4）现场负责人做到盯控确认作业重点地段，设备状态。 （5）作业前佩戴整齐劳保用品	 准备工作
2. 铁路隧道检查作业	检查衬砌裂缝、风化、腐蚀、压溃、剥落、掉块情况 检查方法：眼看，锤敲，尺量	 衬砌腐蚀  衬砌裂纹
	检查衬砌、施工缝、变形缝漏水、涌水、渗水情况 检查方法：眼看观察隧道边墙和拱顶有无渗水情况	 隧道边墙渗水

续表

作业流程	作业内容、方法及标准	图　例
2. 铁路隧道检查作业	检查隧道内排水设施、吊沟、截水沟排水和淤积情况 检查方法：眼看观察	 检查排水沟  隧道内积水
	检查道床板、垫层开裂、渗水 检查方法：眼看观察	 道床板、垫层开裂渗水
	检查洞内沟槽盖板有无损坏、缺少、翘动、大缝隙 检查方法：眼看、锤敲	 隧道盖板裂损

续表

作业流程	作业内容、方法及标准	图　例
2. 铁路隧道检查作业	检查隧道洞门端墙开裂、渗水 检查方法：眼看观察	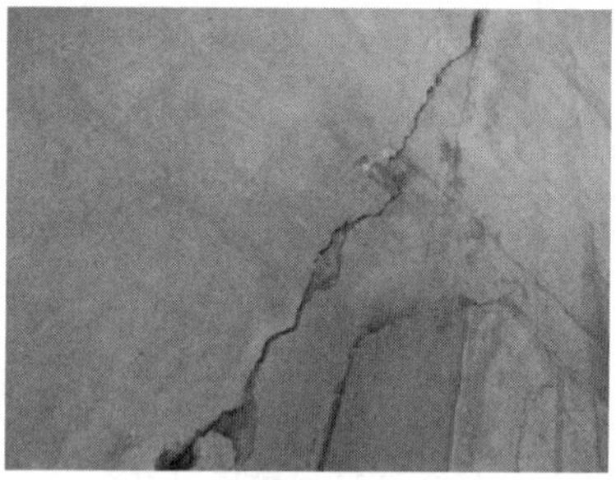 洞门端墙开裂
	检查洞口边仰坡崩塌落石、滑坡，边坡防护设施 检查方法：眼看观察	 挡墙开裂  仰坡骨架断裂
3. 作业完成	作业完毕后，作业负责人确认人员、工机具、材料撤除限界以外，通知防护员销记开通	 清点工具

6. 技术质量标准

（1）检查项目齐全、无漏项。

（2）认真填写《高速铁路桥隧建筑物检查记录簿》（高桥-2），检查记录清晰、详尽、描述准确。

（3）重点病害应加大检查频次，必要时制作相应的观测标志，建立专项观测记录台账。

7. 作业安全要求

（1）必须按规定提报作业计划，严格按批复的计划组织实施。天窗点内作业必须严格按照进出工作门视频摄像、录音等有关规定执行。

（2）天窗点内作业必须按规定设置现场防护员。

（3）在离地面 2 m 以上的高处及陡坡坡面上（坡度 45° 及以上）检查时，必须系安全带或安全绳，不准穿带钉或易溜滑的鞋。

（4）天气恶劣，如遇 6 级以上大风或大雨、暴雨等影响作业安全时，应停止隧道出入口检查作业。

（5）作业人员不得在钢轨上坐卧休息。

（6）按规定穿戴反光作业服等防护用品。

附录：铁路线路工岗位标准

铁路主要行车工种实行岗位准入管理制度，须经资格性培训合格方可上岗，上岗后须按规定参加岗位适应性培训，不断提高岗位作业技能。

本附录主要介绍高速铁路线路维修岗位的培训及准入有关要求。

通过学习，熟悉岗位培训要求和岗位标准，了解学习提高方向和职业发展规划。

一、岗位培训

1. 培训要求

高速铁路主要行车工种岗位人员岗位培训，包括岗前资格性培训和岗位适应性培训。岗前资格性培训是指按照岗位准入管理要求，为取得上岗资格而组织开展的培训。岗位适应性培训是指人员上岗后，为巩固和提高作业技能而组织开展的培训。

高速铁路主要行车工种岗位人员上岗前须经资格性培训合格方可上岗，上岗后须按规定参加岗位适应性培训，不断提高岗位作业技能。

高速铁路主要行车工种岗位人员岗前资格性培训包括安全培训、专业理论培训、实作技能培训。安全及专业理论培训采取集中脱产形式。实作技能培训采取集中脱产与师带徒跟班学习相结合的形式。

高速铁路主要行车工种岗位人员岗前资格性培训教学计划依据岗位标准及培训规范编制。培训教学计划突出实作培训比例，强化安全规章及非正常情况下应急处理培训。培训科目完成后，还须经过一段时间的跟班学习方可独立顶岗。

高速铁路主要行车工种岗位人员完成岗前资格性培训所有科目后，应按规定进行考试考核，具体考试科目根据各岗位课程模块确定。安全科目成绩达到 90 分及以上、其他科目成绩均达到 80 分及以上为合格。

高速铁路主要行车工种岗位人员岗位适应性培训，采取脱产培训与日常技术业务学习相结合的方式进行，培训内容包括本岗位新技术、新设备、新规章、新工艺以及应急故障处理等。

对高速铁路主要行车工种岗位人员应加强安全规章和事故案例教育，不断强化高速铁路作业人员的安全责任意识。每年组织劳动安全培训考试不少于 1 次，考试不合格者不得上岗。定期开展岗位练兵、技能竞赛及应急演练，不断提高职工的岗位技能与应急处置能力。

高速铁路主要行车工种岗位人员经岗前资格性培训和岗位适应性培训合格后，须按《铁路岗位培训电子证书管理办法》规定，登记“铁路岗位培训电子证书”。

离开高速铁路作业岗位 1 年以上返回原岗位人员，须由所在单位比照适应性培训要求进行必要的安全规章培训及跟班学习，经考核合格后，方可上岗。

2. 持证上岗

按照逢进必考、持证上岗的要求，高速铁路主要行车工种岗位人员须按岗位标准规定的职业技能等级要求，取得本工种相应等级的职业技能等级证书和“铁路岗位培训电子证书”。

高速铁路主要行车工种岗位人员职业技能等级证书，由铁路职业技能认定机构依据职业技能标准，经职业技能认定合格后予以发放。

二、岗位标准

高速铁路线路维修岗位：从事高速铁路线路设备的检查、维修、大修和施工等工作。

1. 基本素质要求

（1）文化程度：高中毕业（或同等学力）。

（2）专业要求：铁道工程或相关专业，或经专业培训合格。

（3）职业技能等级：铁路线路工中级工职业技能等级。

（4）工作经历：从事普速线路维修工作不少于 1 年或在高速铁路线路维修岗位跟班学习不少于 1 年。

（5）身体要求：矫正视力 5.0 及以上，听力及辨色力正常，手指、手臂灵活，动作协调性好，身体健康，能胜任本岗位工作。

（6）职业道德：爱岗敬业、遵章守纪、团结协作、服从指挥。

2. 基本技能要求

（1）熟知高速铁路行车安全及线路作业安全规定和注意事项，掌握线路作业的防护办法，并能正确防护。

（2）熟知高速铁路建筑限界和机车车辆限界的标准。

（3）了解线路维修管理分类及内容，熟悉线路动静态管理标准，掌握线路设备检查的规定。能看懂动态检测资料，能识别病害及其程度。

（4）了解高速铁路轨道结构技术要求，熟知管内轨道结构类型，掌握其检查和维修方法。

（5）了解钢轨及焊接的基本知识，掌握高速钢轨伤损标准。

（6）了解无缝线路的基本原理，掌握无缝线路养护维修要求。

（7）了解高速道岔（调节器）的结构特点，掌握常见病害整治方法。

（8）了解高速铁路扣件系统类型，掌握管内扣件系统安装作业程序和标准。

（9）了解线路平、纵断面技术标准，熟悉曲线超高设置要求。

（10）了解精密测量控制网设置标准，掌握其维护管理要求。

（11）熟悉线路标志标识。

（12）了解大型养路机械作业组织，掌握大型养路机械配合作业及作业安全要求。

（13）掌握常用检查及作业工具、机具的使用方法。

（14）掌握常见设备故障的处理方法和要求。

（15）了解与线路相关的桥隧及电务、供电、房建、运输设备等基本知识。

（16）了解铁路安全保护区相关要求。

3. 工作质量要求

（1）严格执行《铁路技术管理规程（高速铁路部分）》《高速铁路工务安全规则》及《高速铁路线路维修规则》等有关高速铁路的规章规定。

（2）严格执行高速铁路线路作业安全有关规定，正确使用防护用品。

（3）严格执行作业标准化，作业质量达到高速铁路线路作业验收标准。

（4）严格遵守作业前复核、作业后回检及人员、材料、工机具清点制度。

（5）发现设备故障按有关规定进行应急处置。

（6）无责任事故，无违章违纪。

4. 培训考核要求

（1）高速铁路线路维修人员须按规定参加岗前资格性培训，考试考核合格并取证后方可上岗。

（2）在岗高速铁路线路维修人员每年须按规定参加适应性培训。培训内容根据岗位实际需要，以线路施工维修作业标准、安全防护、故障应急处置、新技术、新设备、新工艺等内容为主。

（3）高速铁路线路维修人员实行定期考核鉴定制度。每两年由铁路局集团公司组织对在岗人员进行一次鉴定，鉴定不合格者需脱产培训，三个月内再次鉴定，仍不合格者须调整工作岗位。未参加鉴定者，不得继续上岗。

参考文献

[1] 李建平. 高速铁路轨道构造与维护[M]. 长沙：中南大学出版社，2014.

[2] 中国国家铁路集团有限公司. 高速铁路线路维修规则：TG/GW 115—2023[S]. 北京：中国铁道出版社有限公司，2023.

[3] 武汉高速铁路职业技术训练段. 高速铁路线路维修岗位[M]. 北京：中国铁道出版社，2023.

[4] 中国国家铁路集团有限公司. 高速铁路线路维修规则：TG/GW 115—2023[S].北京：中国铁道出版社有限公司，2023.

[5] 中国国家铁路集团有限公司. 普速铁路工务安全规则（铁工电〔2023〕54号）：TG/GW 101—2023[S]. 北京：中国铁道出版社有限公司，2023.

[6] 中国铁路总公司. 铁路技术管理规程（普速铁路部分）[M]. 北京：中国铁道出版社，2014.

[7] 中国铁路总公司. 铁路技术管理规程（高速铁路部分）[M]. 北京：中国铁道出版社，2014.

[8] 中国铁路成都局集团有限公司. 普速铁路工电供一体化基础知识[M]. 北京：中国铁道出版社，2019.